리더의 **존재감**은 어디서 오는가

실력을 성공으로 바꾸는 비결
Executive Presence

리더의 존재감은 어디서 오는가

실비아 앤 휴렛 지음 | 황선영 옮김

진성북스
JINSUNGBOOKS

"리더의 존재감에 관한 이 획기적인 책을 통해 사람들이 '당신은 그저 성공하는 데 필요한 요건을 갖추지 못했습니다.'라는 말을 듣는 이유를 어느 정도 밝혀냈다. 이 책은 이야기와 탄탄한 연구를 결합하여 당신이 성공하는 데 도움을 줄 충실한 안내서로 쓰일 수 있을 것이다."

- 캐서린 필립스(Katherine W. Phillips) 콜롬비아경영대학원, 리더십과 윤리학 담당 폴 카렐로(Paul Calello) 교수

"당신이 큰 꿈을 품은 기업의 인재든 경험이 풍부한 베테랑이든 《리더의 존재감은 어디서 오는가》는 당신을 사로잡을 것이다. 간결한 문체, 풍성한 일화, 최신 연구 결과에서 눈을 떼지 못할 것이며, 페이지마다 당장 실천해 보고 싶은 교훈이 있을 것이다. 이 책은 우리 모두가 기다려 온 뚜렷한 리더십 기술에 관한 현대적인 휴대용 안내서다."

- 트레버 필립스(Trevor Phillips), 영국 평등인권위원회 전 의장

"잠재력이 뛰어난 인재들을 위해 완벽한 교과서를 집필했다. 이 책은 리더의 존재감을 키우는 기술을 갈고 닦아 최고의 자리에 오르려는 사람들을 위한 것이다. 휴렛은 이 책에서 리더의 존재감이 무엇인지 설명하고 그것을 얻는 방법을 소개한다. 그야말로 현실적이고, 실용적이며, 훌륭한 책이다!"

- N.V. '타이거' 티아가라얀(Tiger Tyagarajan) 젠팩트(Genpact) 회장 겸 CEO

"이 책은 리더의 존재감에 숨겨진 미스터리를 파헤친다. 잘 쓴 글에다 적절한 자료로 가득하여, 연령이나 직업과 관계 없이 초고속으로 승진할 수 있는 기술과 전략을 알려준다."

- 메리 구디(Mary Goudie) 남작

●●●● 내가 리더의 존재감을 처음 접한 것은 17살 무렵이었다. 당시에 나는 대학 준비 과정을 2년째 밟고 있었고 옥스퍼드, 케임브리지와 같은 명문대학교에 상향 지원을 한 상태였다. 까다로운 입학시험을 통과했기 때문에 일이 어느 정도 진척되긴 했지만 이제는 면접을 봐야 했고 어려운 시기가 찾아올 것이라는 생각이 들었다. 그 나이에 이미 '잘못된' 배경(웨일스 노동자 계층 출신)을 타고났다는 사실을 이해할 만큼 나는 세상이 어떻게 돌아가는지 알고 있었다. 옥스퍼드와 케임브리지 교수들이 필자를 면밀히 뜯어 볼 생각을 하기만 해도 무릎이 후들거리고 식은땀이 났다. 그들이 평가를 내리고 나서 "당신에겐 성공할 수 있는 요인이 없다"고 말할까 봐 겁이 났다. 물론 교수들에게는 그런 요인이 넘쳐 났을 것이다.

내가 하도 괴로워하자 돕고 싶은 마음이 간절하셨던 엄마는 옥스퍼드의 세인트 앤스 칼리지(St. Anne's College)에서 진행될 첫 면접을 위해 옷을 골라 주겠다고 자청하셨다. 엄마는 낸시 미트퍼드(Nancy Mitford)의 소설을 탐독하셨기 때문에 '상류층'이 어떤 스타일의 옷을 입는지 안다고 생각하셨다. 나는 저항하지 않았다. 이런 문제에 관해 아무것도 모른다는 사실을 스스로 잘 알고 있었다. 나는 후미진 탄광촌에서 자라 옷도 별로 없었고 사교 기술도 없었다. 도움이 절실한 상황이었다. 입학시험을 통과하면서 이미 엄청난 경쟁률을 뚫은 만큼 내가 유럽에서 가장 좋은 명문대학교의 탐나는 자리를 차지하는 데 남은 장애물은 이 면접뿐이라는 사실을 알았다. 면접에 합격할 확률도 높았다. 면접자의 절반이 입학하는 시스템이었다. 그저 '옳은' 환경에서 지내는 사람처럼 보이는 방법을 알아내면 되었다.

그래서 어느 12월 아침 우리는 겨울 재고 정리 세일을 노렸다. C&A(카디프에 있는 백화점) 안으로 돌진할 사람들의 선봉에 설 수 있도록 동이 트자마자 일어났다. 결과는 성공적이었다! 여성 정장 세일 코너에서 엄마는 찾고 싶어 하셨던 옷을 확실하게 찾으셨다. 바로 여우가 달린 너비 트위드(nubby tweed) 정장이었다. 옷에 여우가 달렸다는 것이 칼라가 여우 털로 만들어졌다는 뜻이 아니다. 칼라가 여우 그 자체였다는 뜻이다. 여우 한 마리가 통째로 있는 것은 아니었지만 말이다. 여우 꼬리가 옷의 포인트였고(꼬리를 목에 휘감아 겨울 추위에 더 단단하게 대비하는 스타일이었다.), 여우는 눈이 말똥말똥하고 양발에 발톱도 있었다.

이미 예상했을지도 모르겠지만 옥스퍼드 면접은 재앙이었다. 입학 심사관들은 너무 놀라 정신을 차리지 못했고 필자 때문에 숨이 넘어갈 지경이었다. 여우를 두르고 나타나서 황태후처럼 보이려고 하는 것 같은 학생에 대해 어떻게 생각해야 할지 몰랐던 것이다. 한 술 더 떠서 이 17살짜리 학생은 웨일스의 노동자 계층이 사용하는 억양(이 부분에 대해서는 제3장에서 더 자세히 살펴보기로 한다.)도 쓰고 있었다. 결국 필자는 면접에서 떨어졌고 절망에 빠졌다. 그래도 엄마를 탓할 수는 없었다. 그렇게 열심히 노력해 주지 않으셨는가.

하지만 다행스럽게도 꿈을 향해 도전할 기회가 한 번 더 찾아왔다. 한 달 후 케임브리지 입학시험을 통과했다는 소식을 들은 덕택이었다. (그 당시만 하더라도 두 명문대학교는 까다로운 시험 문제를 직접 출제했다.) 면접을 보러 오라는 통보가 왔을 때 이번에는 엄마에게 도와주지 말라고 말씀드렸고 옷을 직접 골랐다. 다른 여성 면접자들의 스타일을 떠올리며 친구에게서 주름치마와 심플한 스웨터를 빌렸다. 그리고 통제하기 어려운 머리를 매직기로 펴서 당시에 유행하는 것 같았던 스타일처럼 보이게 했다. 긴장이 많이 되었지만 그래도 면접을 괜찮게 봤고 3주 후 합격 통보를 받았다. 너무 기뻐서 감정을 주체하기가 어려웠다. 케임브리지에서 교육을 받으면 인생이 달라질 것이라는 사실을 알았기 때문이다.

지금 그때를 돌아보면 면접을 훌륭한 성적으로 통과할 필요가 없었다는 것을 깨닫는다. 그저 남들과 너무 다른 모습을 보이지 않으면 되는 일이었다. 1970년대에는 옥스퍼드와 케임브리지가 영국 정부의 압력으로 학생을 다양하게 뽑으려고 노력하고 있었다. 그래서 여학생과 노동자 계층 출신 학생의 숫자를 늘리는 데 전념하던 터였다. 나는 몰랐지만 내가 가장 적합한 후보였다. 입학 심사관들은 내게 기회를 주려고 최선을 다했지만 여우뿐만 아니라 웨일스 억양까지 있는 것은 계층에 대한 인식이 뚜렷한 옥스퍼드 교수들에게 너무 큰 걸림돌이었다. 필자가 그들을 너무 괴롭게 한 것이다. 여우를 떼어 버린 것은 좋은 아이디어였다.

옥스퍼드와 케임브리지 입학 면접에서 고생한 경험이 있으니 내가 외모의 힘이 얼마나 강한지 배웠을 것이라고 생각할지 모른다. 어쩌면 그랬을 수도 있지만 그 교훈을 오래 기억하긴 어려웠다. 나는 그 후로도 끊임없이 대가가 큰 실수를 저지르고 말았다.

옷을 히피처럼 입고 다녔던 교수 시절을 예로 들어 보자. 나는 버나드 칼리지에서 경제학 조교수로 일을 처음 시작했다. 월스트리트가 아니라 학교 캠퍼스에서 일하는 만큼 젊고 재미있는 모습을 보여도 된다고 생각했다. 그래서 머리를 허리까지 기르고, 무릎 밑으로 길게 내려오는 에스닉(ethnic) 스타일의 치마를 주로 입었다. 가장 좋아하는 치마는 손으로 바느질한, 패턴이 화려한 패치워크 퀼트 치마였다. 그때는 마치 우드스턱(Woodstock)에 가는 것처럼 보이는 옷차림이 직장에서 권위를 확립하는 데 방해가 된다는 사실을 이해하지 못했다.

이 일을 시작했을 때 나는 27살이었다. 나이가 어리다 보니 학생이 아니라 교수라고 사람들을 설득하기가 어려웠다. 교수진 중 가장 어리고 경제학부의 몇 안 되는 여성으로서 이미 어려움이 많은 처지에 상황을 악화시킬 필요는 없었다. 커리어 초기에 강의실이나 교수진 회의에서 사람들의 관심과 존경을 이끌어내는 데 애를 먹은 것은 수업 내용이나 강의 스타일 때문이 아니라 나 자신을 선보인 방식 때문이었다는 것을 이제는 안다. 나는 분명하고 사무적으로 말을 했고, 전달하고자 하는 내용을 확실하게 알았다.

희소식은 필자가 결국 외모를 손보았다는 것이다. 특이한 요소를 '안전하게' 가미한 우아하고 프로다워 보이는 나만의 스타일을 개발했다. (이 부분에 대해서는 제4장에서 더 자세히 살펴보기로 한다.) 하지만 리더의 존재감에 관한 한 아직 갈 길이 멀었다. 20년 후 나는 또 다른 이미지 문제에 부딪혔다. 이번에는 문제가 훨씬 컸다. 알고 보니 리더의 존재감이란 쉽게 무너질 수 있는 특성이었다. 존재감은 꾸준히 키우고, 관리하고, 그것에 투자해야 한다. 하지만 필자는 이에 실패했고 그 대가를 치렀다. 결국 존재감을 전면적으로 뜯어 고쳐야 한다는 사실이 분명해졌다. 대체 어떤 일이 일어났던 것일까.

2002년에 티나 브라운(Tina Brown: 그녀는 당시 '토크 미라맥스 북스(Talk Miramax Books)'를 이끌었다.)이 나의 책《생명 탄생시키기》를 출판했고, 책은 2002년 4월 7일에 출간되었다. 그 전 주 주말에 〈타임〉지는 책에 대한 커버스토리를 실었고, CBS의 뉴스 프로그램인 '60분(60 Minutes)'에서도 책에 관한 내용이 방송되었다. 이는 미디어의 관심을 소용돌이처럼 불러왔다. 〈뉴욕 타임스〉와 〈비즈니스 위크〉에 책에 관한 기사가 실렸고, 〈피플〉과 〈퍼레이드(Parade)〉지도 마찬가지였다. 나는 '투데이' 쇼, '오프라', '더 뷰(The View)'와 같은 TV 프로그램에 출연하기도 했다. 그러다가 결정적인 순간이 찾아왔다. 4월 말에 '새터데이 나이트 라이브(Saturday Night Live)' 가 나를 풍자하며 내 책이 순식간에 시대정신을 반영하는 작품으로 떠올랐다고 방송한 것이다.

하지만 좋은 소식은 오래가지 않았다. 사건은 5월 20일에 발생했다. 〈뉴욕 타임스〉를 집어 들어 제1면을 봤더니 "장안의 화제가 된 책이 여전히 팔리진 않는다."라는 요란한 헤드라인이 눈에 띄었다. 그런데 첫 문장을 다 읽기도 전에 피가 차갑게 식는 기분이 들었다. 기사에 등장하는 책은 바로 나의 책이었다. 아주 잘 나가는 젊은 비즈니스 기자인 워런 세인트 존(Warren St. John)은 신이 난 어조로 《생명 탄생시키기》가 왜 잘 팔리지 않는지 설명했다. 설명은 간단했다. "생체 시계에 대한 우울한 소식을 접하려고 22달러씩 내려는 여자는 없을 것"이라고 그는 의기양양하게 비난조로 썼다. 나는 깜짝 놀랐다. 무시가 담긴 이런 표현은 내가 쓴 책을 제대로 묘사하지 못했기 때문이다.

기사를 끝까지 읽지 않아도 이 기사 때문에 피해가 얼마나 클지 짐작할 수 있었다. 피해는 실제로 금세 찾아왔고 대단히 파괴적이었다. 《생명 탄생시키기》는 몇 주 만에 사망 선고를 받았고, 비유적으로 표현하자면 책의 필자인 나도 마찬가지였다. 나는 대단히 환영받는 작가에서 사회에서 버림받은 작가로 순식간에 전락하고 말았다. 〈뉴욕 타임스〉의 1면에서 맹렬한 비난을 받는 것의 문제는 모두가 그 사실을 안다는 것이다. 마치 공공장소에서 옷을 다 벗어야 하는 것 같은 기분이다. 나의 친구와 동료는 한 명도 빠짐없이 그 기사를 읽었다. 사실 그토록 속상했던 이유 중 한 가지는《생명 탄생시키기》를 읽는 사람보다 〈뉴욕 타임스〉 1면에 실린 워런 세인트 존의 알파남다운 의견을 읽는 사람이 훨씬 많을 것이라는 사실을 알았기 때문이다. 그 기사는 내가 감정적으로 가장 깊이 관여하고 공들인 책을 보기 좋게 매장해 버렸다.

물론 나는 다시 일어서려고 노력했다. 그해 여름 나는 새로운 책을 위한 프로젝트에 온몸을 내던졌다. 그리고 9월 초 나의 오랜 문예 저작권 대리인이었던 몰리 프리드리히를 만나 책의 아이디어를 홍보했다. "다음에는 더 섬세하고 학술적인 책을 내려고 생각 중입니다."라고 입을 뗐다. 그러자 몰리가 내 눈을 똑바로 쳐다보며 일격을 가했다. "실비아, 다음 책은 없을 겁니다. 최근에 벌어진 일을 생각해 보면 실력 있는 출판사를 만나거나 괜찮은 수준의 선인세를 받지 못할 테니까요. 이제 책은 그만 쓰고 일을 새로 구할 때입니다."

나는 깜짝 놀랐다. 어떻게 이런 일이 벌어진 것인가? 어떻게 생계가 위협받고 수년 간 신중하게 쌓은 평판이 땅에 떨어지게 되었는가? 나는 질문에 대한 답을 천천히, 그리고 뼈아프게 깨달았다. 퍼스널 브랜드를 구축하기만 하고 제대로 관리하지 않은 것이다. 브랜드에 투자하긴 했지만(나는 학계와 공공 정책을 논의하는 자리에서 우리 시대의 정말 골치 아픈 문제에 대해 토론할 능력이 있는 영향력 있는 지성인으로 자리 잡았다.) 브랜드를 적극적으로 보호하진 못했다.

맨 처음에 〈타임〉지에 책에 대한 기사가 실렸을 때 혼자 미디어를 상대하기엔 역부족이라는 사실을 알아챘어야 했다. 나는 비평가들의 극찬을 받은 책을 쓴 적은 있지만《나뭇가지가 부러질 때》로 로버트 F. 케네디 도서상을 수상했다.) PR 전문가를 고용해야 한다는 생각은 하지 못했다. 미디어 캠페인을 통해 필자의 메시지를 왜곡하는 대신 증폭시킬 줄 아는 사람이 필요했다. 하지만 나는《생명 탄생시키기》가 불러온 즉각적인 관심을 한껏 즐겼고, 순진하게 기쁨을 느끼며 출연을 요청받은 모든 라디오 프로그램과 지면 인터뷰에 응했다. 그러자 책의 내용은 상당히 빠른 속도로 지나치게 단순화되었고, 필자는 공격에 취약해지고 말았다. 〈뉴욕 리뷰 오브 북스〉에 책에 대한 사려 깊은 비평이 실리는 것과 〈내셔널 인콰이어러(National Enquirer)〉에 책을 헐뜯는 기사가 실리는 것은 천지차이다.

힘들게 얻은 진지함을 낭비한 만큼 신뢰성과 권위를 처음부터 다시 쌓는 것 외에 선택의 여지가 없었다. 50세가 넘었다 보니 시간도 필자의 편이 아니었다. 하지만 학계와 공공 부문에서 수십 년간 좋은 일을 한 결과 커리어를 새로 시작하며 의지할 수 있는 네트워크와 스폰서가 있었다.

그해 가을 필자는 콜롬비아대학교와 프린스턴대학교의 겸임교수 자리에 지원하여 합격했다. 그리고 새로운 역할에 엄청난 에너지를 투자한 결과 이듬해 봄에 콜롬비아대학교에서 학생들을 가르치는 일을 지속적인 파트타임 일로 전환할 수 있었다. 나는 국제공공정책대학원(School of International and Public Affairs)에서 성과 정책에 관한 프로그램(Gender and Policy Program)을 이끄는 역할을 맡았다. 퍼스널 브랜드를 쇄신하고 나자 내가 함께 일하길 원했던 직업여성과 그들의 상사가 있는 곳에서 신용을 새로 얻었다는 사실을 깨달았다. 물론 커리어의 초점은 바뀌지 않은 상태였다. 여전히 사회에 변화를 불러오고 싶었고, 여성의 삶과 커리어를 탈바꿈시키고 싶었다.

그 무렵 나는 리더십의 '얼굴'을 바꾸는 데 초점을 맞추기로 결심했다. 더 많은 여성과 주 무대에서 제외되었던 다른 집단들이 의사를 결정하는 자리에 참석할 수 있는 환경을 조성하는 데 도움이 되고 싶었다. 그래서 2004년에 싱크탱크인 인재혁신센터를 설립했다. CTI는 영향력 있는 국제 조직으로 발돋움했고, 전 세계적으로 여성과 소수집단의 커리어가 앞으로 나아가도록 돕기 위해 많은 일을 했다. 이 과정에서 나는 책 4권과 논문 11편을 썼고, 이는 모두 '하버드 비즈니스 리뷰 프레스(Harvard Business Review Press)'를 통해 출간되었다. 고생 끝에 교훈도 얻었다. 요즈음에는 책을 출판하는 공간을 적극적으로 관리하고 대중 매체는 피한다. 사람들의 눈에 나쁜 것을 퍼뜨리는 사람이 아니라 영향력 있는 지성인으로 보이고 싶은 것이다.

리더의 존재감에 관한 이런 험난한 여정이 있었기에 이 책에 특별한 에너지와 중요한 깨달음을 담을 수 있었다. 그중 가장 의미 있는 사항을 몇 가지 간추려 본다.

외모에 관한 어려움은 사소한 문제는 아니지만 비교적 쉽게 고칠 수 있으며, 이는 리더의 존재감을 둘러싼 더 심오한 문제에 비하면 새 발의 피다. 필자의 여우 칼라를 기억하는가? 그 칼라 때문에 세인트 앤스 칼리지에 들어갈 기회를 놓치긴 했지만 필자는 칼라를 금세 던져 버리고 두 번째 기회가 찾아왔을 때 목표를 달성할 확률을 높일 수 있었다.

이와 달리 평판에 문제가 생기는 것은 훨씬 심각한 일이며, 곤경에서 벗어나기도 여간 어려운 것이 아니다. 필자의 경우 《생명 탄생시키기》의 출간에 따른 재앙을 이겨내고 퍼스널 브랜드를 재확립하기까지 꼬박 6년이 걸렸다. 〈하버드 비즈니스 리뷰〉에 다섯 번째 논문을 실을 때까지 숨도 편히 쉬지 못했고, 그때쯤이나 되어서야 진지함을 다시 얻었다는 사실을 알 수 있었다.

물론 역설적인 것은 이 모든 이야기가 실제 실력이 아닌 이미지에 바탕을 둔다는 것이다. 외모에 대해 이야기하든 진지함에 대해 이야기하든 우리가 실제로 이룩하는 것이 아닌, 세상에 선보이는 이미지에 초점이 맞춰진다. 필자가 옥스퍼드대학교의 면접에 입고 간 옷은 필자의 지능이나 그 학교에서 교육받을 준비가 된 것과는 아무 상관도 없었다. 그런 관점에서 보면 옷차림이 아무 문제도 되지 않아야 했다. 하지만 현실은 달랐고 옷차림은 면접 결과에 어마어마한 영향을 미쳤다.

이와 마찬가지로 《생명 탄생시키기》가 라디오 토크쇼를 포함한 대중 매체에 이리저리 끌려 다닌 것은 책의 본질적인 가치와 아무 관련도 없었다. 그 책은 엄연히 〈비즈니스 위크〉에서 선정한 '2002

년에 출간된 가장 중요한 도서 10권'에 뽑혔고, 필자는 책의 내용 덕택에 인생이 달라졌다고 말하는 여자들을 여전히 만난다. 하지만 메시지를 전달하는 일은 대단히 중요하다. 메시지가 잘못되었거나 메시지를 전달하는 사람이 적합하지 않으면 실제 상황과 관계없이 커리어가 무너질 수 있다.

그러니까 이 책을 읽기 바란다. 리더의 존재감이 무엇인지 이해하고 그것을 개발한다면 목표를 달성하고 원하는 인생을 사는 데 놀랍도록 큰 도움이 될 것이다.

진정한 리더는 존재감부터 키운다!

"내면의 잠재력을 어필하는 탁월한 이미지는
상대를 내편으로 만드는 최고의 방법이다."

E

P

리더의 존재감은 어디서 오는가

그다음에 무대에 오른 참가자는 아일랜드에서 온 메조소프라노였다. 그녀의 에너지는 처음부터 많이 달랐다. 그녀는 자신 있는 걸음걸이로 어깨를 펴고 머리를 꼿꼿하게 든 채 무대에 섰다. 드레스도 완벽했다. 몸에 딱 붙는 심플한 남색 드레스가 우아함과 진지함을 잘 나타냈다. 필자는 그녀의 선택에 속으로 찬사를 보내다가 금세 그녀의 얼굴로 시선이 갔다. 그녀는 기쁨에 찬 환한 미소를 짓고 있었다. 대단히 즐겁고 신 나는 일이 벌어질 것이라고 암시하는 것만 같았다. 심사위원들 역시 이런 분위기에 이끌려 입을 벌린 채 몸을 앞으로 내밀었다. 그들은 강한 인상을 받길 기대하는 표정으로 무대가 시작되길 기다렸다.

●●● 이것은 오바마 대통령에게 있다. 페이스북의 최고 운영책임자(COO) 셰릴 샌드버그(Sheryl Sandberg)에게도 있다. 자메이카 스프린터 우사인 볼트, 전 영국 수상 마가렛 대처, 미얀마의 유명 국회의원 아웅 산 수 치, 유전성 유방암에 맞서 용기 있는 결심을 한 배우 안젤리나 졸리 등 다양한 인물에게서 리더의 존재감을 발견할 수 있다. 넬슨 만델라 역시 이런 존재감을 물씬 풍기던 인물이다. 그가 스프링박스(Springboks: 남아프리카 공화국 럭비 대표팀을 이르는 말 -역주)의 저지를 입고 백인으로만 구성된 럭비 국가대표팀의 주장과 악수했을 때 세계는 남아프리카 공화국이 화해를 추구하는 리더를 찾았음을 깨달았다.

이것이 바로 리더의 존재감이다. 어느 누구도 이런 존재감 없이 높은 자리에 오르거나 최고의 계약을 성사시킬 수 없다. 사람들이 스타와 함께하고 있다고 믿게 하려면 자신감, 침착함, 진정성이 필요하다. 흥분을 불러일으키는 이런 조합 없이는 많은 지지자를 거느릴 수 없다. 당신이 책임자라는 인상 또는 책임자여야 한다는 인상을 주려면 여러 가지 자질을 복합적으로 갖춰야 한다.

필자가 여기서 강조하고 싶은 것은 '인상을 주다'라는 표현이다. 리더의 존재감은 실적에 관한 것이 아니다. 목표 수치나 비율을 달성했는지 또는 변화를 일으킬 아이디어가 실제로 있는지는 중요하지 않다. 그보다는 이미지가 중요하다. 주어진 일을 해낼 수 있다는 것, 또 당신이 스타감이라는 것을 암시해야 한다. 이런 존재감을 키우는 방법을 터득하면 다음에 찾아올 멋진 임무를 맡아 놀라운 일을 할 기회에 바짝 다가갈 수 있다.

놀라운 것은 리더의 존재감이 성공의 필수조건이라는 점이다. 당신이 첼리스트든 영업 사원이든 월스트리트에서 일하는 은행가든 마찬가지다.

매년 10월 뉴욕의 머킨(Merkin) 콘서트홀에는 저명한 심사위원들이 모인다. 콘서트 아티스트 길드(Concert Artists Guild)에서 주최하는 국제대회 결선에 오른 참가자들을 심사하기 위해서다. 몇 주간의 치열한 오디션을 통해 세계 각지에서 모인 연주자와 성악가 350명이 재능 있는 젊은 음악인 12명으로 추려졌다. 필자는 작년에 마지막 오디션 현장을 찾았다.

23세의 여자 바이올리니스트가 첫 무대를 장식했다.[1] 그녀는 무대 왼쪽으로 입장하여 스타인웨이(Steinway) 피아노 뒤를 지나 무대 앞의 튀어나온 부분으로 쭈뼛쭈뼛 다가갔다. 마음이 몹시 불편해 보였다. 반주자가 준비를 마치길 기다리면서 그는 머리를 숙이고 바닥을 보며 심사위원단과 눈을 마주치지 않으려고 최선을 다했다. 그런데 안타깝게도 반주자가 준비하는 데 시간이 오래 걸렸다. 피아노 의자의 높이가 맞지 않았던 것이다. 바이올리니스트는 체중을 좌우로 어색하게 옮겨 실었고, 관객석에도 초조한 기운이 감돌았다. 한 심사위원은 코를 풀었고, 다른 심사위원은 발을 까딱거렸다.

마침내 반주자가 아름답지만 대단히 어려운 베토벤 소나타의 첫 소절을 연주하자 바이올리니스트는 악기를 들고 연주를 시작했다. 하지만 청중이 음악에 빠져들고 참가자에게 기회를 주는 데는 시간이 걸렸다.

그 다음에 무대에 오른 참가자는 아일랜드에서 온 메조소프라노였다. 그녀의 에너지는 처음부터 많이 달랐다. 그녀는 자신 있는 걸음걸이로 어깨를 펴고 머리를 꼿꼿하게 든 채 무대에 섰다. 드레스도 완벽했다. 몸에 딱 붙는 심플한 남색 드레스가 우아함과 진지함을 잘 나타냈다. 나는 그녀의 선택에 속으로 찬사를 보내다가 금세 그녀의 얼굴로 시선이 갔다. 그녀는 기쁨에 찬 환한 미소를 짓고 있었다. 대단히 즐겁고 신나는 일이 벌어질 것이라고 암시하는 것만 같았다. 심사위원들 역시 이런 분위기에 이끌려 입을 벌린 채 몸을 앞으로 내밀었다. 그들은 강한 인상을 받길 기대하는 표정으로 무대가 시작되길 기다렸다.

눈에 띄는 참가자가 또 한 명 있었다. 바로 일곱 번째로 무대에 오른 20세의 첼리스트였다. 그녀는 최근에 드보르작의 첼로 협주곡을 녹음하고 극찬을 받은 참가자였다. 하지만 연주가 시작되자 불길한 느낌이 들었다. 그녀의 팔뚝 살이 출렁거린 것이다. 활을 아래로 힘차게 켤 때마다 팔뚝 살이 위아래로 움직였다. 필자는 그녀의 팔에서 눈을 떼지 못했고 심사위원들도 마찬가지였다. 그녀는 보통 체격이었기 때문에 과체중이 문제는 아니었다. 문제는 옷을 잘못 고른 것이었다. 드레스는 끔찍하기 짝이 없었다. 검은색 실크 드레스는 노출이 심했고 홀터 톱이 몸에 잘 맞지 않았다. 팔뚝 살이 출렁거릴 수밖에 없었다. 그런 옷을 입었다면 누구나 그랬을 것이다.

그 젊은 음악인이 그렇게 딱할 수가 없었다. 심사위원단의 주의가 산만해졌다는 것은 결코 좋은 징조가 아니었다. 20분짜리 프로그램이 진행되는 동안 심사위원들은 음악에 온전히 집중하지 못했고, 그녀의 힘 있는 연주는 빛을 보지 못했다.

위의 참가자들이 기억에 남는 결선 진출자들이었다. 무대에 처음, 그리고 일곱 번째로 오른 참가자들은 수상에 실패했고, 메조소프라노가 상을 탔다. 나는 수년 간 이런 오디션 현장을 여러 번 찾았는데 항상 가장 인상적인 것은 부수적인 것처럼 보이는 요소들이 심사에 영향을 미친다는 점이다. 국제대회 결선에 오른 참가자들의 실력이 출중한 것은 두말할 필요도 없다. 작년 가을에 머킨홀에서 본 음악인들은 하나같이 훌륭한 실력을 뽐냈다. 음악적 기교가 뛰어나지 않았다면 결선 전에 열렸던 여러 오디션을 통과하지 못했을 것이다.

하지만 결선에서 승패를 가른 것은 음악 외의 요소들이었다. 참가자들이 무대로 걸어 올라온 방식, 옷 스타일, 어깨의 꼿꼿함, 눈의 반짝임, 표정에 드러난 감정 등에서 차이가 났다. 이런 요소들은 무대가 시작되기 전의 분위기를 좌우했다. 지루하고 어색한 분위기가 연출되기도 했고, 신 나고 기대되는 분위기가 만들어지기도 했다.

콘서트 아티스트 길드의 회장 리처드 와이너트는 음악 외 요소의 중요성에 경탄한다. "재능이 뛰어난 이런 음악인들이 커리어를 시작할 수 있게 도울 방법을 찾다 보면 이들이 자신을 선보이는 방식이 매우 중요하다는 것을 느낍니다. 하지만 음악인들은 이것이 신경 써야 하는 문제라는 사실을 모를 때가 많습니다. 줄리어드나 커티스(Curtis)처럼 최고의 음악학교를 졸업한 음악인조차 이런 훈련을 거의 받지 못했고 이것에 대해 생각해 본 적도 별로 없습니다. 그래서 무대 의상과 무대에서의 움직임, 즉 청중과의 교감이 음악 실력만큼 중요하다고 설명하면 대단히 놀랍니다."

최근에 실시한 어느 연구 역시 음악계에서 이미지(혹은 이 책의 키워드인 '리더의 존재감')가 중요함을 강조한다. 미국의 〈국립과학협회보(Proceedings of the National Academy of Sciences)〉에 실린 어느 논문에 따르면 런던대학교의 연구원 치아 중 챠이(Chia-Jung Tsay)는 표본 청중 1,000명을 대상으로 연구를 진행했다. 그는 한 피험자 그룹에게 여러 피아니스트가 국제대회에서 연주하는 모습이 담긴 영상을 소리를 끈 채 보여 주었다. 그랬더니 놀랍게도 똑같은 영상을 소리와 함께 본 피험자 그룹보다 우승자를 맞춘 사람이 더 많았다.[2] 결국 치아 중 챠이는 피아니스트가 보디랭귀지와 표정을 통해 열정을 드러낼 수 있는지 여부가 대회 성적을 가늠하는 가장 효과적인 요소라고 결론을 내렸다.

위의 연구 결과는 이미지의 놀라운 힘을 잘 드러낸다. 음악인이 자신을 선보이는 방식은 청중에게 지워지지 않는 인상을 남긴다. 우리는 바흐나 차이코프스키의 연주곡을 평가할 때 청각에만 의지한다고 생각할지 모른다. 하지만 실제로는 시각적인 이미지가 평가에 지대한 영향을 미친다. 콘서트홀에서 음악의 첫 소절이 울려 퍼지기 전에 심사 결과가 이미 결정되는 것이다. 이는 직장에서도 마찬가지다.

리더의 존재감을 키우는 방법

그렇다면 이 이미지 문제에 어떻게 접근할 수 있는가? 금융계에 종사하는 어느 CEO는 필자와의 인터뷰에서 이렇게 말했다. "말로 설명하긴 어렵습니다. 하지만 그런 존재감이 있는 사람을 확실히 알아볼 수는 있습니다." 실제로 많은 사람이 리더의 존재감을 분명하지 않고 규정하기 어려운 개념으로 여긴다. 이런 존재감은 정의를 내릴 수도 없고 명확하게 밝히기도 어렵다. 그것이 바로 내가 이 책을 쓴 이유다.

내가 이끄는 인재혁신센터(CTI)의 연구팀은 2년 전에 리더의 존재감을 키우는 방법을 연구했다. 고위 간부 268명을 포함하여 대학 교육을 받은 전문직 종사자 약 4,000명을 대상으로 전국적인 설문조사를 실시한 것이다. 직원의 존재감을 평가할 때 직장 동료와 상사들이 어떤 점에 주목하는지 알아내기 위해서였다. 우리는 설문조사를 진행하는 데 그치지 않고 포커스 그룹 40개를 조직하고 상당수의 리더를 인터뷰했다. 그 결과 리더의 존재감이 세 가지 요소에 기반을 둔다는 사실을 알아냈다.

- 행동하는 방식(진지함)
- 말하는 방식(의사소통)
- 보이는 방식(외모)

구체적인 사항은 상황에 따라 달라지지만(월스트리트에서 통하는 방식이 실리콘 밸리에서도 반드시 통하는 것은 아니다.) 리더의 존재감을 구성하는 이 세 가지 요소는 변하지 않는다. 이 요소들은 서로 영향을 미치기도 한다. 예를 들면, 뛰어난 의사소통 능력으로 청중을 휘어잡을 수 있다면 당신의 진지한 면이 돋보일 것이다. 하지만 주저하는 태도로 횡설수설한다면 진지한 이미지에 타격을 입고 말 것이다.

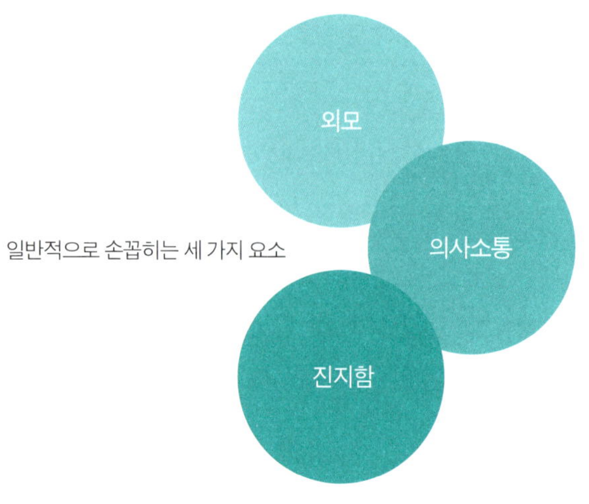

표 1. 리더의 존재감

여기서 짚고 넘어가야 할 사항은 이 세 가지 요소의 중요도가 동일하지 않다는 점이다. 셋의 중요도 차이는 상당히 크며 그중 핵심 요소는 진지함이다. 우리의 설문조사에 응한 고위 간부 268명 중 무려 67%가 진지함이 가장 중요하다고 답했다. 말하고자 하는 내용을 분명하게 알고 있고 갖가지 질문에 거침없이 대답할 수 있음을 보여 주는 것이 의사소통 능력(고위 간부의 28%가 핵심 요소로 꼽았다)이나 외모(고위 간부의 5%만이 핵심 요소로 꼽았다)보다 중요하다.

지적 능력이 뛰어나다는 것을 보여주는 행위는 진지함의 기반이 된다. 하지만 이는 당신이 방에서 가장 똑똑한 사람이라는 것만 뜻하지는 않는다. 상황이 어려워졌을 때, 즉 기업이나 사업이 극도의 압력을 받을 때 당신에게 깊이와 영향력이 있다는 것도 보여 줘야 한다. 또한 원하는 메시지를 전달하고 직원들의 지지를 유도할 자신감과 신뢰성이 있다는 것도 보여 줘야 한다. 리더의 존재감을 구성하는 요소에 대해 물었을 때 고위 간부들이 최고로 꼽은 것은 자신감을 드러내고 시련이 닥쳤을 때도 여유 있게 대처할 수 있음을 암시하는 것이었다.

10년 전이라면 다른 특성이 더 우세했을지도 모른다. 2008년에 전 세계적으로 경기가 침체되기 직전에 기업의 최고경영자(CEO)들은 수년 간 사실상 신격화되었다. 그들은 끝에 날개가 달린 신발을 신은 록스타 같은 대접을 받았으며, 카리스마가 사람들이 리더에게서 추구하는 특성이었다. 개성이 강하고 존재감이 확실한 사람이 리더가 될 자격이 있었다. 제너럴 일렉트릭(GE)의 잭 웰치(Jack Welch)나 버진(Virgin)의 리처드 브랜슨(Richard Branson)이 여기에 해당한다. 그러나 금융 위기가 닥치고 경제 폭풍에 직면하자 차분하고 자신감 있고 안정적인 모습을 보이는 능력이 훨씬 중요해졌다.

그렇다면 어떻게 행동해야 사람들이 당신의 진지한 면을 알 수 있는가? 바로 소통을 통해 리더로서의 권위를 드러내야 한다. 이를 위해서는 언변으로 청중을 휘어잡는 능력이 있어야 한다. 이 두 가지 특성은 실제로 우리의 설문조사에서 고위 간부들이 최우선으로 꼽은 필수 조건이었다. 목소리 톤, 자세, 보디랭귀지 역시 청중의 관심을 끌거나 청중을 멀어지게 하는 도구로 쓰일 수 있다. 이는 소수의 인원 앞에서 프레젠테이션을 하든 대규모 회의의 총회에서 연설을 하든 마찬가지다.

우리의 연구 결과 중 놀라운 점은 청중과 눈을 맞추는 것이 의사소통에 대단히 중요하다는 점이었다. 프레젠테이션을 할 때 직장 동료들의 눈을 쳐다보는 능력 또는 연설할 때 청중과 눈을 맞추는 능력이 있으면 사람들과 교감하고, 그들에게 영감을 불어 넣고, 그들의 지지를 유도할 수 있다. 그러나 이는 심각한 결과를 야기하기도 한다. 안경을 벗고 메모지(또는 파워포인트 자료)를 내려놓은 채 즉흥적으로 청중을 대해야 한다는 뜻이기 때문이다. 이는 결코 쉬운 일이 아니다. 이런 경지에 오르려면 하고자 하는 말이 근육 기억(muscle memory)이 될 만큼 철저하게 준비하고 연습하는 데 엄청난 시간을 투자해야 한다. 존재감을 키우는 데 지름길이란 없다.

우리가 실시한 설문조사에서 고위 간부들은 직원의 외모는 중요하지 않다고 답했다. 응답자의 5%만이 리더의 존재감을 구성하는 가장 중요한 요소로 외모를 꼽았다. 하지만 이는 사실이 아니다. 앞서 음악 대회에서 살펴봤듯이 외모는 대단히 중요한 첫 번째 필터의 역할을 한다. 고위 간부(와 직장 동료들)는 장기적으로 봤을 때 직원의 외모가 중요하지 않다고 여겼을지 몰라도 외모가 목표로 향하는 길에 놓인 첫 번째 장애물이라는 사실은 분명하다. 만일 젊은 여직원이 고객과의 회의에 몸에 딱 붙는 블라우스와 미니스커트를 입고 나타난다면 그런 자리에 다시 초대받지 못할지도 모른다. 아무리 이력이 화려하고 회의 준비가 철저했더라도 말이다.

자칫 잘못하면 외모에 관한 실수로 심각한 곤란에 처할 수도 있다. 성장할 기회를 놓치거나 멋진 임무를 맡을 후보에서 제외될 가능성도 있다. 실력이 얼마나 뛰어나든 마찬가지다. 이런 일이 얼마나 빨리 일어나는지 알면 정신이 번쩍 들 것이다. 제2장에서 살펴보겠지만 하버드의과대학교와 매사추세츠 종합병원에서 실시한 연구에 따르면 직장 동료들은 당신의 외모에만 의지하여 당신의 능력, 호감도, 신뢰도를 0.25초 만에 결정한다.

우리가 외모에 관해 수집한 데이터 중 유일한 희소식은 '신체적 매력'이나 '체형'(날씬하거나 체격이 좋은지 또는 키가 크거나 작은지)보다 '자기 관리'를 존재감의 핵심 요소로 꼽은 응답자가 더 많다는 점이다. 안심이 되는 것은 자기 관리는 배우고 습득할 수 있다는 사실이다. 외모에 관한 한 리더로서의 존재감을 키우는 것이 타고난 특징이 아니라 그런 특징을 어떻게 가꾸는지에 달렸다는 점이 다행스럽다.

이 책의 제1부(제2, 3, 4장)에서는 진지함, 의사소통, 외모를 구성하는 핵심 요소가 무엇인지 살펴본다. 상사와 직장 동료들이 우리에게서 무엇을 기대하는지 알아보고 이를 충족하는 데 필요한 기술을 제시한다. 제2부에서는 이런 기술을 사용하는 데 방해가 되는 여러 가지 함정과 걸림돌을 살펴본다. 존재감을 키우는 것은 간단한 일이 아니기 때문이다. 가장 복잡한 점은 순응성과 진정성 간의 본질적인 갈등이다. 얼마나 순응해야 하는가? 또 남들과 얼마나 달라야 하는가? 성공의 제단에 '진정한 당신'의 어느 정도나 제물로 바칠 준비가 되어 있는가?

우리가 인터뷰한 모든 전문직 종사자가 이런 문제와 씨름하고 있다고 밝혔다. 여성과 소수 집단의 경우 특히 어려움을 겪는 것으로 나타났다. 역사적으로 지위가 미약한 이들은 이중고에 시달리고 있다. (남들처럼) 조직 문화에 순응하기 위해 정체성에 변화를 줘야 할 뿐만 아니라 이성애자인 백인 남성처럼 행동하기도 해야 한다. 대체 왜 그런 것인가? 이것이 현재까지도 우세한 리더십 모델이기 때문이다. 월스트리트와 메인스트리트의 전망 좋은 사무실에서 근무하는 직원의 88%가 이런 사람들이다.

시간이 지나면서 진정성을 유지하려는 투쟁이 쉬워진다는 것이 그나마 위안이 되는 소식이다. 나이가 들고 경험이 쌓이면 진지함을 인정받은 사람들은 진정성을 더 많이 발휘할 권리를 얻는다. 일할 때 자신의 참모습을 더 많이 보여 줄 기회가 생기는 것이다.

크레디 스위스의 고위 간부 미쉘 개즈던 윌리엄스는 어느 날 남들과 다른 여러 가지 면이 자신의 승진을 방해하는 요소로 작용하는 것이 아니라 오히려 성공의 추진력으로 작용한다는 사실을 깨달았다. 커리어 초기에 국제적인 제약회사에서 젊은 경영자로 일할 당시 그녀는 집행위원회에 반갑지 않은 의견을 겁 없이 제시했다. 흑인 직원들의 정신적 에너지 소모는 크고 사기는 떨어졌다는 것이었다. 조직 문화 속에 자리 잡은 미묘한 편견 때문이라는 것이 그녀의 설명이었다. 혼란스러운 모습을 감추지 못한 CEO가 이유를 묻자 그녀는 회사에서 직접 겪은 경험담 세 가지를 들려주고 해결책도 제시했다.

개즈던 윌리엄스는 그날 회의실에서 나오면서 불안에 떨었다고 했다. 자신이 도를 넘은 것은 아니었을까? 거침없이 말하는 바람에 대가를 치르게 되지는 않을까? 하지만 정반대의 일이 벌어졌다. 그녀가 보여준 용기는 그녀가 리더로서 잠재력을 갖고 있음을 회사의 집행위원회에게 더 분명하게 알리는 계기가 되었다. 회사는 개즈던 윌리엄스가 제시한 해결책을 도입하는 데 그치지 않고 그녀를 즉각 승진시켰다.

정체성을 일에 온전하게 반영하는 것에 대해 이야기할 때 필자의 친구인 코넬 웨스트를 빼놓아서는 안 된다. 그 친구보다 진정성을 더 훌륭하게 드러내는 사람은 없을 것이다. 그는 유니온 신학교(Union Theological Seminary)에서 철학 교수로 재직 중이며 민권 운동가로도 활동 중이다. 웨스트는 눈에 띄는 아프로 헤어스타일, 검은색 스리피스 정장과 가공할 만한 웅변술 덕택에 늘 사람들에게 오래 기억될 강렬한 인상을 남긴다. 그러나 프린스턴대학교에서 철학박사 학위를 받은 최초의 미국 흑인이자 하버드대학교 학부에 입학한 첫 미국 흑인 중 한 명으로서 그는 오늘날 사람들의 눈에 비치는 것보다 훨씬 어려운 시절을 견뎌냈다.

웨스트는 자신과 많이 다른 사람들의 기대에 부응하려면 얼마나 심한 압력에 시달려야 하는지 잘 안다. 그들의 신뢰와 지지를 얻기 위해서는 어쩔 수 없이 거쳐야 하는 과정이다. 필자 역시 임명권을 쥔 위원회 사람들과 생김새, 발음, 행동이 다를 때 아이비리그에 입성하기가 얼마나 어려운지 안다. 하지만 웨스트의 경우 처한 상황에 따른 혹독한 시련이 본인 특유의 강점을 숨기는 대신 홍보하기로 마음먹은 계기가 되었다. 오늘날 오바마 대통령부터 옥스퍼드 교수진에 이르기까지 다양한 사람들이 그에게 관심을 보인다. (하위 99%에 해당하는) 사람들과의 공감에서 우러나오는 그들의 충족되지 못한 욕구에 대한 날카로운 통찰력, 강렬한 웅변 스타일, 격식을 차린 정장 등을 통해 그의 진지한 면이 유감없이 발산되는 덕택이다.

그러니까 힘을 내기 바란다. 존재감을 키우는 일이 힘에 겹고 때로는 영혼을 갉아먹는 일일 수도 있지만 이런 노력과 투쟁을 통해 성장하고 발전할 수 있다. 다른 사람들과 어깨를 나란히 할 능력이 있다는 것을 증명하고 나면 당신이 가진 것을 뽐내고 남들과 차별화될 수 있다. 리더가 되고 멋진 인생을 사는 것은 남들도 똑같이 갖춘 특성이 아니라 당신만의 고유한 특성에 달렸다.

2

어떻게 행동해야 하는가

●●● 2010년 5월 멕시코 걸프만에서 원유 유출 사고로 해저의 원유가 바다를 오염시킨 사건이 발생했다. ABC 뉴스의 앵커 제이크 태퍼(Jake Tapper)는 당시 브리티시 페트롤리엄(British Petroleum)의 전무이사를 맡고 있었던 밥 더들리를 인터뷰하며 자초지종을 설명해 달라고 추궁했다.

"그러니까 '탑킬(topkill) 작전'은 실패로 돌아갔죠."라며 태퍼는 말문을 열었다. 유정(油井)에 무거운 진흙을 부어 구멍을 막으려는 BP의 시도를 두고 한 말이었다. "미국인들이 불편한 사실을 받아들일 준비를 해야 합니까? 이 구멍을 빨라야 8월에나 막을 수 있다는 것이죠?"[3]

더들리는 칼라의 단추를 푼 채 침착한 표정으로 답했다. 우선 8월이 유출을 막을 수 있는 가장 이른 시점이 될 수도 있다고 인정했다. 하지만 BP가 밤낮으로 일하고 있으며 가능한 한 신속하게 대처할 것이라고 밝혔다.

태퍼는 계속 밀어붙였다. "아시다시피 안전에 드는 경비를 무리하게 줄여서 사고가 난 것은 아닌지에 관해 심각한 문제가 제기되고 있습니다. 예를 들면, BP는 왜 위험 부담이 있는 줄 알면서도 금속제 케이싱을 사용했습니까? 강한 압력을 받으면 찌그러지는데 말이죠."

더들리는 또다시 차분하게 대답했다. 경비를 무리하게 줄인 일도 없고 위험 부담이 따르는 선택사항을 고른 일도 없다는 것이었다.

"하지만 왜 사고가 발생한 즉시 작업을 중지하지 않았습니까? 유정을 제대로 관리할 수 있을 때까지 중지해도 됐을 텐데요." 태퍼는 더욱 거센 비난조로 끈질기게 추궁했다.

"그것은 사고 조사 과정에서 대단히 철저하게 살펴볼 또 한 가지 부분입니다." 더들리는 여전히 차분한 태도로 카메라 렌즈에서 눈을 떼지 않은 채 대답했다. 그러고는 이 참사의 원인을 밝혀내는 것이 BP의 최우선 과제임을 강조했다. 걸프 만 지역의 주민들을 생각해서라도 진상을 반드시 규명해야 한다고 말했다.

두 달 후 더들리에게는 가시방석에 앉을 기회가 또 한 번 찾아왔다. 이번에는 PBS의 'PBS 뉴스아워(NewsHour)'에 초대되었다. 직설적인 진행자 레이 수아레스(Ray Suarez)가 그에게 원유 유출의 막대한 피해에 대해 여러 가지 질문을 던졌다.[4] 더들리는 흔들림 없는 목소리로 진행자의 말에 공감하며 첫 질문에 대답했다. "피해가 얼마나 큰지 제 눈으로 직접 봤습니다. 2주 전에 그랜드 아일(Grand Isle)에 가서 해변에 기름이 있는 것을 봤거든요. 그랜드 패스(Grand Pass)에서도 습지에 기름이 있는 것을 보고 현지 주민들과 이야기를 나눴습니다." 더들리는 몸을 앞으로 내밀고 수아레스의 눈을 보며 말을 이어 나갔다. "저희는 피해 보상을 청구한 현지 주민과 기업에게 보상해 드릴 계획입니다." 그러고는 BP가 약속을 지키기 위해 어떤 절차를 밟고 있는지 체계적으로 설명했다.

그러자 수아레스는 기름 유출 사고를 제대로 수습하지 못한 엑슨 발데즈(Exxon Valdez) 사건을 언급했다. 더들리는 은연중에 비교당하는 상황을 회피하지 않았다. 그 대신 BP는 엑슨처럼 파산 선언을 하거나 법적인 절차 뒤에 '숨지' 않겠다고 밝혔다. 수아레스가 계속 끈질기게 추궁했지만 더들리가 인터뷰 내내 대답을 회피하거나 거부한 질문은 단 하나도 없었다. 그는 동정심 있고 심사숙고하는 유능한 리더로 비쳤고, 그것이 그의 실제 이미지이기도 하다.

밥 더들리는 이제 BP의 CEO가 되었다. 그가 곤란한 상황에서도 난처해하지 않는 리더인 것은 시련을 겪어 본 경험이 없어서는 아니다. 오히려 그 반대다. 필자와의 인터뷰에서 밝힌 대로 더들리는 OPEC(석유수출국기구) 위기가 정점에 달했을 때 커리어를 아모코(Amoco)에서 시작했다. 그래서 석유산업이 겪은 최악의 악몽 한가운데 놓이고 말았다. TNK-BP의 CEO로서 자신을 내쫓으려는 러시아의 과두제 집권층에 맞서 싸운 적도 있다. 또한 생명을 위협당하는 것을 포함하여 온갖 종류의 괴롭힘도 겪었으며 비자가 거부되었을 때는 공개되지 않은 외딴 곳에서 회사를 운영하기도 했다. 그런 도전적인 경험을 마치기가 무섭게 더들리는 BP에서 아시아와 아메리카 관련 사업을 맡아 당시 CEO였던 토니 헤이워드(Tony Hayward)에게 보고하게 되었다.

그러나 머지않아 딥워터 호라이즌(Deepwater Horizon)호가 폭발했고 헤이워드는 추락했다. (이 이야기는 나중에 더 자세히 살펴보기로 한다.) 그 결과 BP의 주가는 50%나 하락했다. 그해 7월 회사는 당시에 걸프 만 복구 사업을 추진하던 더들리를 선임하여 헤이워드의 자리를 대신하게 했다. 더들리의 명성이 자자한 덕택에 유정에 뚜껑이 덮이기도 전에 BP의 주가는 다시 상승하기 시작했다.

필자가 인터뷰 중에 BP의 회생을 더들리의 공으로 돌리려고 하자 그는 특유의 겸손한 태도로 손사래를 쳤다. "놀랍도록 훌륭한 성과를 거둔 사람이 많았습니다."라고 그는 말했다. 하지만 어려운 시기에 리더가 차분하고 자신감 있는 모습을 보이는 것만큼 중요한 것이 없다는 데는 동의했다. "저는 주위 사람들이 위기 상황에서도 명확하게 생각하고 차분한 태도를 유지하길 원합니다."라고 그는 강조했다. "심한 압력을 받았을 때 행동하는 모습을 보지 않고 그 사람을 판단하거나 신뢰할 수 있었던 적은 없는 것 같습니다."

캐서린 필립스는 교수로서의 커리어 초기에 모두가 불편하게 여기는 문제를 지적하여 학교에서 '용감한 목소리'로 떠올랐다. 노스웨스턴(Northwestern)의 켈로그경영대학원에서 2년차 교수로 재직할 당시 그녀는 동료 교수들 앞에서 목소리를 높였다. 학교를 떠난 지 얼마 되지 않은 맥스 베이저먼(Max Bazerman) 교수의 빈자리를 채우기 위해 교수들이 모인 자리였다. 필립스는 그런 논의 자체가 "에너지를 낭비하는 꼴"이라고 주장했다. 베이저먼만큼 저명한 학자를 초빙하는 데 필요한 자원을 할당하려는 사람이 없다는 것이었다.

"벌써 그분의 사무실, 강의, 보조금을 나눠 가지셨잖아요."라고 그녀는 꼬집었다. 베이저먼의 왕국이 동료들의 손에 이미 무너진 것을 두고 한 말이었다. "그럼 무엇이 남았습니까? 다시 내놓으실 의향이 있는 게 어떤 것이죠? x? y? 아니면 z입니까? x, y, z가 모두 포함된 멋진 패키지 없이는 석학 중 그 누구도 켈로그에 올 생각을 하지 않을 겁니다." 필립스는 이 말이 충분히 인식될 때까지 기다렸다가 이렇게 덧붙였다. "이 얘기를 하면서 시간을 더 이상 허비하지 맙시다. 제가 보기에는 맥스가 이미 대체되었으니까요." 그러고는 검지로 동료들을 가리켰다. "당신과 당신! 그리고 당신에 의해서요."

"동료들이 많이 놀랐죠."라고 필립스가 나중에 밝혔다. 필자는 그녀가 젊은이 특유의 허세를 부린 것에 감탄하고 있었다. "하지만 회의가 끝나고 나서 직위가 높으신 교수님 두 분이 저에게 말을 잘했다며 감사를 표하셨습니다. 그 후로 학과 내에서 훨씬 더 솔직한 토론이 가능해지기도 했고요."

이 사건으로 필립스는 아무도 감히 말하려고 하지 않을 때도 반드시 진실을 말할 것이라는 신뢰를 얻었다. 오늘날 그녀는 콜롬비아경영대학원에서 '리더십과 윤리학의 폴 카렐로' 교수직을 맡고 있다. 이 명문 대학에서 교수직을 맡은 첫 미국 흑인 여성이 된 것이다. "윗사람에게 진실을 말하는 것이 제 퍼스널 브랜드(personal brand)의 일부가 되었다고 보시면 됩니다."라고 그녀는 설명했다. "저는 남들이 입 밖에 내기 꺼리는 것을 말하는 데 두려움을 느낀 적이 한 번도 없습니다. 이제는 사람들이 저에게서 그런 모습을 기대하기도 하고요."

2012년에 어느 의료 기기 제조업체의 새 CEO가 어려운 분수령을 맞이한 일이 있었다. 새로 제정된 미국의 의료법에 따라 회사가 2.3%의 내국 소비세를 내게 된 것이다. 이는 미처 대비할 새도 없이 이익이 7,500만~1억 달러나 줄어든다는 뜻이었다. 새로운 리더는 재빨리 움직여서 회사 전반에 걸쳐 경비를 절감해야 한다는 사실을 알았다. 이중 가장 고통스러운 것은 직원의 수도 줄여야 한다는 것이었다. 새 CEO는 인적 자원을 성과가 낮은 부서에서 더 유망한 부서로 전략적으로 재배치하면 일자리 수백 개를 유지할 수 있을 것이라고 생각했다. 그래도 해고해야 할 직원이 200명 이상 생기는 상황이었다.

CEO는 나쁜 소식을 직접 전달했다. "해고 대상인 직원들을 불러 모아 그들 앞에 섰습니다. 그리고 회사가 왜 그런 결정을 내리게 되었는지 차근차근 설명하고 그들의 질문에 답했습니다." 그는 필자와의 인터뷰에서 이렇게 밝혔다. "물론 그분들의 고통을 없앨 수는 없었습니다. 그러려고 하지도 않았고요. 하지만 구조조정이 개인적인 일이 아니라 구조적인 일이라는 점을 그분들이 알길 바랐습니다. 모두 열심히 일하고 회사에 대한 충성심이 있는 직원이었거든요. 회사는 그저 살아남아서 앞으로 번창하기 위해 인원 감축을 해야 했을 뿐입니다."

그러고는 잠시 말을 멈췄다. "그래도 그 두 시간 동안 견디기가 제법 어려웠습니다. 직원들은 놀라고 괴로워하고 기습을 당했다고 느꼈습니다. 심지어 배신감에 떠는 사람들도 있었습니다. 아무도 그런 감정을 숨길 생각도 하지 않았고요. 하지만 한 가지 사실은 분명했습니다. 제가 거기에 있어야 한다는 것이었죠. 사무실에 숨어서 직장 후배가 그런 어려운 일을 감당하게 할 생각은 없었습니다."

필자는 실제로 많은 리더가 그런 상황에서 사무실에 숨는다고 지적했다. 그러고는 '인 디 에어(Up in the Air)'라는 영화를 본 적이 있는지 물었다. 영화에서 조지 클루니는 해고 전문가의 역할을 맡았다. 전국 방방곡곡을 날아다니며 직원들을 직접 해고할 용기가 없는 리더들을 위해 일을 대신 해 주는 역할이었다. CEO는 그 영화를 보았다고 했다.

"이런 감성지능은 대단히 중요합니다. 직접 손 내밀지 않으면, 그들과 공감한다는 것을 보여 주지 않으면, 그리고 마음에서 우러나

고, 76%가 이것이 남성 리더의 존재감에 필수적이라는 데 동의했다.)

지난 10~15년 간 일어난 전무후무한 사건들을 떠올려 보면 쉽게 이해가 간다. 21세기는 무시무시하게 시작됐다. Y2K를 두고 하는 말이 아니라 수십억 달러를 쓸어간 닷컴 버블의 붕괴를 말하는 것이다. 2001년에는 상상조차 하지 못했던 9·11 테러가 발생하기도 했다. 이 사건 때문에 미국은 결국 아프가니스탄, 그리고 2003년에는 이라크를 상대로 전쟁을 치러야 했다.[5] 그런데 2001년이 채 지나가기도 전에 미국 경제는 또 한 번 타격을 입었다. 자본금이 1,000억 달러인 에너지 기업 엔론(Enron)이 회계 부정과 인권 침해 공모로 파산한 것이다.

그로부터 6개월 뒤에는 대형 통신업체인 월드컴(WorldCom)이 성격은 비슷하나 규모가 더 큰 스캔들에 휘말렸다. 회사가 채권자의 돈을 57억 달러나 떼먹은 사건이었다. 하지만 이는 서막에 불과했다. 2008년에 발생한 서브프라임 모기지(subprime mortgage: 최우대 대출 금리보다 낮은 담보의 주택 대출 -역주) 위기로 미국인들은 일자리와 저축금을 잃고 말았다. 이는 미국을 불황에 빠뜨리는 계기가 되었고 세계적 금융 붕괴를 촉발했다. 유럽에 있는 대부분의 국가는 이에 따른 영향력에 여전히 시달리고 있다.

하루가 멀다 하고 우리의 재정적인 안정을 책임지는 사람들이 물의를 빚었다는 뉴스가 들려오는 것 같다. 2011년에는 MF 글로벌이 고객의 계좌에 들어 있던 8억9,100만 달러를 유용하여 거래 손실을 메웠고, 2012년에는 영국 은행들이 런던 은행 간 거래 금리(LIBOR)를 조작하려고 결탁한 일이 있었다.

이렇듯 스캔들이 빈발하는 상황에서 우리가 약속을 지키고 평정심을 잃지 않는 리더에게 마음이 끌리는 것이 당연하지 않겠는가? 리더가 진정으로 어려운 선택을 할 때 동정심뿐만 아니라 용기도 보여 준다면 그 리더에게 믿음이 갈 수밖에 없다.

물론 진지함만으로 전망 좋은 고급 사무실을 차지할 수는 없다. 일을 하는 데 필요한 기술, 경험, 타고난 재능을 모두 갖춰야 한다. 무디스의 최고재무책임자(CFO) 린다 휴버는 "사람들이 진지하게 여겨 주길 바란다면 실제로 능력이 뒷받침되어야 한다."고 말했다. 하지만 어느 정도의 경험과 필수적인 기술이 있다면 당신이 최고의 일을 맡는 데 필요한 유일한 자질은 진지함이다. 진지함이 실제로 있는 것처럼 포장할 수는 없지만 진지함을 후천적으로 얻을 수는 있다.

심한 압력에도 평정심 잃지 않기

그렇다면 위기가 닥쳤을 때 어떻게 차분한 태도를 유지할 수 있는가? 내면에 손을 뻗어 자신이 당면한 문제를 해결할 능력이 충분하다고 절대적으로 믿어야 한다.

"자신감이 핵심입니다."라고 블룸버그 LP의 인사부장 앤 어니는 말했다. "심장이 쿵쾅거릴 때 바람이 부는 방향으로 몸을 내밀려면 내면 깊은 곳에서부터 자신을 믿어야 합니다. 이것은 거짓으로 꾸며낼 수 있는 일이 아닙니다."

역사를 살펴보면 리더의 강철 같은 면은 위기의 순간에 탄생한다. 어쩌면 위기가 닥쳐야만 진정한 자신감을 발견할 수 있는지도 모른다. 2005년 이후 줄곧 독일의 총리를 맡고 있는 앙겔라 메르켈(Angela Merkel)은 유로화 위기를 해결하지는 못하더라도 아무도 리더로서 그녀의 유능함이나 신뢰성을 문제 삼지 않는다. 국제통화기금(IMF)의 총재 크리스틴 라가르드(Christine Lagarde)는 이 기구를 맡기 전에 프랑스의 재무장관을 지냈다. 그녀 역시 침착하고 분별 있는 모습으로 널리 존경받으며, 프랑스가 2008년에 유동성 경색을 이겨낼 수 있도록 이끌었다.

또한 전 영국 총리 마가렛 대처는 '철의 여인'으로 영원히 기억될 것이다. 그녀는 머리카락 한 올도 흩트리지 않은 채 영국에서 오래 지속된 위기(두 자릿수의 실업률, 광부 파업), 구소련과의 계속된 냉전, 아르헨티나와 포클랜드 제도를 두고 벌어진 결전을 견뎌냈다. 엘레노어 루스벨트(Eleanor Roosevelt)의 예리한 말을 빌자면 "우리는 티백과 같아서 뜨거운 물속에 들어가기 전에는 우리가 얼마나 강한지 알지 못한다."

몸을 담그게 된 물을 직접 끓인 경우에도 진지함을 얻을 기회가 반드시 약해지는 것은 아니다. 최근에 신문 헤드라인을 장식한 CEO들을 보면 이들은 실수를 회피하는 대신 순순히 인정하여 강한 기개를 보여 주었다. 예를 들면, JP 모건 체이스(JP Morgan Chase)의 CEO 제이미 다이몬(Jamie Dimon)은 2011년에 58억 달러의 거래 손실이 발생하는 것을 막지는 못했지만 그 일로 리더십에 흠집이 나지는 않았다. 의회 앞에서 사건에 대해 해명해야 했을 때 그는 월드컴의 CEO 버나드 에버스(Bernard Ebbers)처럼 오명을 입은 위선자의 길을 걸을 수도 있었다. 하지만 다이몬은 책임을 인정하고 질문에 차분하게 답했다. 또한 평정심을 잃지 않고, 거만해 보이지 않으면서도 자신감을 드러냈다. 공개적인 비난에도 그의 진지함은 사그라지기는커녕 오히려 강해지는 것처럼 보였다.

GE의 전 CEO 잭 웰치는 〈포춘(Fortune)〉에서 다이몬이 "자리를 털고 일어나 더 강하고 현명한 모습으로 말 위에 다시 올라타고 달린 사람으로 기억될 것"이라고 말했다.[6] 〈머니(Money)〉지에 따르면 JP모건의 투자자들은 실제로 다이몬의 태도에 박수를 보냈다. 역사는 다이몬을 망나니라고 평가할지 몰라도 그가 심한 압력에도 평정심을 유지한 모습은 그를 비방하는 사람들에게도 깊은 인상을 남겼다.

그러니까 재앙을 피하는 것은 유능함을 드러내고, 재앙을 수습하는 태도는 진지함을 드러내는 것이다. US 에어웨이즈(US Airways)의 기장 체슬리 '설리' 슐렌버거(Chesley 'Sully' Sullenberger)를 떠올려 보라. 슐렌버거는 캐나다 거위 떼와 부딪힌 후 비행기를 허드슨 강에 안전하게 비상 착륙시켜 유명세를 탔다. 거위 떼를 피하는 것은 선택할 수 있는 사항이 아니었다. 이 리더에게 주어진 선택사항은 추락 직전에 느낀 "속이 땅 밑으로 꺼지는 것 같은 최악의 느낌"에 굴복하지 않는 것이었다.[7] 슐렌버거의 놀라운 침착성과 통제력 덕택에 모든 승객과 승무원이 인명 피해 없이 탈출에 성공할 수 있었다.

우리는 누구나 실수를 하며, 다른 사람의 실수 때문에 괴로운 일도 생긴다. 때로는 전혀 손쓸 수 없는 사고도 일어난다. 하지만 이런 시련은 진지함을 얻고 그것을 발휘할 수 있는 절호의 기회로 작용하기도 한다. 폭풍이 최고조에 이르렀을 때는 자신의 내면에 손을 뻗어 평정심에 이른 후 모든 것이 명확해진 상태에서 말하고 행동해야 한다. 자신감이 절대로 흔들리지 않을 것이라는 사실을 증명해 보일 때 다른 사람들에게도 자신감을 심어 줄 수 있기 때문이다. 최악의 경우 사람들의 용서와 관용을 구할 수 있으며, 신뢰와 충성을 얻을 수 있는 가능성이 크다.

팀 멜빌 로스는 커리어의 분수령이었던 바로 이런 순간에 대해 들려주었다. 그는 실수를 하는 바람에 일자리, 커리어, 명성을 모두 잃을 뻔했지만 오히려 용기를 내고 대중에게 자신의 진가를 보여 줄 기회를 얻을 수 있었다. 영국에서 가장 큰 주택 담보 대출업체인 네이션와이드(Nationwide)의 CEO였던 시절 멜빌 로스는 임원중 한 명의 압력에 굴복하여 도덕적으로 의심스러운 제도를 도입했다. 경기가 안 좋아지는 상황에서 기업이 수익을 남기는 데 도움이 될 제도였다. "정말 염치없는 말이지만 고객에게서 돈을 뜯어낼 생각이었습니다."라고 그는 잘못을 시인했다. "하지만 우수한 주택

담보 대출업체는 그런 일을 하지 않습니다. 제가 잘못된 결정을 내린 것이죠."

하지만 그 후 그는 곧바로 옳은 결정을 내렸다. 문제의 임원을 해고하고 공개적으로 사과한 것이다. 그러고는 런던의 〈타임스〉에 편지를 쓰고, 끝부분에 자신에게 개인적으로 편지를 보내도록 독자들을 초대하기도 했다. 멜빌 로스의 말에 따르면 많은 독자가 실제로 편지를 보내 그의 실수를 호되게 비난했다. 그러나 전반적인 상황을 살펴보면 그가 잘못을 시인함으로써 네이션와이드에 대한 대중의 믿음이 회복되었고, 이는 흥미롭게도 멜빌 로스에 대한 믿음으로 이어졌다. "그 사건 덕택에 진실성이 있는 리더라는 이미지가 생겼습니다."라고 그는 말했다. "그 후로 폭풍이 몰아칠 때마다 그런 평판이 저를 이끌어 줬고요." 멜빌 로스는 오늘날 잉글랜드 고등교육기금위원회(Higher Education Funding Council for England)의 의장과 기업윤리연구소(Institute of Business Ethics)의 소장을 맡고 있다.

당신에게도 멜빌 로스와 똑같은 선택권이 있다. 위기에 처했을 때 결점을 인정하고 그것에 굴하지 않을 선택권과 숨을 선택권이 있는 것이다. 다시 말해, 진정한 리더가 되는 초석인 진지함을 얻을 수도 있고, 반대로 직함과 관계없이 리더가 될 자격이 없다는 사실을 증명해 보일 수도 있다.

BP의 CEO였던 토니 헤이워드의 사례를 떠올려 보라. BP의 기름 유출 사건이 처음 뉴스를 장식했을 때 헤이워드는 대중의 신뢰를 얻은 것처럼 보였다. BP가 이전에 겪은 어려움과 '끔찍한' 실적에 대해 무서울 정도로 솔직하게 털어놓았기 때문이다. 그러나 사태의 책임을 자신과 기업에게서 다른 곳으로 돌리려고 하자마자 대중이 등을 돌리고 말았다. 그는 BP의 경영 간부들에게 "우리가 무엇을 잘못했다고 이런 일을 겪어야 하죠?"라며 억울해 했고, 2주 후 〈가디언(Guardian)〉과의 인터뷰에서 "물의 총량에 비해 (멕시코 걸프 만에) 우리가 쏟은 기름과 유처리제의 양은 극히 적습니다."라고 말하기도 했다.[8] 그의 발언은 사람들에게 자신감보다는 거만함을 드러내는 것으로 받아들여졌다.

헤이워드가 사과하는 대신 더 몰이해한 말을 입 밖에 냈을 때 대중의 신뢰를 회복할 기회는 영영 사라졌다. 그중 가장 기억에 남는 것은 "제 인생을 되찾고 싶습니다."라는 발언이었다.[9] 이런 심통 담긴 말에 맹렬한 비난이 쏟아졌다. 뉴스 해설자들은 헤이워드가 이런 상황에서 스케줄에 대해 불평한다는 사실을 믿지 못했다. 여름에 주말 몇 번을 못 쉰 것이 걸프 만에서 벌어진 이 커다란 재앙에 비하면 쥐꼬리만 한 희생처럼 느껴졌기 때문이다. 너무나 많은 주민의 생계가 막막해졌고, 석유 굴착 노동자 11명이 목숨을 잃은 터였다. 헤이워드는 사태를 가라앉히는 대신 불에 기름을 부었고, 이 실수로 일자리를 잃었다.

이 드러내기

린 어터는 오늘날 가구 및 직물업의 세계적인 선두주자 놀 (Knoll)의 최고운영책임자를 맡고 있다. 그녀는 직장에서 처음으로 이를 드러낸 순간을 또렷이 기억한다. 당시 어터는 쿠어스 브루잉 컴퍼니(Coors Brewing Company)의 맥주 용기 담당자로 막 승진한 참이었다. 회사에서 30년이나 근무한 베테랑의 빈자리를 대신하여 첫 여성 고위 간부가 된 것이다.

새 직책을 맡은 지 몇 달이 채 지나지 않았을 무렵 어터는 남성 임원 6명과 회의에 참석했다. 합작 투자의 일부로 어느 스타트 업을 후원하는 데 수백만 달러를 투자할 것인지 논의하는 자리였다. 그녀는 조사를 미리 해 두었기 때문에 쿠어스가 그 스타트 업과 왜, 어떻게 거래를 체결해야 하는지 분명하게 알고 있었다. 그래도 자신의 관점 이외의 새로운 관점도 살필 겸 다른 임원들의 의견에 귀를 기울였다. 하지만 말을 애매하게 하는 동료들에게 진저리가 나 곧 자리에서 일어났다. 그러고는 차분하고 단호한 말투로 입을 뗐다. "투자하지 않으면 협력 관계의 기본 철학에 어긋나는 행위를 저지르는 꼴입니다. 저희가 아무것도 하지 않으면 그 기업은 무너질 것이고요. 그러니까 예정대로 밀고 나가든지 협력을 중단하든지 결정을 내려야 합니다."

그녀의 리더십에 힘입어 투자 계획은 순조롭게 진행되었다. "동료들이 저에게 그런 기개가 있을 것이라고 생각하지 못했던 것 같습니다."라고 어터는 말했다. "하지만 저는 사전 조사를 했기 때문에 관련 수치를 확실하게 알고 있었습니다. 우리가 무엇을 해야 하는지 알고 있었고, 강한 면모를 보임으로써 나아갈 길을 제시하는 것이 제가 할 일이라고 느꼈습니다."

우리가 리더에게서 바라는 것은 어려운 결정을 내리는 일이다. 그러나 옳은 결정을 내리는 것보다 중요한 것은 아무도 감히 행동에 나서지 않을 때 결정을 내리는 것이다. 이 대목에서 바로 리더의 진지함이 드러난다. 리더가 방향을 제시하고 그에 따른 책임을 질 용기와 자신감이 있다는 사실이 증명되기 때문이다. 야후의 CEO 마리사 메이어(Marissa Mayer)는 2013년 6월부터 모든 직원이 야후의 사무실에서 일해야 한다고 선언하여 리더의 자질이 있음을 증명해 보였다.[10] 주가가 곤두박질치는 회사의 생존을 위해 직원들의 재택 근무 권리를 박탈한 것이다. "집에서 일하다 보면 일의 속도와 품질이 희생되는 경우가 많습니다." 이것이 인사과 부장 재키 리제스(Jackie Reses)가 직원들에게 전달한 메모의 내용이었다. "우리는 하나의 야후!가 되어야 합니다. 그러려면 실제로 가까이 있어야 합니다."[11]

이 결정은 거센 후폭풍을 몰고 왔다. 어려운 시기를 겪고 있는 회사에 적합한 규율이라며 잭 웰치처럼 박수를 보낸 리더도 있었고, 회사가 후퇴하는 격이라며 리처드 브랜슨처럼 비판한 리더도 있었다.[12] 하지만 메이어에게는 평소처럼 사업을 꾸려서는 회사가 파멸의 소용돌이에서 벗어나지 못할 것이라는 사실을 인정할 용기가 있었다. 그래서 이를 드러내고 인기가 없을지도 모르는 결정을 과감하게 내렸다. 그렇게 사람들에게 자신감과 용기를 보여 준 것이 그녀의 진지함을 강화했고, 결과적으로 그녀가 회사를 회생시킬 능력이 있을 것이라는 주주들의 믿음도 강화했다.

인재혁신센터의 연구에 따르면 리더의 70%가 결정력이 성별에 관계없이 리더의 존재감을 구성하는 요소라고 응답했다. 이는 위기가 닥쳤을 때 자신감에 이어 리더에게 두 번째로 중요한 자질인 만큼 진지함의 핵심 요소라고 볼 수 있다. 하지만 결정을 내릴 줄 안다는 것이 대중의 눈에 결단력이 있는 것처럼 보여야 한다는 것을 뜻하지는 않는다. 차이는 단순히 리더로서의 임무를 수행하는 것과 임무를 수행하면서도 리더처럼 '보이는' 것에 있다. 또한 자신감을 드러내는 것과 '존재감'이 물씬 풍기는 것에 있다.

조지 W. 부시가 '결정자'의 이미지를 얻고 이를 퍼스널 브랜드의 핵심 요소로 만드는 데 주력한 것은 바로 이런 사실을 알았기 때문이다. 미트 롬니(Mitt Romney)도 이와 비슷한 방식으로 적극성을 과시하며 대선 운동을 전개했다. 그에게는 리더십과 '이를 드러내는 것'이 동의어나 마찬가지였다. 대통령으로서 테러리스트, 불법 이민자, 독재자 등에게 약한 모습을 보여 겁쟁이로 인식되느니 냉혹한 리더로 명성을 날리는 편이 낫다고 생각한 것이다.

이를 드러내는 것이 남성적인 특성으로 알려진 공격성, 적극성, 강인함, 지배적인 성향 등과 연관되기 때문에 표면상으로는 남성이 결단력이 있는 것처럼 보이기가 더 쉽다. 그러나 테스토스테론 시술을 전문적으로 시행하는 병원이 부상하고 있다는 사실을 떠올리면 남성이라고 해서 이를 드러내는 행동이 반드시 자연스러운 것은 아니다. 〈파이낸셜 타임스(Financial Times)〉에 따르면 '테스토스테론의 긍정적인 효과'를 누리기 위해 남성들이 테스토스테론 시술을 받고 있다. 환자들은 호르몬 덕택에 자신에게 월스트리트를 쥐고 흔드는 남자가 갖출 법한 '알파남다운 면'이 나타날 것이라고 기대한다.[13] 뉴욕증권거래소 근처에 있는 어느 병원[14]은 매달 1,000달러 이상 드는 치료법의 일환으로 주 2회 시술을 제공한다.[15]

하지만 테스토스테론 주사에는 부작용이 있다. 수면성 무호흡, 심장병 발병률 증가, 잠복 중인 종양의 성장, 고환 축소 등 갖가지 부작용이 나타날 우려가 있다.[16] 그러나 월스트리트에서 근무하는 남성들이 환자로 찾는 병원에 따르면 환자들에게는 위험 부담보다 효과가 더 중요하다. 테스토스테론 덕택에 그들은 자신이 더 과감하고, 더 시끄럽고, 더 적극적으로 행동하는 것처럼 느끼며, 그 결과 더 편한 마음으로 이를 드러내고 위험을 감수한다. "자신이 천하무적이라는 분위기를 풍기는 것이 중요합니다."라고 어느 트레이더가 필자에게 털어놓았다. 그의 관점에 따르면 테스토스테론 시술을 받는 것은 일자리를 안전하게 지키는 것이나 마찬가지다. 이는 2008년 이후 일자리를 10만 개나 없앤 산업에서 결코 간과할 수 없는 일이다.

여성의 경우 남성보다 상황이 더 어렵다. 다시 한 번 강조하자면 결단력이 '있기가' 어려운 것이 아니라 결단력이 있는 것처럼 '보이기가' 어렵다는 말이다. 사람들의 행동을 촉구하는 결정을 내리는 마리사 메이어와 같은 여성은 동료와 부하 직원들에게 '여성적이지 않은' 것으로, 즉 호감이 가지 않는 인물로 비칠 위험이 있다. (이 부분은 제6장에서 더 자세히 살펴보기로 한다.) 이는 여성이 겪는 전형적인 딜레마다. 성격이 강하면 '나쁜 여자'로 인식되어 아무도 당신을 위해 일하려고 하지 않는다. 하지만 성격이 강하지 않으면 리더십이 없다고 여겨져 부하 직원을 두지 못할 것이다. 이는 유능한 여성이라면 누구나 수행해야 하는 줄타기 묘기다. 줄의 높이가 높아질수록 위험도 커지기 마련이다.

일례로 리먼 브라더스(Lehman Brothers)에서 최고재무책임자 자리까지 올라간 어느 여성 세무사의 이야기를 들려주려고 한다. 그녀가 최고 중역의 자리까지 초고속으로 승진하여 철저한 감시의 대상이 되자 직장 선배이자 멘토가 그녀에게 충고할 필요성을 느낀 것이다. "그녀는 남자 14명과 함께 있는 자리에서도 목소리를 내는 데 문제가 없었습니다."라고 그가 필자에게 말했다. "하지만 그것이 문제였습니다. 그녀는 요구 사항이 아주 많았고 자기 주장이 강했습니다. 그런 식으로는 회사에 15년, 20년씩 계신 분들에게 좋은 인상을 남길 수 없었습니다."

그래서 그는 그녀에게 "화력을 줄이세요."라고 충고했다. 다른 사람들의 의견에도 더 신경 쓰라는 말도 전했다. "당신은 회의실에 들어가서 마치 회사의 차기 회장인 것처럼 말했습니다."라고도 했다. "실제로 언젠가 회장이 될지도 모르고 그것이 좋은 목표가 될 수도 있겠죠. 하지만 오늘 당장 그렇게 행동해서는 안 됩니다. 같이 회의를 하는 높은 분들의 의견을 더 존중하지 않으면 산 채로 잡아먹히고 말 겁니다."

남성이든 여성이든 결단력이 있는 것과 성격이 까다로운 것 사이의 중도를 걸으려면 린 어터가 보여준 대로 식별력 있게 비판해야 한다. 즉 이를 드러낼 때보다 이를 감춰야 할 때가 더 많을지도 모른다는 말이다. 진정한 리더는 단순히 자신이 통제권을 쥐고 있는 것처럼 보이기 위해 명령을 내리지는 않는다. 그보다는 남의 말에 귀 기울이고, 중요한 정보를 수집하며, 여러 가지 선택사항을 신중하게 살펴본다. 그러고는 적당한 시점이 올 때(대체로 다른 사람들이 결정을 내리지 못하고 괴로워할 때)까지 기다렸다가 그때서야 행동을 촉구한다.

"하지만 결단력을 보이지 '말아야' 할 때를 아는 것이 그에 못지않게 중요한 경우도 많습니다. 일이 특정한 방식으로 진행되도록 놔두면서 적당한 때를 기다릴 줄도 알아야 합니다."라고 밥 더들리는 경고했다. "결단력을 너무 일찍 보이려는 사람들을 자주 보거든요."

실행에 옮길 준비가 된 결정을 내릴 순간이 오면 주저하지 말고 결정하라. 하지만 그런 순간을 신중하게 선택하는 것이 좋다.

권력자에게 진실 말하기

허리케인 샌디(Sandy)가 뉴저지 주를 휩쓸었을 때 주 지사 크리스 크리스티(Chris Christie)는 2012년 대선을 불과 며칠 앞둔 시점에서 버락 오바마를 공개적으로 칭찬하여 동료 공화당원들을 충격에 빠뜨렸다. 당시 생방송이었던 '폭스 뉴스(Fox News)'에서는 파괴된 뉴저지의 모습이 전파를 타고 있었다. 이 방송에서 크리스티는 시청자들에게 대통령과 지난 24시간 동안 세 차례에 걸쳐 대화를 나눴다고 전했다. 기금을 더 빨리 받을 수 있도록 주를 연방 재난 지역으로 선포해 달라고 부탁했더니 오바마가 그날 아침에 서류에 서명을 해 놓았다는 것이다. "대통령에게 혁혁한 공을 돌릴 수밖에 없습니다."라고 크리스티는 결론을 내렸다. "그분이 신경을 대단히 많이 써 주셨고 제가 요구하는 것은 무엇이든 수락하셨습니다." 나중에 롬니 주지사와 함께 헬리콥터를 타고 주를 돌아볼 것이냐는 특파원의 질문에 크리스티는 잘 모르겠다며 그런 활동에 관심이 없다고 했다. 며칠 전까지만 하더라도 같은 공화당원인 롬니의 전폭적인 지지자였는데 말이다. 크리스티는 격앙된 어조로 말했다. "제가 지금 대선 정치에 신경 쓸 것이라고 생각하신다면 저를 잘 모르고 하시는 말씀입니다."[17]

그의 말대로 크리스티를 아는 사람들은 그의 행동에 전혀 놀라지 않았다. 주 지사의 고문을 맡은 마이크 듀헤임(Mike DuHaime)은

<뉴욕 타임스>와의 인터뷰에서 주 지사가 예상대로 행동했다고 말했다. "원래 보이는 대로 솔직하게 말하는 사람"이라는 것이 그의 의견이었다.[18] 그것이 바로 크리스티의 성격이다. 그는 뉴저지의 보초도 주민들이 대피하기를 거부했을 때 그들을 "이기적이고 멍청하다."라고 비난했다.[19] 또한 샌디가 오기 전에는 오바마 대통령을 두고 "내가 평생 본 사람 중에 대통령직을 수행할 준비가 가장 덜 된 사람"이라고 평가했다.[20]

크리스티는 자신이 진실이라고 믿는 것을 말하는 데 주저함이 없다. 그것이 얼마나 현명하지 못하든 그 말을 듣고 기분 나빠할 청중의 영향력이 얼마나 크든 상관하지 않는다. 역설적이게도 그가 대통령 후보로 거론되는 것은 바로 이런 솔직함 덕택이다.

우리의 설문조사에 응한 응답자의 60% 이상에 의하면 권력자에게 진실을 말하는 것은 리더로서 갖춰야 할 용기가 있음을 보여주는 강력한 증거다. 조직에서 위로 올라가면 갈수록 자신의 신념을 공유할 용기를 증명해 보일 때 사람들에게 더 깊은 인상을 남길 수 있다.

"저는 제 사무실로 걸어 들어와서 '저는 이런 점을 다르게 생각하는데요, 그 이야기를 하러 왔습니다.'라고 말할 사람들을 원합니다." 젠팩트의 CEO '타이거' 티아가라얀은 이렇게 말했다. "저는 그런 사람들이 좋습니다! 제가 찾는 것이 바로 그런 용기가 있는 사람입니다. 물론 일 자체를 잘하기도 해야 하겠지만요."

그러나 권력자에게 도전할 때는 반드시 확고부동한 가치가 바탕이 되어야 한다. 그렇지 않으면 행동이 진지함과는 정반대인 불복종 또는 거만함의 증거로 비칠 수 있다. 그러고 나면 갖가지 시험에 들 각오를 해야 한다.

금융계의 실세 샐리 크로첵은 커리어 초기에 상황을 있는 그대로 솔직하게 말하는 성향을 드러냈다. 월스트리트의 연구 분석가로서 그녀는 증권사 살로먼 브라더스(Salomon Brothers)를 인수했다는 이유로 트래블러스(Travelers)를 격하했고, 씨티코프(Citicorp)의 샌디 웨일(Sandy Weill)의 분노를 샀다. (씨티코프는 트래블러스를 인수하여 훗날 씨티그룹을 설립했다.)

그러나 웨일은 크로첵의 지적 진실성과 분석 능력을 인상 깊게 봤고, 훗날 그녀를 채용하여 씨티그룹의 스미스 바니(Smith Barney)를 맡겼다. 2년 뒤에는 그녀를 씨티그룹의 최고재무책임자로 승진시켰다. 크로첵은 새 직장에서도 계속 진실을 말했다. 2008년에 금융 위기가 정점에 달했을 때에는 회사가 고객에게 돈을 부분적으로 환불해 줄 것을 제안하기도 했다. 씨티 측이 위험 부담이 낮다고 분류했지만 불황에 가치가 급락한 투자 상품을 두고 한 말이었다. 하지만 CEO 비크람 판디트(Vikram Pandit)는 충고를 달가워하지 않았고 크로첵을 곧 해고했다.

이야기는 여기서 끝나지 않는다. 씨티에서 보여 준 진실성과 용기 덕택에 크로첵은 2011년에 뱅크 오브 아메리카가 막 인수한 메릴 린치(Merrill Lynch)에서 최고의 자리를 꿰찼다. 그녀의 임무는 대단히 존경받는 이 자산관리 회사가 다시 수익을 창출하게 하는 것이었다. 크로첵은 이 방면에서 매우 성공적인 면모를 보였지만 (그녀가 일을 맡은 2분기째 수익이 54%나 증가했다.) 새 CEO 브라이언 모너헌(Brian Moynihan)의 표적이 되었다. 그의 리더십은 같은 분기에 뱅크 오브 아메리카 전반에 걸쳐 88억 달러의 손실로 이어졌다.[21] 결국 그해 9월 크로첵은 해고되고 말았다.

"진실을 말하는 것이 제 커리어의 진전에 항상 도움이 되는 것은 아니란 사실을 배웠습니다."라고 크로첵은 나에게 말했다. 우리는 그녀의 놀라운 여정에 대해 이야기하고 있던 참이었다. "하지만 회사를 경영하는 데는 늘 도움이 되었습니다." 그리고 그녀는 자부심에 가득 찬 목소리로 덧붙였다. "만일 일을 처음부터 다시 시작해야 하더라도 아무 것도 다르게 하지 않을 겁니다. 단 한 가지도요."

감성 지능 드러내기

미트 롬니에게는 이를 드러내야 한다는 강박관념이 있었다. 그는 기회가 있을 때마다 강한 리더십 스타일 덕택에 자신이 놀랍도록 성공적인 CEO가 되었다는 것을 사람들에게 상기했다. 하지만 기회가 있을 때마다 유권자의 절반에 달하는 사람들에게 무신경한 모습을 보이지 않았더라면 2012년 대선 준비 기간에 표를 더 많이 얻었을지도 모른다. 토니 헤이워드와 마찬가지로 롬니는 회의실밖에서 유권자들을 향한 발언을 조절하는 데 실패했다.

"캐딜락 두 대가 있다"고 아내에게 한 롬니의 발언은 미국산 자동차를 향한 그의 애정을 드러내는 대신 그가 부자로 살아서 중산층 유권자들의 현실과 동떨어져 있다는 인상만 남겼다. 주 지사로서 각료를 지명할 때 "여성으로 가득 찬 바인더를 참고했다"는 말역시 그가 일하는 여성의 감정을 얼마나 이해하지 못하는지 보여주었다.

하지만 가장 치명적인 사건은 기금 모금 행사에서 발생했고, 이사건의 영상은 인터넷에서 순식간에 관심을 불러 모았다. 롬니가유권자의 47%를 뭉뚱그려서 소득세를 내지 않고 "공짜로 얻어먹는 사람들"이라고 부른 것이다! (그중에는 전쟁터에서 돌아온 후 아직취직을 하지 못한 참전 용사와 장애인이 포함되어 있었다.)

롬니 본인이 인정한 것처럼 '유권자의 47%'에 관한 발언은 그의선거 운동에 큰 타격을 주었다. 이는 감성지능 또는 심리학자 대니얼 골먼(Daniel Goleman)이 EQ라고 부르는 개념이 우리가 리더에게서 추구하는 자질로서 얼마나 중요해졌는지 보여 준다.[22] 우리의 설문조사에 응한 응답자의 다수도 EQ를 대단히 중요한 요소로여겼다. 응답자의 61%가 EQ가 여성 리더의 존재감에 중요하다고답했고, 58%가 남성 리더의 존재감에 중요하다고 답했다. 결단력과 강인함은 확신, 용기, 결의를 나타내지만 공감이나 동정심 없이는 이런 똑같은 특성이 이기심, 거만함, 무신경함으로 인식되기 때문이다.

야후 직원들을 사무실로 다시 불러들인 마리사 메이어의 결정을 떠올려 보라. 앞서 살펴본 대로 이런 명령을 내린 것은 이를 드러낸 행동이었다. 하지만 안타깝게도 이는 직장에 다니는 다른 부모들의 현실을 헤아리지 못한 리더의 모습이기도 했다. 메이어가 비난의 표적이 된 것은 강한 면모를 드러냈기 때문이 아니라 위선적인 모습을 보였기 때문이다. 직원들에게는 자녀를 두고 회사에 오라고 했으면서 자신은 갓난아기인 아들과 유모를 위해 사무실 옆에 따로 공간을 마련한 것이다. "만일 아내가 저희 아이들을 데리고 출근해서 옆방에 두고 일한다면 어떤 일이 벌어질지 궁금하군요."라고 야후에서 일하는 아내를 둔 남편이 농담조로 말했다.[23) 그의 목소리에는 씁쓸함이 묻어났다.

인기 없는 결정을 내리고 그것을 실행에 옮기는 것은 당신이 리더가 될 자질이 있음을 분명하게 보여 준다. 하지만 그 어느 때보다도 조직의 위계질서가 느슨한 상황에서 무신경하게 행동한다면 결정에 대한 직원들의 지지를 유도하고 기업을 위해 최상의 성적을 거두는 능력이 떨어질 것이다. 이것이 바로 하버드와 스탠퍼드의 두 연구자가 내린 결론이었다. 이들은 연안에 있는 두 개의 석유 굴착 시설에서 몇 주간 조직문화의 변화를 연구했다. 회사가 안전을 강화하고 실적을 개선하기 위해 조직 문화를 바꾸려고 노력하던 중이었다. 연구팀은 이처럼 위험하고 마초(macho)적인 근무환경에서는 공격성, 허세, 강인함을 쉽게 접할 수 있을 뿐만 아니라 그런 특성이 환영받고 그에 따른 보상도 있을 것이라고 예상했다. 그러나 일터에서의 부상은 줄이고 생산 능력은 키우겠다는 회사의 목표가 성과를 거두어 노동자들의 태도와 행동이 놀랍도록 달라지는 모습을 볼 수 있었다. 노동자들은 예전에는 조직 문화상 도움을 청하고, 실수를 인정하고, 공동체를 형성하는 것이 달갑게 받아들여지지 않았다고 증언했다. 지난 수년 간 그들은 '사자 무리'처럼 생활했기 때문에 오직 책임자만이 "그 누구보다 좋은 실적을 거두고 직원들에게 소리치고 위협적인 모습을 보일" 수 있었다.

하지만 핵심 가치가 안전으로 바뀌자 회사는 '가장 무지막지하고 강한 노동자'에게 더 이상 보상을 제공하지 않았다. 대신 실수를 인정하고, 필요할 때 도움을 청하고, 동료를 챙겨 주는 사람들을 격려했다. 이런 가치와 규범의 변화는 15년에 걸쳐 석유회사가 목표를 달성하는 데 도움이 되었다. 사고 발생률은 무려 84%나 떨어졌고, 생산량은 사상 최고치를 기록했다.[24]

석유 굴착 시설에서도 감성지능을 드러내는 것은 리더가 갖춰야 할 핵심 자질이다. EQ를 활용하여 직원들과의 신뢰를 확립할 수 있기 때문이다. 이는 허세를 부렸다가는 목숨을 잃을 위험이 있는 환경에서 대단히 중요한 요소로 작용한다. 이런 환경에서는 팀원들에 대한 염려가 부족할 경우 경비를 지나치게 줄이거나 직원들의 안전을 위태롭게 한 것은 아닌지 의심받을 우려도 있다. 물론 목숨이 위험하지 않은 상황에서도 EQ는 신뢰를 쌓는 데 중요한 작용을 한다. 감성지능을 드러내는 것이 자신뿐만 아니라 상황에 대한 인식도 갖췄다는 것을 증명하기 때문이다. 금융, 법, 의료 분야 등의 화이트칼라 직종에서는 상황을 파악하고 그 상황에 놓인 사람들의 생각과 감정을 읽을 수 있다는 것을 보여 주는 일이 대단히 중요하다. 상황과 연관된 신호를 모두 포착할 것으로 기대되는 훌륭한 리더는 불확실한 미래 속에서도 지지자들을 잘 이끌 것이라는 신뢰를 얻는다.

우리의 인터뷰에 응한 사람들은 EQ가 특히 "방의 분위기를 읽을 때 중요하다"고 말했다. 이때의 방은 실물로든 화면상으로든 바로 앞에 있는 청중을 가리키는 은유적인 표현이다. 당신이 감당하거나 누그러뜨려야 할 분위기 또는 사람들이 말로 표현하지 않는 감정이 무엇인가? 사람들이 앞으로 나아가기 위해서 당신에게서 무엇을 필요로 하는가? 이런 질문의 답을 아는 리더는 언제 결단력이 있어야 하고 언제 자제해야 하는지 안다. 즉, 이를 드러낼 때와 발톱을 감출 때를 아는 것이다.

"사람들을 휘어잡는 것보다 그들의 마음을 어루만져 주는 것이 더 중요할 수도 있습니다."라고 국제법 전문 로펌 크로웰 앤드 모어링(Crowell & Moring LLP)의 회장 켄트 가디너는 지적했다. "그런 행동이 때로는 합의 형성과 문제 해결에 도움이 될 수 있기 때문입니다." 가디너는 조직범죄 피해자 보상(RICO) 기소와 민·형사상 독점금지 소송 등을 이끈 경력이 있다. 그는 유달리 열띴던 어느 중재 자리에서 사람들을 진정시킨 경험에 대해서도 이야기했다.

"사람들이 모두 만족해하지 못하고 적대적이었습니다. 그런 상황에서 제가 자리에서 일어나 쏘아 붙여봤자 양측의 의견만 더 엇

갈릴 것이 뻔했어요.”라고 그는 말했다. “그래서 저는 사람들이 화를 내게 조금 내버려 두고 나서 자리에서 일어나 ‘이런 식으로 한번 생각해 봅시다.’라고 제안했습니다. 상대측의 입장을 존중하면서도 모두가 소송 해결을 넘어서서 비즈니스 문제 해결에 더 힘쓸 수 있게 하려고 노력했습니다. 그랬더니 사람들이 제 말에 귀를 기울였습니다. 이것이 단순히 싸움이 아니라 토론이라는 느낌을 받은 겁니다.”

단순히 자신의 감정을 통제하는 것이 중요한 것이 아니다. (하지만 가디너의 사례처럼 감정을 자제할 줄 아는 것이 큰 차이를 부를 수도 있다.) 그보다는 다른 사람들의 감정을 알아차리고 그에 부합하는 행동을 하는 것이 중요하다.

“사람들의 감정을 헤아릴 줄 안다는 사실을 드러내지 않는 것은 큰 실수입니다.”라고 어느 의료 기기 제조업체의 CEO는 말했다. “그런 면을 보인다고 해서 강인한 성격이나 어려운 결정을 내릴 능력에 흠이 나지는 않습니다. 일이 제대로 돌아가지 않거나 사람들이 일을 제대로 하지 않을 때 그들에게 사실을 말하는 능력에도 아무런 영향이 없고요. 이 모든 일은 사람들에게 동정심을 보이면서도 할 수 있는 일입니다.”

가장 중요한 것은 이런 세심함은 후천적으로 습득할 수 있다는 것이다. 즉 EQ가 타고난 지능이라기보다는 경험을 통해 근육처럼 키울 수 있다는 말이다. 미셸 오바마가 2010년에 저질렀던 실수를 떠올려 보라. 그녀는 당시 여름 휴가로 딸과 친구 40여 명을 데리고 스페인 여행을 호화롭게 다녀왔다. 만일 재키 오(Jackie O: 존 F. 케네디 대통령의 영부인이었던 재클린 케네디를 이르는 말 -역주)가 이런 일을 벌였다면 더 유명해졌을지도 모르지만 재키 오의 남편은 국제적 금융 위기를 타개하도록 공직에 선출되지 않았다. 국민들이 실업, 장기 불황, 무용지물이 된 노후 대책 때문에 괴로워하는 동안 호화롭게 유럽 여행을 다녀온 것은 롬니에 준하는 실수였고, 그녀는 "현대판 마리 앙투아네트"라는 별명을 얻었다.[25]

하지만 영부인이 그렇게 생각 없이 행동한 것은 그것이 마지막이었다. 지난 몇 년 간 미셸 오바마는 영부인으로서 완벽하게 행동하는 기술을 터득했다. 2012년에 대통령 취임식에서 공연했던 15세 우등생 하디야 팬들턴(Hadiya Pendleton)이 불과 일주일 뒤 우연히 총에 맞아 숨지자 미셸은 그녀의 장례식에 참석하여 소녀의 가족을 만났다. 4월에는 시카고로 돌아가서 조직 폭력단의 총격에 벌벌 떠는 다른 고등학생들을 만나기도 했다. 그러고는 전국적으로 총기 규제법이 강화되기를 간곡하게 호소했다. 당시 그녀가 한 연설을 듣고 영부인이 국민들의 고통을 느끼지 못한다고 의심한 사람은 없었을 것이다.[26] 그녀가 백악관에서 초창기에 저지른 실수는 이미 잊힌 지 오래였다.

평판 관리하기

평판이 사람의 실제 모습보다 널리 알려진다는 것은 분명하다. 평판에 따라 당신에게 진지함이 생길 수도 있고, 진지함이 없어질 수도 있다. 회의실에 들어가거나 입을 열기 전에 당신의 평판이 이미 당신을 대변한다. 오늘날과 같이 가장 최근에 있었던 실수나 스캔들이 140자 이하의 글을 통해 빛의 속도로 퍼지는 세상에서는 두말할 필요도 없다. 사람들은 당신이 의견 형성에 도움을 주기도 전에 이미 당신에 대한 의견을 형성했을 것이다. 이것이 바로 우리의 설문조사에 응한 리더의 56%가 좋은 평판이 여성 리더의 존재감에, 57%가 남성 리더의 존재감에 매우 중요한 요소라고 답한 이유다.

평판, 즉 퍼스널 브랜드를 신경 써서 관리해야만 당신의 이익을 최우선으로 여기지 않는 대중이 브랜드를 대신 '관리'해 주지 않을 것이다. 자신이 누구인지, 어떤 가치를 추구하는지, 어떤 식으로 사람들에게 인식되고 싶은지를 명확하게 드러내는 데 적극적으로 임해야 한다.

이미지에 집착하는 할리우드에서도 안젤리나 졸리의 브랜드는 대단히 성공적인 것으로 평가받는다. 그녀가 눈에 띄는 미인이자 뛰어난 배우인 것은 분명하다. 하지만 그녀는 전 세계적으로 존경받는 깊이, 무게감, 영향력이 있는 공인이기도 하다. 대체 이런 일이 어떻게 일어났는가? 우선 졸리는 다른 영화배우들과 달리 전 세계적으로 불우한 어린이들을 돕는 데 노력을 기울였다. 그중 몇 명은 직접 입양하기도 했다. 그녀의 노력은 마음 속 깊은 곳에 뿌리를 두고 있는 것처럼 보였고, 유명인사가 좋은 일에 '참여'하는 홍보성 행사와는 거리가 멀었다.

캄보디아에서 '라라 크로프트: 툼 레이더(Lara Croft: Tomb Raider)'를 촬영한 후 졸리는 유엔 난민 고등판무관 사무소(UNHCR)와 함께 친선대사의 자격으로 세계 곳곳을 누비기 시작했다. 이런 활동의 일환으로 그녀는 2001년부터 40개가 넘는 현장 임무에 참여했고, 2012년에는 UNHCR의 특사로 임명되었다. 졸리는 캄보디아의 자연을 보호하기 위해 매덕스 졸리 피트(Maddox Jolie-Pitt) 재단을 설립하고, 망명을 원하는 젊은이들이 무료로 법률 자문을 받을 수 있도록 국제 난민·이주민 어린이보호센터(National Centre for Refugee and Immigrant Children)도 설립했다. 이 일로 공로를 인정받아 미국 외교관계협의회(Council on Foreign Relations)의 회원 자격을 얻기도 했다.[27] 이런 일의 대부분을 언론의 레이더망 밖에서 하는데도 졸리의 진지함은 분명하게 드러난다.

좋은 평판은 오히려 스캔들 때문에 혹독한 시련에 시달릴 때 얻게 되는 경우가 많다. 에이즈에 걸린 올스타 농구 선수 매직 존슨(Magic Johnson)을 떠올려 보라. 그의 병세가 전파를 탔던 1991년에는 에이즈가 동성애와 정맥에 주사하는 약물 복용과 관련이 있는 것으로 알려져 있었다. 하지만 존슨은 용감한 결정을 내려 대중이 자신을 타산지석으로 삼게 했다. 안전하지 않은 성행위의 결과가 어떤지 보여줌으로써 동성애자와 이성애자 모두의 행동에 영향을 미쳤고, 결과적으로 에이즈의 전염을 억제했다. 결국 존슨은 농구계의 전설로서의 명성을 되찾았고, 오늘날 슈퍼스타 출신의 성공적인 사업가, 작가, 박애주의자로 알려져 있다.

평판이 오직 당신의 행동과 관련된 것만은 아니라는 점을 명심하라. 오늘날에는 소셜 미디어와 스마트 폰에 딸린 편리한 카메라 때문에 사람들의 눈에 띄는 다른 세부사항도 평판과 관계가 있다. 여기에는 옷차림, 사무실의 실내 장식, 자동차, 별장, 수집품도 포함된다. 따라서 외모를 꾸밀 때 못지않게 주위 환경도 신중하게 꾸며야 한다. (이 부분은 제4장에서 더 자세히 살펴보기로 한다.) 책상이나 사무실 벽에 걸린 사진마저도 당신을 대변하기 때문에 사진이 당신의 임무에 어울리는 메시지를 전달하도록 신경 써야 한다.

실리콘 밸리의 거대 기술업체에 근무하는 어느 최고재무책임자는 고생을 하고 나서야 이런 교훈을 얻었다. 그녀는 사무실 벽에 자신의 사진을 걸어 두었는데 사진 속 그녀는 탄탄한 허벅지가 훤히 드러나는 검은색의 짧은 원피스를 입고 리무진에서 내리고 있었다. 이 사진은 전국적으로 발간되는 광택지로 된 잡지에 실렸고, 사진 아래에 딸린 기사에는 남성이 독점하다시피 하는 문화에서 그녀가 고속 승진을 한 점이 부각되어 있었다. 그녀는 이런 자랑거리가 벽에 걸릴 만한 가치가 있다고 판단했지만 동료들의 생각은 달랐다. 그중 한 명은 사진을 내리라고 화를 내기도 했다. "사람들이 이런 면에 초점을 맞추길 바라십니까? 이것이 당신이 남들보다 뛰어난 이유인가요? 주주들이 당신의 판단력을 믿는 것이 우리 회사의 성공에 대단히 중요합니다. 하지만 이 사진을 본 사람이라면 당신의 판단력을 의심할 수밖에 없습니다."

비전과 카리스마

오늘날 '비전 있는 리더십'과 동의어로 쓰이는 이름이 있다면 바로 스티브 잡스다. 잡스는 혁신의 동의어이기도 하다. 그가 기계와 사용 환경에 보인 집념이 애플이 출시한 모든 제품에 고스란히 드러난 덕택이다. 흠잡을 데 없는 아름다운 디자인 덕택에 애플 유저들은 대단히 만족스러운 경험을 할 수 있었다. 잡스는 자신의 디자인 가치를 꾸준히 활용하기도 했는데 애플 하드웨어, 애플 소프트웨어, 애플 스토어, 아이튠즈(iTunes)와 같은 애플의 온라인 플랫폼에서 그의 디자인 가치가 빛을 발했다. 그가 즐겨 입었던 검은색 터틀넥 스웨터와 몸에 꼭 맞는 파란색 청바지를 통해서도 그가 만든 제품의 간단함과 우아함을 엿볼 수 있었다.

잡스의 전기를 쓴 사람들의 말을 빌자면 비전을 성취하려는 방법 때문에 잡스는 그를 증오하는 무리와 추앙하는 무리를 동시에 얻었다. 타협할 줄 모르는 완벽주의자로서 잡스는 상품 출시 데드라인이 얼마 남지 않은 시점에서도 팀을 채찍질하여 첫 아이폰을 다시 만들게 했다. 유저들이 사용해 보지 않은 제품에 500달러나 지불하기에는 아이폰이 지나치게 실용성 위주인 데다가 너무 남성적이고 기능에만 초점이 맞춰져 있다는 것이었다. 선의 미와 터치감이 더 부각되어야 했다. 잡스의 무자비함은 애플 제품에 어울리지 않는 기능을 없앨 때뿐만 아니라 팀의 숫자를 줄여 나갈 때도 드러났다. A팀의 엔지니어들이 C팀의 엔지니어들보다 50배 이상 나을 뿐만 아니라 "A팀의 엔지니어들이 C팀의 엔지니어들과 어울리고 싶어 하지 않는다."라고 주장했다.[28]

완벽주의를 추구하는 성격과 자신처럼 디자인을 추앙하지 않는 사람을 견디지 못하는 성미 때문에 잡스는 만사를 자기 뜻대로 하려는 무정한 상사라는 평판을 얻었다. 하지만 이런 특성 중 일부가 애플의 이미지와 맞물려 역설적이게도 잡스가 전 세계적으로 동료와 고객에게서 추앙받는 데 기여했다. 흠잡을 데 없는 기능, 단순미가 돋보이는 디자인, 그리고 이 두 가지 특징이 매끄럽게 어울리는 점이 사람들의 인상에 남았다.

2011년에 때 이른 죽음을 맞이하기 전 잡스는 수년 간 광신적인 종교 집단에 준하는 추종 세력을 거느렸다. 그가 세상을 떴을 때 상하이, 상파울루, 샌프란시스코에서는 촛불 시위가 열렸고, 필자의 뉴욕 아파트 근처에 있는 애플 스토어의 유리벽은 손글씨로 쓴 포스트잇으로 뒤덮였다. 필자는 그중 두 개를 읽어 보았다. 첫 사연은 14세 어린이가 아이폰 덕택에 생활이 정말 즐겁다며 잡스에게 고마움을 표하는 내용이었다. 아이폰이 사용법도 아주 쉽고 자신을 멋져 보이게 해 준다는 것이었다. 두 번째 사연의 주인공은 아들을 둔 29세의 아빠였다. 자폐증을 앓고 있는 세 살짜리 아들이 아이패드의 도움으로 장래가 밝아져 자신이 얼마나 고마워하는지 잡스가 알길 바란다는 내용이었다.

우리 중 잡스만큼이나 강력한 비전을 선보일 수 있는 사람은 극소수에 불과할 것이다. 하지만 진지함을 드러내기 위해서는 비전을 보여 주는 것이 매우 중요하다. 우리의 설문조사에 응한 리더의 54%가 비전이 남성 리더에게 반드시 필요한 요소라고 응답했고, 50%가 여성 리더에게도 대단히 중요한 요소라고 답했다.

〈코스모폴리탄(Cosmopolitan)〉의 편집장 조애너 콜스(Joanna Coles)에게는 오랫동안 새로운 유형의 여성지를 선도하고 싶은 비전이 있었다. 패션에 대한 내용과 재미가 담겨 있으면서도 여성이 영향력을 이용하여 세상을 변화하도록 격려하는 잡지를 만들고 싶었던 것이다. 그녀는 이런 잡지가 상업적으로 큰 성공을 거둘 수 있을 것이라고 늘 생각했다. 그러다가 2007년에 마침내 비전을 실현할 기회가 찾아왔다. 30대 직업여성을 겨냥한 패션지 〈마리 끌레르〉의 편집장으로 임명된 것이다.

콜스는 5년 간 근무하면서 여성 문제에 초점을 맞춘 중요한 추적 보도 기사들을 잡지에 실었다. 그녀가 가장 처음으로 다룬 이야기 중 한 가지는 여성의 강간 확인용 키트가 검사를 거쳐 형사 고발 과정에 쓰이는 대신 내버려진다는 내용이었다. (키트는 검사가 보류되거나 창고에 보관되거나 분실되었다.) 이 기사는 독자들의 관심을 사로잡았고, 잡지의 판매 부수는 역대 최고치를 기록했다. 잡지는 강간 당한 어느 젊은 여성의 이야기를 집중적으로 다루었는데 그녀의 강간범은 여전히 철창 밖에서 버젓이 다른 여자들을 강간하고 있었다. 아무도 그녀에게서 채취한 DNA 샘플을 전국 데이터베이스에 등록하지 않았기 때문이었다.

이 기사는 단순히 잡지의 판매 부수를 올리는 데서 그치지 않고, 〈마리 끌레르〉를 더 진지한 영역으로 밀어 주었다. 잡지가 단숨에 권위 있는 보도상 후보에 올랐다. 이런 성공을 발판 삼아 콜스는 사회의식이 강한 내용을 다룰 권리를 얻었다. 안젤리나 졸리와 같은 여성의 패션 센스뿐만 아니라 그녀의 인도적인 업적도 조명할 수 있었다.

오늘날 그녀는 〈코스모폴리탄〉에서도 독자들의 감성을 자극하는 내용을 다루며 젊은 여성들이 자신을 진지하게 여기도록 영감을 불어넣는다. 이런 길을 걷다 보니 늘 칭찬이나 인기상을 받지는 못하는 콜스다. 그녀는 일을 정력적으로 하고 직원들에게서 요구 사항이 많은 것으로 유명하다. 영화 '악마는 프라다를 입는다(The Devil Wears Prada)'가 떠오르는 대목이다. 하지만 그녀는 이런 면에 전혀 신경 쓰지 않는다. "저는 죽기 전에 침대에 누워서 '사무실에서 시간을 좀 덜 보낼걸 그랬어.'라고 생각할 사람은 아닙니다. 그보다는 어떤 일을 하든 100%가 아니라 150%의 노력을 기울일 걸 그랬다고 생각할 겁니다."라고 그녀는 말했다.

애리얼 인베스트먼츠(Ariel Investments)의 회장 멜로디 홉슨이 지적하듯이 여성이 희생하기 끔찍하게 싫어하는 것이 바로 호감성이다. 그녀는 리더십이 인기 경쟁이 될 수는 없다는 말에 동의했다. 홉슨이 필자에게 털어놓았다.

"저를 정말 싫어하는 사람들이 있습니다. 제가 그분들을 불편하게 한다는 겁니다. 하지만 그분들이 저를 존경한다는 것도 알고 있습니다. 저는 여우가 사는 굴에 떨어졌을 때 함께 있고 싶은 사람입니다. 그것이 저희가 이 회사에서 리더십에 관해 이야기하는 방식이고요. '여우가 사는 굴에 누구를 데리고 갈 것인가?' 자신이 좋아하는 사람을 데려가는 사람은 없습니다. 상황이 정말 나빠졌을 때 자신을 살려 줄 사람을 데리고 갈 겁니다. 그런 상황에서 불평만 늘어놓거나 패닉 상태에 빠지는 사람은 아무도 원하지 않습니다. 거짓된 낙관주의도 물론 원하지 않고요. 우리가 원하는 것은 믿을 수 없을 만큼 굳센 낙관주의입니다. 위대한 리더는 놀랍도록 낙관적입니다."

실수

우리는 포커스 그룹과 인터뷰에서 고위 간부들과 화이트칼라 직종 전반에 걸친 종사자들에게 다음과 같은 질문을 던졌다. 실수란

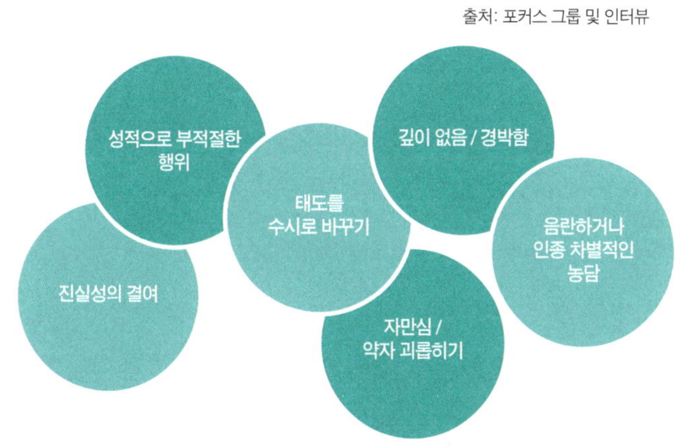

표 3. 진지함에 관한 실수

무엇인가? 어떤 실수를 저질렀을 때 진지함에 악영향이 있는가? 이런 실수는 얼마나 심각한가? 그럼 지금부터 그들이 최악의 실수로 꼽은 것들을 살펴보기로 한다.

위의 표에 나오는 실수는 다양한 결과로 이어진다. 스타 영업사원은 무례한 농담을 하거나 제품의 기술적인 사항을 잘 모르더라도 실수를 만회할 수 있다. 재능 있는 컴퓨터 엔지니어가 약자를 괴롭혔다는 혐의를 받는 경우도 마찬가지다. 하지만 커리어를 끝장내는 실수가 두 가지 있다. 바로 진실성이 없는 것(MF글로벌의 CEO인 존 코자인을 떠올려 보라.)과 성적으로 부적절한 행위를 저지르는 것이다. 이런 실수를 범하면 사람들이 리더의 판단력과 가치에 근본적인 의문을 제기하기 때문에 리더가 진지함이나 남을 이끌 능력을 완전히 잃어버리고 만다.

성적으로 부적절한 행위를 저지르면 커리어에 마침표를 찍게 마련이다. 적어도 남성의 경우는 그렇다. 최근에 이런 불미스러운 사건으로 신문의 헤드라인을 장식한 남성 리더에는 전 하원의원 앤서니 위너(Anthony Weiner), 전 국제통화기금(IMF) 총재 도미니크 스트로스-칸(Dominique Strauss-Kahn), 4성 장군이자 전 CIA 국장인 데이비드 페트레이어스(David Petraeus), 휴렛 팩커드의 전 CEO 마크 허드(Mark Hurd) 등이 있다. 구글에 간단하게 검색하면 성 스캔들 때문에 최근에 직함 앞에 '전'자가 붙은 다른 남성 리더의 이름이 수두룩하게 나온다. 베스트 바이(Best Buy)의 CEO 브라이언 던(Brian Dunn), 레스토레이션 하드웨어(Restoration Hardware)의 CEO 개리 프리드먼(Gary Friedman), 록히드 마틴(Lockheed Martin)의 CFO 크리스토퍼 쿠바식(Christopher Kubasik) 등도 명단에 포함되어 있다.

그러나 흥미롭게도 이런 문제로 최고의 자리에서 물러나더라도 회생할 기회를 얻거나 추락의 충격을 덜어 줄 일종의 위로 선물을 받는 경우가 많다. 적어도 남성의 경우는 그렇다. 데이비드 페트레이어스는 FBI 수사 과정에서 자신의 전기를 집필한 폴라 브로드웰(Paula Broadwell)과 혼외정사를 즐긴 일이 발각된 뒤 사임해야 했다. 하지만 곧 투자회사 콜버그 크래비스 로버츠 앤 컴퍼니(KKR: Kohlberg Kravis Roberts & Company)의 새롭게 탄생한 KKR 국제협회(KKR Global Institute)의 회장을 맡을 수 있었다. 뉴욕시립대학교와 캘리포니아대학교의 LA 캠퍼스에서 석좌 교수를 맡기도 했다.

마크 허드 역시 비슷한 길을 걸었다. 성 스캔들로 HP의 CEO 자리에서 물러난 지 6주 만에 오라클(Oracle)의 공동회장이 된 것이다. 친한 친구인 래리 앨리슨(Larry Ellison) 덕분이었다. 브라이언 던과 크리스토퍼 쿠바식의 경우 퇴직수당으로 수백만 달러를 챙겼다. 결코 나쁘지 않은 금액이다!

하지만 이런 성 스캔들에 연루된 여성의 경우 사정이 훨씬 나쁘다. 한 가지 이유는 이런 사건의 주인공 다수가 남성 고위 리더와 회생을 도울 권력이나 위신이 없는 여성 부하 직원이기 때문이다. 폴라 브로드웰의 예를 보면 그녀는 페트레이어스와의 불륜 이후 군에서 징계를 당하고 예비군 장교직과 은퇴수당의 일부를 잃고 말았다. 마크 허드와 불륜을 저지른 혐의를 받은 여성 도급업자의 경우 스캔들에 휘말린 뒤 일을 구하지 못했고 현재 뉴저지의 트레일러 파크(trailer park: 이동 주택 주차장 -역주)에서 살고 있다. 진지함에 관한 실수가 편견과 불공평으로 점철된 것은 안타깝지만 그렇다고 해서 이런 실수가 실재하지 않는 것은 아니다.

진지함에 깊이를 더하는 방법

진지함이란 몇몇 사람이 갖춘 말로 표현하기 어려운 특성이다. 진지함이 있는 사람은 남들의 눈에 타고난 리더처럼 보인다. 하지만 타고난 리더도 체계적인 노력을 통해 만들어지는 경우가 많다. 이런 사람은 일련의 가치와 인생의 비전에 이끌려 목적 있는 삶을 살고, 자신의 신념을 실천에 옮길 기회를 놓치지 않는다. 우리가 이런 리더에게 끌리는 것은 리더가 자신이 나아갈 방향을 알고 있다는 사실이 드러나기 때문이다. 이런 확실성은 대부분의 사람에게서 찾아 볼 수 없는 진귀하고 매력적인 특성이며 진지함의 진정한 기반이다.

따라서 성취하려는 큰 비전이 무엇인지 생각해 보고, 비전이 일상적인 행동에 영향을 미치게 하라. 비전이 무엇인지 분명하게 표현할 수 있다면 그것을 성취하는 길에 이미 오른 것이다. 목표가 명확하고 그것을 달성하기로 단단히 결심한 사람은 진지함을 물씬 풍긴다. 이는 결국 목표를 달성하는 데 필요한 사람들의 지지를 얻을 확률이 높아지는 것으로 이어진다.

당신도 이런 리더 중 한 명이 될 수 있다. 이들의 길을 당장 따라갈 수 있도록 간단한 팁과 영감을 불어넣어 줄 이야기 몇 가지를 소개한다.

당신보다 뛰어난 사람들을 주위에 두라

"이것이 바로 제가 받은 충고 중 가장 값진 것입니다."라고 블랙록(BlackRock)에서 EMEA(Europe, Middle East, Africa: 유럽, 중동, 아프리카 담당)의 회장을 맡은 제임스 채링턴은 말했다. "자신의 약점을 파악하고 그런 점을 보완하여 당신을 더 강하게 해 줄 사람들을 채용해야 합니다. 제가 본 바로는 앞으로 나아가는 데 어려움을 겪는 사람들은 하나 같이 자신의 결점을 파악하지 못한 사람들입니다. 자신이 잘하지 못하는 일에 대해 이야기하면 자신이 진짜 잘하는 일이 무엇인지 다른 사람들이 알아보기가 쉽습니다. 약점을 인정하면 진지함이 더 깊어지기도 하고요."

공을 다른 사람들에게도 돌려라

GE에서 다양성 관리를 담당하는 뎁 일람의 말처럼 리더가 공을 독차지하는 것보다 지지자를 빨리 잃는 길도 없다. 승리에 도움을 준 사람들에게도 공을 돌리면 당신의 진실성과 공정함이 빛을 발할 수 있다. 이는 결과적으로 다른 사람들이 더 노력할 수 있게 영감을 불어넣는 계기가 된다.

아는 것에 대해서만 말하라

성급하게 반응하지 마라. 실제로 아는 것, 또 현실적으로 알 수 있는 것보다 더 많이 안다고 주장하지 마라. 크레디 스위스의 미셸 개즈던 윌리엄스는 제약회사에서 일하던 시절에 이 교훈을 얻었다. 그녀는 당시 집행위원회 앞에서 흑인 직원들이 차별을 받는다고 강하게 주장했다. 하지만 그녀는 신중하게 행동했다. 자신의 경험에서 우러나온 구체적인 일화를 근거로 삼았고 그 점을 분명하게 밝혔다. 그 덕택에 개즈던 윌리엄스는 자신의 통찰력이 상황을 무턱대고 일반화한 것이 아니라 직접 겪은 일에 대한 증언으로 받아들여졌다고 말했다.

겸손한 모습을 보여라

자신의 실수, 실패, 결점을 인정하는 것보다 당신이 직원들의 감
정을 헤아릴 줄 안다는 사실을 더 분명하게 보여 주는 것은 없
다. 블랙록의 채링턴은 자신이 대학을 나오지 않은 사실을 지적
하는 데 주저함이 없다. 오늘날처럼 직원들의 스펙이 점점 쌓이
고 과장된 이력서가 난무하는 시대에 이는 사람들의 마음을 열
수 있는 매우 강력한 고백이다.

페이스북의 셰릴 샌드버그 역시 완벽할 것만 같은 자신의 삶 속
에서 벌어지는 창피한 일화를 들려주어 자신을 비방하는 사람들
의 마음을 누그러뜨렸다. 첫 아이를 임신했을 때 체중이 30kg나
증가한 것을 두고 "'고래 프로젝트'는 저를 따서 지은 이름입니
다."라고 말했고, 첫 결혼이 실패로 돌아간 것에 대해서도 "제가
일을 얼마나 잘하든 가슴에 주홍글씨처럼 새겨진 D(이혼을 뜻하
는 'Divorce'의 머리글자 -역주)만큼 눈에 띄는 것이 없습니다."라고
말했다. 심지어 자녀들의 눈에 좋지 않은 엄마로 보일까 봐 두렵
다는 걱정도 털어놓았다. "일을 하지 않고 집에서 아이를 돌보는
엄마들을 보면 죄책감이 들고 때로는 겁이 나기도 합니다."[29]
몸값이 16억 달러인 샌드버그는 겸손한 모습을 보인 덕택에 진
지함을 잃거나 평판을 더럽히지 않으면서도 지지자들과의 심리
적 거리를 좁힐 수 있었다. 회사 전용기에 앉아 아이들 머리에서

머릿니를 발견하는 엄마를 보고 그녀가 현실과 동떨어진 억만장자라고 생각하긴 어렵다.

더 자주 웃어라

이것이 바로 멜로디 홉스가 20여 년 전 모토로라의 어느 여성 고위 간부에게서 받은 충고다. 홉스는 당시 승진을 거듭하며 여성으로서의 강인함을 드러내려는 마음이 강했기 때문에 충고를 듣고 깜짝 놀랐다. 하지만 이제는 이 말을 전파하고 다닌다. "자주 웃는 것은 행복과 호감성을 나타냅니다. 사람들은 좋아하는 사람, 그리고 행복한 사람들과 일하길 원하죠. 사람에는 두 가지 유형이 있습니다. 남들에게 에너지를 선사하는 사람이 있는가 하면 반대로 에너지를 빼앗아가는 사람도 있습니다. 당신이라면 누구와 함께 있고 싶겠습니까? 당신은 누가 전화했을 때 달려가서 받고 누가 전화했을 때 자동응답기로 넘어가게 놔둡니까? 저는 사람들이 제 전화를 받았으면 좋겠습니다."

자신의 존재감을 확립하기 위해 다른 사람들의 존재감을 확립하라

주위 사람들이 책임감 있게 행동하고 남의 눈에 띄게 하는 데 집중하면 다른 사람들의 눈에 리더로 보일 수 있다. 이는 회계법인 EY에서 파트너로 일하다가 최근에 은퇴한 캐롤린 버크 루스가 남긴 말이다. 그녀는 말했다. "당신의 영향력에 대해 생각할 때 회사의 제품이 아니라 회사를 위해 더 큰 목표를 달성하는 것에 관해 생각해야 합니다. 전체적인 상황을 보면 당신은 오케스트라의 지휘자입니다. 리더의 존재감은 자신의 존재감을 어떻게 활용하는지 뿐만 아니라 다른 사람들의 존재감을 어떻게 활용하는지에 관한 것이기도 합니다."

패배의 문턱에서 승리를 움켜쥐어라

이것이 바로 스티브 잡스가 11년 만에 애플로 돌아갔을 때 한 행동이다. 잡스가 없는 동안 그의 후계자가 회사를 파산 직전까지 몰고 갔지만 잡스는 애플을 회생시키는 데 성공했다. 그러나 이 교훈의 예시로 가장 적절한 인물은 앨 고어일 것이다. 그는 2000년에 며칠 간 대통령 당선자로서의 삶을 누렸지만 대법원이 그의 승리를 앗아갔다. 10년 후 고어는 노벨 평화상을 수상했고 대통령이 되었다면 이룩하지 못했을지도 모르는 업적을 남겼다. 불편한 진실을 말하는 예언자로서, 또 미래를 보여주고 국민을 그 속으로 안전하게 이끌어 줄 선지자로서 역사에 이름을 남긴 것이다. 고어는 그 과정에서 평생 공직에 있었던 사람의 딱딱한 이미지를 벗고 '새터데이 나이트 라이브'의 진행자로 이미지 변신을 꾀했다. 이 쇼에서 그의 뛰어난 유머 감각과 사람들의 마음을 누그러뜨리는 겸손함이 빛을 발했다. 〈뉴욕〉에 따르면 고어는 신뢰성과 진지함 덕택에 전 세계적으로 높이 평가받는 진정한 다보스맨(Davos man: 매년 스위스에서 열리는 다보스 포럼에 참석하여 세계화를 주장하는 사람들 -역주)이다.[30]

변화에 휩쓸리기보다는 변화를 주도하라

게일 피어스타인은 골드만삭스에서 25년 간 일했는데 그중 첫 13년 간 파트너로 참여한 여러 팀에 큰 변화를 불러왔다. 처음에는 소프트웨어 개발자로, 그 다음에는 프로젝트 매니저로, 그 다음에는 상품 라인 매니저로 변화의 바람을 몰고 왔다. 피어스타인과 그녀의 팀에게는 리스크 관리 및 신제품 출시와 관련하여 회사의 가장 곤란한 문제들을 해결하는 임무가 주어졌다. 그녀는 지적했다. "기술팀에서는 혁신에 대해서만 생각하지 않습니다. 최악의 상황에 대해 생각해 보고 그런 일이 절대로 일어나지 않게 하는 일도 중요합니다. 세부사항을 꼼꼼하게 체크하고 질문을 던지는 일도 필요합니다. 스스로 사실이라고 가정하는 내용과 팀원들의 생각에 끊임없이 이의를 제기하기도 해야 하고요."

하지만 그녀가 '테크놀로지 HR' 비즈니스 파트너의 자격으로 인적자원 관리팀으로 이동하자 심문하는 듯한 그녀의 의사소통 방식이 효과를 발휘하지 못했다. "저는 팀원들에게 계획의 실행이나 우리가 어떻게 의사소통하고 있는지, 그리고 팀이 그것을 어떻게 지원하는지에 대해 물었습니다. 앞서서 스무 단계쯤 먼저 생각하고 있었으니까요. 하지만 HR에 있는 동료들은 질문을 받는 것에 익숙하지 않거나 작업 과정에 대한 제 걱정거리가 쓸모없다고 생각하는 것 같았습니다. 그들의 눈에는 제가 팀을 지지하는 사람으로 보이지 않았던 겁니다. 제가 팀플레이어가 아니었던 거죠."

그녀는 말을 이었다. "사실 충격이었어요. 기술팀과는 정반대의 분위기더라고요. 거기서는 질문을 많이 할수록 팀의 일원으로서 인정을 많이 받았거든요. 다 함께 해결책을 찾으려고 노력하는 모습을 보이는 것이었으니까요."

그래서 피어스타인은 팀이 돌아가는 방식에 변화를 주기로 마음 먹었다. 그녀는 HR에 있는 동료들에게 말했다. "제가 질문을 하지 않으면 여러분은 걱정하셔야 합니다. 그리고 여러분이 앞서서 스무 단계씩 생각하지 않으면 우리 모두 걱정해야 하고요." 피어스타인은 기회가 닿을 때마다 자신의 남다른 스타일을 강조했다. 하지만 그와 동시에 팀원들의 스타일에도 더 세심하게 신경 쓰게 되었다고 했다. 그녀는 말했다. "변화는 쌍방으로 이루어집니다. 다른 사람들이 저에 대해 알아 가도록 돕기 위해서 그들에게 미리 설명했습니다. 부하 직원들이 저를 처음 만나러 오면 이렇게 말하는 법을 배웠거든요. '제가 질문을 많이 할 겁니다. 질문을 많이 할수록 당신의 제안을 지지하는 마음이 크다는 뜻이니 제 의도를 오해하지 마세요.'라고요."

그녀의 새 접근법은 효과를 보였다. 피어스타인은 전무이사로 승진했고, 책임 범위가 넓어져 HR 비즈니스 파트너로서 8개 부서와 함께 일하게 되었다. 현재 그녀는 자신의 스타일을 활용하여 전혀 새로운 일에 도전하고 있다. IT업계의 여성들이 힘을 합쳐 비영리 조직인 엔파워(NPower)를 통해 사회에 공헌하도록 이끄는 것이다. 엔파워는 기술업계의 힘을 빌려 비영리 조직에서 일하는 사람들의 STEM(science, technology, engineering, math: 과학, 기술, 공학, 수학) 커리어 갭을 줄이는 데 힘쓰는 조직이다. 피어스타인은 다시 한 번 실행·과정 중심의 사고방식을 도입하고 있다고 밝혔다. "때로는 조직에서 당신이 변했으면 하고 바라는 것이 당신이 그 조직에서 가장 시급하게 바꿔야 하는 것입니다."라고 그녀는 결론을 내렸다. 그리고 이렇게 덧붙였다. "그런 사실을 인정하고 사회에 더 크게 기여하기 시작하면 사람들이 당신을 따를 겁니다."

●●● 필자가 케임브리지대학교의 신입생으로서 맞았던 첫 학기는 대단히 고됐다. 웨일스 서부의 탄광촌에서 자란 나는 웨일스 억양이 매우 강했던 반면 케임브리지에서 만난 다른 학생의 대부분은 이튼(Eton), 해로우(Harrow), 첼트넘 레이디스(Cheltenham Ladies) 같은 엘리트 사립학교를 졸업했고 흠잡을 데 없는 영국 표준 영어를 구사했다.

잉글랜드처럼 계층에 대한 인식이 뚜렷한 곳에서 웨일스 서부 억양은 내가 사회의 하층 출신이라는 것을 드러냈다. 나는 h를 잘 발음하지 않았고, 엄마를 'our mam(mum의 방언 -역주)'이라고 불렀으며, 'thank you'라는 표현 대신 'ta'라는 말을 사용했다. 1970년대에는 아무도 이런 구어적인 표현이 매력적이라거나 귀엽다고 생각하지 않았다. 한 술 더 떠서 첫 주에 지도 교수가 다른 교수에게 나를 "상스럽다(uncouth)"고 묘사하는 것을 우연히 듣고 말았다.

그 기억을 떠올리면 지금도 마음이 불편하다.

나의 억양은 본질적으로 내가 교육을 받지 못했거나 (특별히 비하하는 표현을 사용하자면) '잘 자라지 못했다'는 것을 암시했다. 어떤 면에서는 그 말이 맞았다. 내가 세상에 대해 아는 것이 거의 없었기 때문이다. 아버지가 〈웨스턴 메일(Western Mail)〉이라는 지역 타블로이드 신문을 가끔 가져오셨지만 전국지를 사야 하는 이유를 몰랐기 때문에 시사에 무지할 수밖에 없었다. 우리 집에는 브론테(Bront?) 자매의 팬인 엄마 덕분에 19세기 소설책은 잡다하게 많았지만 그 외의 책은 읽을 기회가 적었다. 18세가 되었을 때에도 극장에 가 보거나 고급 상점에서 쇼핑을 하거나 외국 여행을 가 본 적이 없었다. 우리는 가족 휴가도 웨일스 서부에 있는 트레일러 파크로 갔다. 그러다 보니 다른 학생들과 잡담할 만한 소재나 가벼운 이야깃거리가 없었다. 성격이 문제는 아니었다. 나는 친근하고 외향적인 성격의 소유자였다. 문제는 새로운 사회적 환경에 어울릴 만한 대화 소재가 전혀 없다는 것이었다. 예를 들면, 나는 토리(Tory)당의 리더십 투쟁, 오스트리아의 스키 시즌, 최신 나팔바지에 대한 대화에 끼지 못했다.

다른 학생들은 '잘 자란' 젊은이들이었기 때문에 드러내놓고 무례하거나 적대적이지는 않았다. 하지만 필자와 어느 정도 거리를 두었다. 1학년 학생들이 참석하는 인기 있는 파티의 초대 명단에 내 이름은 없었고, 흥미로운 동아리를 장악하다시피 하는 친한 사람들의 무리에 끼는 것도 불가능했다. 케임브리지 유니언 소사이어티(Cambridge Union Society: 학교 토론회)에서 나는 어색하고 사람들의 관심을 받지 못하는 아웃사이더였던 기억이 난다.

나는 머지않아 생존과 성공을 위해서는 억양을 바꿔 다른 학생들과 내가 다르게 규정되는 가장 명백한 특징을 없애야 한다는 사실을 깨달았다. 그래서 그해 1월에 변신을 시작했다. 우선 목소리와 말투의 변신을 꾀했다. 그것이 내가 자신을 "배신한" 방법이었다. 발성 레슨이나 보이스 코치를 감당할 돈은 없었다. 그래서 카세트테이프 녹음기를 사서 BBC 라디오에서 나오는 잉글랜드 상류층 특유의 목소리를 듣고 흉내 내며 많은 시간을 보냈다. 'BBC 월드 서비스'의 뉴스 진행자들이 말하는 모습도 유심히 관찰했다. 그들이 가장 무난한 영국 표준 영어를 명확하게 구사했기 때문이다. 억양을 바꾸는 데 몇 달이나 걸렸지만 결국 성공할 수 있었다.

나의 출신 계층이 아니라 생각의 깊이가 드러나도록 대화의 질을 높이는 노력도 기울였다. 〈가디언〉과 〈타임스 문예 부록(Times Literary Supplement)〉을 구독하고, 예술영화 전용극장(Arts Cinema)의 저렴한 티켓을 사고, 아프리카의 해방운동에 관한 책도 부지런히 읽었다. 어차피 가나에서 어느 교수의 연구 프로젝트에 참여하며 여름을 보낼 예정이었기 때문에 이 흥미로운 대륙에 대해 박식한 의견을 수립하는 것이 좋지 않았겠는가? 아프리카는 당시에 대단히 '뜨고 있는' 지역이었다. 6월이 되었을 무렵 교양 있는 친구들이 서서히 늘어났고, 필자는 새로 얻은 문화적 · 정치적 교양을 그들에게 시험해 볼 수 있었다.

변신이 한창 진행되고 있었기 때문에 긍정적인 변화가 나타나는 것은 시간 문제였고, 나는 머지않아 출신지를 드러내지 않은 채 다양한 주제에 대해 대화할 수 있었다. 그렇다고 해서 고생이 끝난 것은 아니었다. 가족이 새 억양을 듣고 일종의 배신감을 느꼈고, 나의 진정성에 대한 문제가 제기되었다. (이 부분은 제7장에서 더 자세히 살펴보기로 한다.) 그러나 변신의 결과로 케임브리지에서 누리기 시작한 성공 덕택에 나는 값진 교훈 두 가지를 얻었다. 첫째로, 의사소통은 '무엇을' 말하는지가 아니라 '어떻게' 말하는지에 관한 것이다. 목소리 톤과 음색, 단어의 선택과 사용, 억양, 소리를 내는 방법, 말하는 방식, 그리고 보디랭귀지마저도 청중이 어떤 내용을 얼마나 받아들일지에 영향을 미친다. 또한 청중이 그 결과로 당신에 대해 형성하고 기억하는 전반적인 인상에도 영향을 미친다. 둘째로, 당신에 대한 사람들의 인식은 당신이 하기 나름이다.

당신은 늘 무대 위에 서 있다

대부분의 사람은 의사소통 기술이 공식적인 프레젠테이션 기술이라고 생각한다. 하지만 당신이 무대 위에 서 있지 않을 때가 있는가? 사람들이 당신의 말과 행동을 판단하지 않을 때가 있는가? 직함과 직급에 관계없이 당신은 늘 무대 위에 서 있다. 상사에게

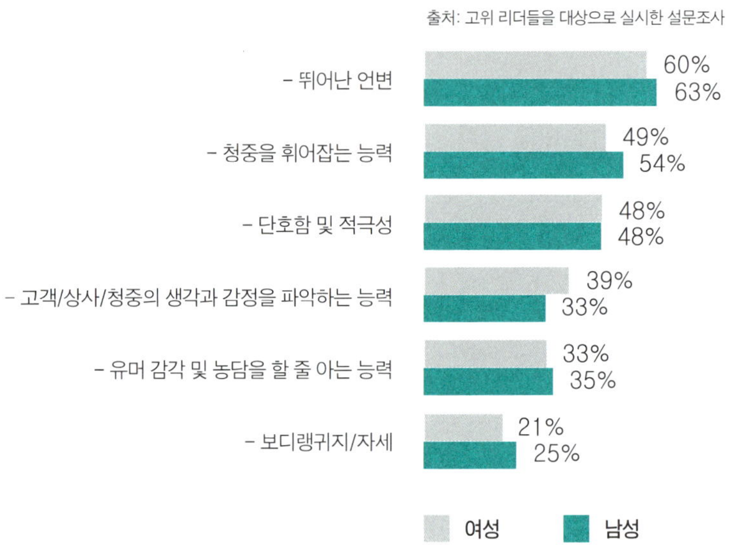

표 4. 의사소통에 관한 핵심 자질

짧은 이메일을 쓰든 복도에서 동료들에게 가벼운 코멘트를 던지든 고객을 위해 프레젠테이션을 준비하든 당신은 자신이 누구인지, 또 당신에게 어떤 권한이 주어져야 마땅한지 드러내고 있다. 말할 기회란 그것이 길든 짧든 사람들에게 좋은 인상을 남기고 그것을 키울 수 있는 중요한 기회다. 청중이 눈앞에 있든 화면 속에 있든 마찬가지다. 언어적 · 비언어적 의사소통 기술이 뛰어나야만 결과적으로 동료, 고객, 친구에게서 관심과 인지도를 얻을 수 있다.

서 있는 자세부터 메시지를 전달하는 방법에 이르기까지 존재감을 드러내는 의사소통에 관한 여러 가지 자질 중에서 당신이 리더임을 가장 분명하게 보여 주는 것은 뛰어난 언변이다. 적극성과 청중을 휘어잡는 능력 역시 대단히 중요하다. 하지만 청중의 생각과 감정을 파악하는 능력, 동료들과 농담을 나눌 줄 아는 능력, 자세 등 존재감과 관계가 적을 것 같은 자질도 효과적인 의사소통에 기여한다. 이런 여섯 가지 행동은 결국 한 가지 문제로 귀결된다. 청중과 얼마나 강력하게 교감할 수 있는가? 그들의 관심을 얼마나 빨리 사로잡고 얼마나 오랫동안 잡아 둘 수 있는가?

효과적인 의사소통의 관건은 청중의 관심을 끄는 것이다. 새로운 연구에 의하면 이런 목표를 달성하는 데 쓰이는 여러 가지 수단 중에서 '말하는 내용'의 중요성은 가장 덜하다. 2012년에 금융계 대변인 120명을 분석한 결과 설득력 있는 연설가에게 중요한 것은 열정(27%), 목소리(23%), 존재감(15%)인 것으로 밝혀졌다. 연설가가 말하고자 하는 내용의 비중은 고작 15%에 불과했다.[31]

따라서 효과적인 의사소통은 메시지가 아니라 메시지를 전달하는 수단에 관한 것이다. 물론 말하고자 하는 내용이 대단히 흥미로울 수도 있다. 하지만 스마트 폰이 지배하는 시대에 청중의 주의가 산만해지는 것을 최소화하지 못하면 흥미로운 내용도 제대로 전달하지 못할 것이다. 상당히 불가사의한 주제를 조명하는 TED 토크가 얼마나 선풍적인 인기를 끌고 있는지 생각해 보라. 어떤 강연이 TED 토크에 어울리는지는 강연 주제뿐만 아니라 연설가가 메모, 파워포인트, 음악, 독서대 없이 청중의 관심을 18분 간 붙잡아 둘 수 있는 능력에도 달렸다. 의사소통에 관한 여섯 가지 핵심 자질을 능숙하게 선보이는 연설가가 훌륭한 TED 토크를 만든다는 사실은 결코 우연이 아니다. 소음을 넘어 목소리를 내고, 화려함을 넘어 모습을 보이고, 권위와 신뢰를 얻고, 청중에게 기억되고 그들이 주의를 기울이길 원한다면 위의 여섯 가지 자질 중 적어도 세 가지는 마스터해야 한다.

뛰어난 언변

의사소통이란 기본적으로 화법에 관한 것이다. 톰 후퍼(Tom Hooper)의 2011년도 오스카 수상작 '킹스 스피치(The King's Speech)'에서 이 점이 가슴에 사무치게 나타난다. 이 작품은 조지 5세의 아들 중 말을 더듬는 버티(Bertie, 실제 이름은 앨버트)가 1936년 형 에드워드의 퇴위 후 조지 6세가 되는 과정을 그렸다. 버티의 아내 엘리자베스는 남편의 언어장애 때문에 잉글랜드 국민들이 그를 리더감이라고 확신하지 못한다는 사실을 알고 있다. 그래서 남편에게 언어 치료사를 붙여 주는데 그의 치료법이 색달랐다. 치료 과정은 대단히 창피하지만 결국에는 효과가 나타난다. 버티는 말을 더듬는 장애를 극복하고, 히틀러를 무찌르겠다는 국가의 다짐을 확고히 하는 라디오 연설에 성공한다.

다행히 대부분의 사람들은 말을 심하게 더듬는 문제와 씨름할 필요가 없다. 하지만 대부분의 사람이 존재감에 이와 비슷한 정도의 타격을 가하는 언어적 결점에 시달리긴 한다. 필자가 인터뷰한 리더들은 존재감을 약화하는 언어적 요소의 예로 부정확한 발음, 틀린 문법, 정이 안 가는 목소리 톤이나 억양을 꼽았다. 다른 리더들은 '업토크(uptalk)', 즉 평서문의 끝부분을 높이는 어조를 예로 꼽았다. 하고자 하는 말을 확실하게 전달하는 대신 마치 질문을 던지는 것 같은 어조이기 때문이다. 젊은 여성과 일부 남성이 이렇게 말하는 경향이 있다. 말끝마다 '음' 또는 '그러니까요'를 붙이는 것이 듣기 싫다고 말한 리더도 있었다. 아울러 짜증 나는 목소리를 들어 본 경험은 어느 리더에게나 있는 것처럼 보였다. 목소리가 너무 높거나 너무 작거나 숨소리가 너무 많이 섞이거나 너무 탁한 것이 문제였다. 우리가 인터뷰한 리더들은 특히 여성의 날카로운 목소리가 듣기 싫다고 했다. 여성이 감정적이거나 방어적으로 행동할 때 음색이 높아지는 경우가 있는데 이는 동료와 고객을 지루하게 하고 리더가 될 기회도 잃는 것으로 이어질 수 있다.

▶ ▶ ▶ 억양

로펌 크로웰 앤드 모어링의 회장이자 유능한 변호사인 켄트 가디너는 고향인 뉴욕 주의 롱아일랜드를 떠나 텍사스 주에서 연방 검사로 일하던 시절을 떠올렸다. 당시에 멘토가 그를 불러 어려운 충고를 해 준 일이 있었다. 멘토는 말했다. "말하는 방식을 근본적으로 고쳐야 합니다. 억양을 죽여야 합니다. 자신의 모습을 녹화하

고 열심히 고쳐 보세요. 변하지 않으면 이 주에서 살아남을 수 없
습니다."

가디너는 외부의 도움을 청하지는 않았다. "돈이 있는 사람은 아
무도 없었습니다. 정부에 뉴욕 억양이 있는 사람의 적응을 돕는 프
로그램도 없었고요." 하지만 그는 롱아일랜드 억양을 바꾸려는 노
력을 시작했고, 말할 때 자신의 목소리에 귀 기울이는 습관을 들였
다. 그는 설명했다. "다른 파트너에게 말할 때마다 자리에서 일어
나기 전에 말을 어떻게 할 것인지 생각해 봅니다. 그리고 앉자마자
대화가 어떻게 오갔는지 다시 생각해 보고요. 머릿속에서 대화를
재생하는 것이죠. 대단히 의식적인 작업입니다. 억양을 바꾸려는
노력은 꾸준히 하고 있습니다. 법의 세계에서 말로 의사소통을 잘
하는 기술보다 더 중요한 것은 없으니까요."

가디너는 "지방 억양이 권위를 위협할 수 있다"고 했다. 그러나
우리의 포커스 그룹에 따르면 영국 억양이 있는 것은 진지함에 큰
도움이 된다. 어쩌면 스탠다드 차타드(Standard Chartered)의 매니
저들이 싱가포르에서 우리에게 말한 것처럼 영국 표준 영어를 사
용하면 국제 경제에서 자동적으로 차별화되기 때문일지도 모른다.
인텔 이사회의 전 의장이자 거대 제약회사 에어로젠(Aerogen Inc.)
의 전 CEO 제인 쇼 박사는 "역사의 무게나 혈통의 깊이 때문인지
모르겠지만 영국 억양을 사용하면 영향력이 있다는 인상이 강해집
니다."라고 말했다. 하지만 영국 억양을 배우려고 달려 나가기 전
에 내가 배워 보니 영국 억양이 매우 까다롭다는 이야기를 해 주

고 싶다. 게다가 좋은 영국 억양이 있고 나쁜 영국 억양이 있는데 좋은 억양마저도 당신을 곤란에 빠뜨릴 수 있다. 고상한 체 하거나 현실과 동떨어진 사람처럼 보일 우려가 있기 때문이다.

▶ ▶ ▶ 문법

억양뿐만 아니라 교육을 받지 못한 것처럼 들리는 것 역시 문제가 된다. 필자가 대학생 때 경험한 것처럼 진지함이 약해지고 사람들 틈에 끼지 못하는 아웃사이더로 낙인찍히기 때문이다. 우리의 설문조사에 참여한 응답자의 55%가 문법을 틀리는 것을 의사소통의 중대한 실수 중 하나로 꼽았다. 그런데도 단어의 쓰임을 바로잡아 주는 위험을 감수하는 사람은 드물다. 문법을 고쳐 주는 것이 사회 경제적 지위, 교육, 인종의 문제로 불거질 수 있기 때문이다.

콜롬비아경영대학원에서 리더십과 윤리학의 폴 카렐로 교수직을 맡은 캐서린 필립스는 교수가 된 지 얼마 지나지 않았을 때 영어를 잘못 구사하고 있는 부분을 지적해 준 스폰서를 만난 것이 얼마나 고마웠는지 이야기했다. "캐시, 단어를 잘못 말하고 있네요."라고 그녀의 논문 지도를 도와준 스폰서가 지적했다. "'aks'가 아니라 'ask'가 맞습니다." 미국 흑인인 필립스는 이 일화를 이렇게 회상했다. "많은 백인이 이런 문제를 흑인 동료에게 지적해 주면 인종차별을 하는 것이 될까 봐 걱정합니다. 하지만 제 스폰서는 저의 언어적인 실수가 다른 사람들과 제 커리어에 얼마나 치명적인 영향을 미치는지 알고 있었습니다."

▶ ▶ ▶ 음색과 목소리의 높이

이 두 가지 요소의 중요성을 증명한 연구는 무수히 많다. 2012년에 금융계 대변인들을 대상으로 실시된 퀸티파이드 임프레션스(Quantified Impressions) 연구에 따르면 말하는 내용보다 목소리가 두 배나 중요하다.[32] 또한 2012년에 저널 오브 보이스(Journal of Voice)에 실린 연구에 따르면 목소리가 상대적으로 낮은 주파수대에 있는 사람이 남들의 눈에 성공적이고, 사교적이고, 똑똑하게 비친다.[33] 우리의 연구 결과를 살펴보면 특히 여성의 경우 지나치게 높은 목소리가 커리어의 성장을 저해한다는 사실이 밝혀졌다. 인터뷰에 응한 리더들과 포커스 그룹의 참가자들에 의하면 날카로운 목소리보다 여성의 존재감에 더 치명적인 것은 없다.

크로웰 앤드 모어링의 켄트 가디너 회장은 어느 여성 기소자 때문에 고생한 사연을 털어놓았다. 그녀의 목소리 톤이 어찌나 귀에 거슬리고 날카로웠는지 고객이 그녀를 사건에서 제외해 달라고 부탁했을 정도였다. 놀의 린 어터는 "손톱으로 칠판 긁는 소리"를 연상시키는 어느 여성 고위 리더의 목소리에 대해 이야기했다. 그녀는 말을 차분하게 잘하다가도 감정이 격해지면 목소리가 찢어지게 올라갔다. "그러면 그녀가 하는 말에 아무도 신경 쓰지 않았습니다."라고 어터는 회상했다. 이유는 바로 여기에 있다. 영국의 합창단 지휘자이자 음악 교육자인 수지 딕비는 말했다. "여자가 날카로운 목소리로 말하면 히스테리를 부리는 것 같은 인상을 주기 때문에 남자들이 패닉 상태에 빠집니다. 목소리 톤이 높은 여성은 리더답지 못하다고 여겨질 뿐만 아니라 통제 불능이라는 인상을 주고 맙니다."

마가렛 대처는 정치 커리어 초기에 이런 통찰력을 일찍이 얻어 행동에 나섰다. 1970년에 에드워드 히스(Edward Heath)의 내각에 새로 지명되었을 때 그녀는 어느 기자의 말처럼 "말투가 가정주부처럼 위협적"이라고 강력한 비판을 받았다.[34] 목소리가 귀에 너무 거슬려서 정치계에서 살아남지 못할 것이라는 BBC의 보도에 대처는 목소리를 고치는 데 커리어가 달렸을지도 모른다는 사실을 깨달았다. 그래서 할리우드 보이스 코치 케이트 플레밍(Kate Fleming)에게 도움을 청했다. 플레밍은 로렌스 올리비에(Laurence Olivier)가 '오셀로(Othello)'에서 낮은 목소리로 연기하여 진지함을 얻는 데 도움을 준 인물이었다. 그녀는 1972년부터 1976년까지 대처와 일하며 전기 작가 찰스 무어(Charles Moore)가 "짜증 나는 새된 소리"라고 표현한 목소리를 고쳐 주려고 노력했다. 대처는 결국 1979년 히스 내각의 총리를 맡아 "쉽게 깨지지 않는 평온함"[35]이 있는 '철의 여인'으로 불리게 되었다.

날카로운 목소리를 바꾼다는 것이 남자 목소리에 더 가까운 소리를 낸다는 것을 뜻하지는 않는다. 그보다는 듀크대학교(Duke University)의 과학자들이 발견한 것처럼 목소리가 125Hz 정도의 듣기 좋은 주파수대로 낮아지는 것을 뜻한다.[36] 인간은 상대적으로 낮은 주파수대의 소리에 집중하는 경향이 있으며, 당연히 짜증을 유발하지 않는 목소리에 더 오래 주목한다. 당신이라면 자녀의 졸업식에서 제임스 얼 존스(James Earl Jones: 85Hz)[37]와 로잔 바(Roseanne Barr: 377Hz)[38] 중에서 누가 연설을 하길 바라겠는가?

그래도 목소리 톤을 낮출 생각이 들지 않는다면 이 이야기를 들어 보라. 목소리가 듣기 좋은 사람이 가장 중요한 리더의 역할을 맡으며 월급도 가장 많이 받는다. 듀크대학교의 후쿠아경영대학원(Fuqua School of Business)과 샌디에이고에 있는 캘리포니아대학교의 레디 경영대학(Rady School of Management)은 미국의 상장기업에서 일하는 CEO 792명의 음성 자료를 분석했다. 그들이 투자자들을 앞에 두고 프레젠테이션을 하거나 수익을 보고할 때 목소리를 녹음한 것이다. 연구팀은 CEO들의 월급, 재직 기간, 회사의 규모에 대한 데이터도 수집했다. 그러고 나서 경험과 교육을 비롯한 다른 여러 가지 요소를 통제하자 목소리의 주파수가 22Hz 떨어지면 보상이 18만 7,000달러나 증가하고 회사의 규모도 44억 달러 커진다는 사실이 밝혀졌다. 목소리가 낮을수록 리더로서의 존재감이 커져 더 큰 회사를 운영하고 월급이 오를 확률이 높아진다는 것이다.[39]

어쩌면 목소리를 바꿀 수 없다는 생각이 들지도 모른다. 하지만 대처의 경험이 보여 주듯이 도움을 잘 받으면 목소리에 변화를 주어 적어도 직장 동료들이나 청중이 당신의 말을 한 귀로 듣고 한

귀로 흘려버리는 일을 방지할 수 있다. 스피치 트레이닝이나 레슨을 받으면 확실히 도움이 된다. 직장 동료나 상사들은 당신의 목소리가 어떻게 들리는지 감히 알려 주려고 하지 않지만 보이스 코치는 피드백을 제공하기 때문이다. 자신의 목소리가 어떤지 잘 알고 있다고 생각할지 몰라도 그런 판단을 내리기에 당신이 가장 적합한 사람은 아니다. 최근 월스트리트 저널에 실린 어느 기사가 지적했듯이 우리는 우리 목소리를 곧바로 듣지 못하고 목소리가 머리 안에 있는 뼈를 통과한 후에 들을 수 있다.[40]

목소리에 대해 지적받은 적이 없으니 당신의 목소리에 아무 문제가 없다고 생각할지도 모른다. 하지만 목소리에 대한 피드백은 솔직하게 주기도 어렵고 받아들이기도 어렵다(이 부분은 제6장에서 더 자세히 살펴보기로 한다). 실제로 이런 문제에 대한 피드백을 원하는 고객이 많아 보이스 자문 회사가 갑자기 여기저기 생기고 있는 실정이다. 직장 동료나 부하 직원에게 화법 문제를 지적하는 일이 워낙 걱정스럽다 보니 감히 비판에 나서거나 건설적인 내용이 담긴 비판을 해 주는 사람이 드물다.

그러니까 피드백을 요구하라. 스폰서나 멘토라면 당신이 어떤 점을 고쳐야 하는지 알려줄 수 있을 것이다. 지적을 받았다면 이제는 노력할 차례다. 여러 가지가 걸려 있는 만큼 최선을 다하라.

청중 휘어잡기

애리아나 허핑턴(Arianna Huffington)이 정치에 대해 어떻게 생각하든 한 가지 분명한 사실은 그녀가 청중을 휘어잡을 능력이 있다는 점이다. 이때의 청중이 좌파 성향이 있는 영화계의 거물들이든 종교적인 보수주의자로 구성된 의원 연합이든 상관 없다. 그녀는 허핑턴 포스트(Huffington Post)를 통해 '매일' 애독자 570만 명의 관심을 사로잡는다.[41) 영향력이 막강한 사람이나 일반 대중 모두 그녀의 말 한 마디 한 마디에 귀를 기울인다. 그렇다면 허핑턴의 어떤 면이 그토록 강력한 존재감으로 이어지는 것인가?

2006년에 〈롤링 스톤〉을 위해 허핑턴을 프로파일링한 에릭 헤데가드(Erik Hedegaard)는 '친밀감을 이끌어내는 능력'을 그녀의 비결로 꼽았다. 다른 프로파일러들은 그녀의 매혹적인 매력을 강조했다. 허핑턴에게 빌 클린턴과 같이 청자가 방 안에서 가장 흥미로운 사람인 것처럼 느껴지게 하는 능력이 있다는 것이었다. 그녀의 목소리와 억양도 중요한 역할을 한다. 그녀가 케임브리지에 재학할 때 사람들의 마음을 사로잡도록 갈고 닦은 억양에 박식함과 그리스 특유의 관능미가 더해진 덕택이다.[42)

하지만 가장 중요한 것은 허핑턴이 결코 지루한 경우가 없다는 것이다. 당신도 리더가 되고 싶다면 허핑턴처럼 청중의 마음을 사로잡아야 한다. 아니면 우리의 설문조사에서 사용하는 표현처럼

"청중을 휘어잡아야" 한다. 청중을 만나는 장소가 TV 스튜디오든 콘서트홀이든 팀 휴게실이든 마찬가지다. 우리의 설문조사에 응한 리더의 절반에 달하는 사람이 '청중을 휘어잡는 능력'이 여성 리더의 존재감에 도움이 된다고 답했고, 절반 이상이 남성 리더의 존재감에 도움이 된다고 답했다. 그렇다면 청중의 관심을 어떻게 끌고 붙잡아 둘 수 있는가?

▶▶▶ 청중과 교감하기

영국의 합창단 지휘자 수지 딕비에 따르면 "청중의 마음을 움직이거나" 청중이 당신의 메시지에 귀 기울이게 하는 데 주어지는 시간은 단 5초다. 이때 인간적인 매력을 드러내는 것이 관건이라고 그녀는 말했다. 개인사에 대해 너무 많이 털어놓거나 자신을 지나치게 표출해서는 안 되지만 청중이 당신과 교감하고 당신을 응원하기 시작할 정도로는 내면을 드러내야 한다. 역설적이게도 여성의 경우 이런 모습을 보이기가 더 어려울 수 있다. 딕비에 의하면 여성은 대체로 사적인 자리에서는 자신에 대해 쉽게 이야기하더라도 공개된 자리에서는 남의 이목을 의식하여 그런 행동을 자제하기 때문이다. 청중이 당신을 좋아하고 지지하게 하면서도 사람들이 자신을 좋아해 줄 '필요'는 없다는 인상을 주는 것이 이상적이다.

이 부분에 대해서는 필자가 직접 겪은 일을 들려줄 수 있다. GE

의 히스패닉계 리더들이 후원하는 대규모 콘퍼런스가 L.A에서 열린 적이 있는데 나는 그 자리에서 기조연설을 하게 되었다. 연설은 영국의 노동 시장에서 라틴계 노동자들이 겪는 고충에 대해 인재혁신센터가 얻은 최신 연구 결과에 관한 내용이었다. 연구 결과는 사람들의 철저한 검토를 통과할 수 있을 것이라고 확신했지만 나 자신은 통과하지 못할지도 모른다는 사실을 의식하고 있었다. 엘리트 영어를 구사하는 사람이 히스패닉계 문제의 전문가인 양 나선 것이기 때문이다.

그래서 나는 무대에 섰을 때 곧바로 연구에 관한 내용으로 들어가지 않았다. 그 대신 내 경험담부터 털어놓았다. 억양을 바꾸려고 고생한 이야기와 시골에서 나고 자라서 겪어야 했던 여러 가지 문제에 대해 들려주었다. 다행히 이런 전략은 효과가 있었고, 몇 분도 채 지나지 않아 딱딱한 분위기가 풀어지는 것이 느껴졌다. 내가 소개하려는 연구 결과를 더 분명하게 이해하는 것에 대해 청중이 품었을지도 모르는 의구심이 없어진 것이다.

▶ ▶ ▶ 음악인이 음을 전달하듯이 말을 전달하라

수지 딕비에 따르면 당신의 이야기가 귀 기울일 만한지는 표현, 억양, 말하는 속도에 달렸다. 음악과 마찬가지로 일종의 기승전결을 염두에 두고 말을 하는 것이 중요하다. 핵심 구절이나 요점을 강조할 때에는 억양을 높이거나 낮춰야 하며, 구절을 마무리하는 방법에도 신경 써야 한다. 음악에서는 이를 '프레이징 오프(phrasing off)'라고 부르는데 이처럼 말이 끝나 가는 것을 청중이 알아차리고 마지막 말에 집중하게 해야 한다. 그러면 청중은 자연스럽게 마지막으로 들은 말을 기억해 두고 다음의 말을 위한 자리를 마련한다. 딕비에 의하면 젊은 사람들이 문장의 끝을 올리는 화법은 청중에게서 이런 종결감을 빼앗기 때문에 메시지 전체를 약화시키는 꼴이다.

말을 전달하는 속도는 결과적으로 표현의 효과에 영향을 미친다. 딕비는 퀸즈 칼리지(Queens' College) 합창단을 지휘할 뿐만 아니라 성경 구절을 읽도록 선정된 사람들을 코치하기도 한다. 그녀는 저명한 리더들이 말을 얼마나 서둘러서 하는지 늘 깜짝 놀란다며 이렇게 말했다. "98%의 경우 뛰어난 연사도 말을 빨리 해서 많은 내용을 짧은 시간 안에 전달하려고 합니다." 그녀는 사람들이 말을 더 천천히 하도록 가르친다. 그리고 말을 잠시 멈추거나 침묵하여 말의 힘을 키우는 방법도 가르친다. 이는 작곡가들이 극적인 요소를 극대화하고 전주곡과 종결부를 강조할 때 사용하는 전략이다. 그녀는 설명했다. "음악인의 영향력은 쉼표에 달렸습니다. 이때 바로 긴장감이 형성되고 관객이 음악에 빠져들게 됩니다. 그러니까 침묵을 두려워하지 마세요."

필자는 샐리 크로첵을 통해 이 충고가 강력한 효과를 발휘하는 것을 보았다. 그녀는 말을 '하지 않음으로써' 청중을 휘어잡는 방법을 터득했는데 이에 관해 필자에게 이렇게 말했다. "침묵만큼 사람들을 자리에 똑바로 앉게 하는 힘이 강한 것은 없습니다. 침묵은 소리가 크고 극적입니다. 아무도 예상하지 못하죠. 침묵을 통해 말하는 사람의 자신감이 드러나기도 합니다." 그리고 그녀는 효과를 증명하기 위해 말을 멈췄다가 "자신감이 '많이' 드러나죠."라고 덧붙였다.

크로첵은 고의적으로 침묵하는 행동을 샌포드(Sanford) '샌디' 웨일, 비크람 판디트, 딕 파슨스(Dick Parsons), 로버트 루빈(Robert Rubin)과 같은 거물들과 회의를 하며 배웠다고 말했다. 그녀의 말에 따르면 이런 남성들은 회의실에서 가장 큰 목소리로 욕설을 하듯이 강하게 말해야만 시선을 끌 수 있다는 생각에 익숙해져 있었다. 그래서 유일한 여성으로서 자신을 차별화하고 생각에 무게를 얹기 위해 그녀는 가장 중요한 말들을 침묵을 통해 강조하기 시작했다. 그녀는 설명했다. "말 사이사이의 침묵은 당신의 가장 중요한 조언, 가장 중요한 통찰력, 가장 중요한 메시지에 진지함을 더해 줍니다. 사람들이 당신의 말에 매달리다시피 하기 때문에 침묵은 극적인 요소를 극대화합니다."

▶ ▷ ▶ 이야기를 활용하라

청중의 관심을 사로잡고 그것을 붙잡아 둘 수 있는 것은 바로 이야기다. 파워포인트에 깔끔하게 정리한 주요 항목이 아니다. 로널드 레이건은 훈련을 통해 연기자로 거듭나 '위대한 소통가'라는 별명을 얻었다. 사실을 무기로 삼는 고지식한 정책가가 아니라 흥미진진한 이야기꾼이자 타고난 엔터테이너였기 때문이다. 하지만 안타깝게도 정치에 입문하는 대부분의 사람은 진지함을 확립하기 위해 연기자가 아니라 고지식한 정책가를 흉내 내려고 한다. 이는 남성과 여성 모두에게서 볼 수 있는 흔한 실수다. 특히 젊은 전문직 종사자의 경우 사실이 가득 담긴 철저한 프레젠테이션을 통해 진지함을 강화해야 한다고 생각한다. 하지만 이는 정반대의 효과를 낳는다. 관례대로 프레젠테이션을 딱딱하게 진행하면 자신감이 부족해 보이고 개인의 개성이 드러나지 않는다. 당신이 흉내 내려는 것이 MIT의 핵물리학 세미나가 아니라 TED 토크라는 사실을 기억하라.

▶▶▶ 사람들을 데이터로 현혹하지 마라

아시아학 박사학위 소지자로서 소덱소(Sodexo)에서 다양성 관리를 담당하는 로히니 애넌드는 메시지를 전달하는 방식을 매우 신중하게 선택해야 한다는 사실을 배웠다. 특히 청중의 성향에 따라 사실과 도표를 다른 방식으로 소개해야 한다는 것을 깨달았다. 그녀는 조국인 인도를 비롯하여 일부 지역에서 강연할 때에는 "데이터를 활용하여 결론을 향해 서서히 나아갑니다."라고 말했다. 하지만 미국에서는 강연을 다르게 진행한다. "미국인들은 결론만 듣고 싶어 합니다. 핵심이 궁금한 거죠." 그래서 그녀는 요점을 향해

서서히 나아가는 대신 결론에 재빨리 도달하고 그것을 뒷받침해 주는 데이터의 핵심 부분만 몇 가지 소개한다. Q&A 시간을 빨리 마련해야 청중과 의사소통도 더 잘되고, 결과적으로 준비해 온 데이터를 공유할 기반도 다져지기 때문이다.

필자 역시 학계 출신으로서 애넌드와 비슷한 학습 곡선을 경험했다. 나는 버나드 칼리지와 콜롬비아대학교에서 수년 간 학생들을 가르쳤다. 그래서 50분 단위로 길고 미묘한 주장을 설득력 있는 여러 가지 사실로 뒷받침하는 소통 방식에 익숙해져 있었다. 그런 방식으로 버나드에서 올해의 교수상을 수상하기도 했다. 하지만 안타깝게도 미국의 실업계에서는 그런 방식이 통하지 않았다. 나는 기업 간부들이 집중할 수 있는 시간이 학생들보다 짧다는 사실을 뒤늦게 깨달았다. 그래서 바로 본론으로 들어가고 반드시 필요한 데이터만 소개해야 했다. 가능할 때마다 실례가 되는 이야기를 들려주는 것도 필수적이었다.

▶▶▶ 소도구를 없애 버려라

작년에 친구 일레인이 간부로 승진할 기회를 놓친 지 한 달도 되지 않았을 무렵 나는 그 회사의 최고재무책임자(CFO)를 포함하여 여러 경영 간부로 구성된 패널의 사회를 맡았다. 그 CFO는 내가 일레인과 함께 일했다는 사실을 알고 있었기 때문에 나는 그녀가 왜 승진하지 못했는지 물었다. 일레인은 그 회사에서 25년이나 근무했고 실적도 대단히 훌륭했기 때문이다.

그는 고개를 끄덕였다. 내 질문에 전혀 놀라지 않은 눈치였다. "일레인은 승진 후보 세 명 중 한 명이었습니다. 사실 어떤 면에서 보면 가장 뛰어난 후보였고요." 나는 대담해져서 끈질기게 물었다. "그런데 왜 승진하지 못한 겁니까?"

그는 한숨을 내쉬었다. "실비아, 진짜 문제가 뭐였는지 이야기하면 아마 믿지 못할 겁니다. 하지만 저와 오랫동안 알고 지내셨으니 솔직하게 말씀드릴게요. 일레인은 목록을 너무 많이 만듭니다."

나는 어리둥절했다. 이게 대체 무슨 말인가? 내 얼굴에 생각이 그대로 드러났는지 그는 설명하기 시작했다.

"이런 장면을 상상해 보세요. 우리가 매달 여는 집행위원회 브리핑에서 일레인은 항상 긴 목록을 꺼내 꼼꼼하게 살펴봅니다. 그녀는 사람들과 눈을 맞추고 팀의 승리와 패배에 대해 설득력 있게 말하지 않습니다. 대신 목록이나 메모, 지루한 파워포인트 자료를 참고하기 바쁩니다. 그러다 보니 프레젠테이션 내용을 잘 모르거나 자신이 요점을 기억할 수 있을 것이라는 확신이 부족해 보입니다. 물론 우리는 일레인이 똑똑하고 말하려고 하는 내용을 확실하게 알고 있다는 것을 압니다. 하지만 프레젠테이션을 봐서는 그런 면을 알 수가 없어요. 그녀는 마치 어느 간부의 미화된 비서 같은 느낌을 줍니다."

내 눈이 커졌는지 그는 이렇게 덧붙였다. "일레인을 이사회 앞에 세울 수는 없습니다. 그녀에게 우리의 가장 중요한 고객을 맡길 수도 없고요. 아직도 모르시겠습니까? 실제 능력뿐만 아니라 사람들에게 강한 인상을 줄 수 있는 능력 또한 중요합니다.”

우리의 포커스 그룹 역시 이 간부의 말에 동의했다. 목록을 끊임없이 참고하고, 메모를 읽고, 파워포인트 슬라이드를 87장씩 사용하고, 종이나 플립 차트를 넘기고, 적어 둔 내용을 더 잘 읽으려고 안경을 끼는 행위는 모두 진지함을 약화한다. 이런 행동을 통해 당신의 자신감이 부족하다는 사실에 초점이 맞춰지기 때문이다. 말하고자 하는 주제를 휘어잡을 수 없다면 청중 또한 휘어잡을 수 없다. 전달하려는 내용을 확실하게 알면 메모에 의지하거나 메모를 읽기 위해 안경에 의지할 필요가 없다. 청중과 눈을 맞출 여유도 생기니 금상첨화다.

청중과 눈을 맞추는 것보다 중요한 것은 없다고 크레디 스위스의 CEO 브래디 두건은 말했다. 청중에게 당신이 프레젠테이션에 완전히 몰입하고 있는 모습을 보여 줄 수 있기 때문이다. 그는 말했다. “사람들의 관심을 분산시키는 것이 많다 보니 그들의 주의가 산만해질 수밖에 없습니다. 사람들과 눈을 맞추는 행위는 당신이 그들의 관심을 온전히 받고 있다는 것을 뜻합니다. 그런 경우는 대단히 드물기 때문에 아주 귀중한 순간이죠. 중요한 회의에서 당신이 그 자리에 온전히 존재한다는 사실을 알리는 것보다 리더의 존재감을 더 강화해 주는 것은 없습니다.”

"리더의 존재감은 격식을 갖추고 의사소통을 하거나 말을 많이 하는 것보다는 말을 간단하게 하는 것과 관계가 있습니다. "말을 많이 하고 설명이 길어질수록 핵심 메시지가 흐려지고 약해질 뿐입니다." 아메리칸 익스프레스의 국제 인사부장 케리 퍼레이노는 이렇게 말했다. 그녀에 따르면 특히 여성이 이런 실수를 저지르기 쉽다. 자신이 사람들에게 어떻게 인식될지에 대한 확신이 부족하거나 과도한 설명으로 전문성을 증명하려고 하기 때문일지도 모른다.

무디스의 린다 휴버에 따르면 여성은 자문을 구한 모든 사람을 언급해야 자신이 하고자 하는 말을 인정받을 수 있다고 느끼기도 한다. 그녀는 말했다. "여자들은 기나긴 문장을 줄줄이 읊은 다음에야 요점에 이릅니다. 하지만 '저는 관점이 다릅니다.'라고 말하고 나서 주장을 뒷받침할 수 있는 데이터를 두세 가지만 제시해도 됩니다. '이 문제에 대해서 밤늦게까지 생각해 보고 37명과 이야기도 나눠 봤습니다.'라는 식으로 말을 시작하지 마세요. 요점부터 말하고 나면 사람들이 관심을 보일 겁니다."

단호한 태도

바버라 아다치가 딜로이트에서 인적자본 컨설팅 팀의 지역 본부장으로 승진했을 때 그녀는 회계·컨설팅 회사에서 그런 자리까지 올라간 최초의 여성이 되었다. 그녀는 당시 우리가 편의상 더그(Doug)라고 부를 파트너에게 다른 회계·세무 비즈니스 리더들과 함께 회사의 경영위원회에 참석할 수 있는지 물었다. 하지만 더그는 이미 그녀의 전 상사인 지사장이 자리를 차지하고 있으며 물러날 생각도 없다고 답했다. "인적자본 팀에서 두 분이나 앉아 계실 수는 없습니다."라고 그는 덧붙였다. 하지만 아다치는 끈질기게 밀어붙였다. "하지만 저는 '파트너'인 데다가 이제 이 지역을 이끌고 있는데요."라고 말했지만 더그는 고개를 흔들었다. "하지만 사람들은 당신을 리더로 보지 않습니다. 바버라."

그 말을 들었을 때 옆구리를 걷어차인 느낌이었다고 아다치는 회상했다. 반응할 수 있는 방법도 수백 가지나 떠올랐다고 했다. 자리를 박차고 나가 버릴까 하는 생각도 들었지만 대신 이렇게 응수했다. "그것은 제가 경영위원회에 참석하지 못하기 때문이에요!" 더그는 웃으면서 그녀의 말에 일리가 있다고 인정했다. 그녀는 말했다. "그렇게 어색한 분위기에서 벗어날 수 있었습니다. 하지만 더그의 말에 일리가 있다는 것도 깨달았습니다. 제가 속한 지역과 사무실에서 제가 다른 리더들과 인맥이 잘 다져진 사람으로 보이지 않았던 것이죠. 그렇다고 해서 막강한 스폰서가 있는 것도 아니 었습니다. 제가 파트너였을지는 몰라도 아무도 저를 그렇게 봐 주 지 않았습니다. 리더로서 존재감을 드러내지 못했기 때문이죠."

아다치는 일본계 미국인 여성으로서 말하기보다는 듣기에 치중 한 가르침을 받고 자랐다. 하지만 그날만큼은 더그에게 돌아가 최 후통첩을 전달했다. "만일 지사장님이 경영 위원회에서 물러나지 않으신다면 캘리포니아 북부의 리더가 되고 싶지 않습니다. 책임 은 다 떠맡으면서도 권한은 전혀 없을 테니까요. 이 일을 잘하려면 제가 리더로서 존경받을 수 있어야 합니다. 하지만 위원회에 참석 하지 못하면 다른 리더들의 눈에 동료로 비치지 못하겠죠."

결국 더그는 그녀를 위원회에 앉혔다. 확실하고 단호한 태도는 간부가 갖춰야 할 핵심 자질이다. 이는 남성과 여성 모두에게 해당 된다(우리의 설문조사에 응한 리더의 48%가 이에 동의한다.). 하지만 여 성의 경우 이런 자질을 갖추기가 더 어려운 것이 사실이다. 여성이 단호한 모습을 보이면 호감이 가지 않는 인물로 비치기 때문이다. (등 뒤에서 욕을 듣게 되거나 지나치게 공격적인 사람으로 보일 우려가 있 다.) 이런 아슬아슬한 줄타기에 대해서는 제6장에서 더 자세히 살 펴보기로 한다. 일단 여기에서는 남성과 여성 모두가 활용할 수 있 는 단호한 모습을 효과적으로 보이는 전략을 알아보자.

아다치는 더그와 대립하는 순간 자신이 리더로서 자질이 있다는 사실을 증명했다고 느꼈다. 과감한 결정을 내리고 그것을 실행에 옮길 준비가 되었다는 것을 보여 줬기 때문이다. 그녀는 설명했다.

"빈말을 한 것은 아니었습니다. 실제로 리더의 역할을 포기할 준비가 되어 있었습니다. 권한 없이 책임만 있는 것은 야구 방망이 없이 홈런을 쳐야 하는 것이나 마찬가지였으니까요. 더그는 제 결의를 알아차렸던 겁니다."

인텔의 인사팀 부사장 로절린드 허드넬은 아다치가 요구 사항을 회사의 이득과 결부하여 설명한 점을 성공 요소 중 한 가지로 꼽았다. 그녀는 조언했다. "밀리지 말고 되밀어야 합니다. 하지만 '나'라는 단어는 사용하지 않는 것이 좋습니다. 당신이 아니라 회사를 위해 무엇이 최선인지에 초점을 맞춰야 합니다. 이때 소리를 질러서는 안 되고, 목소리 톤에도 신경 써야 합니다. 회사를 위해 일할 때는 그 회사에 대한 책임이 있기 때문입니다." 이런 사실을 기억하면서도 자신의 진정한 목소리를 찾는 것이 도전과제다.

내가 인터뷰한 간부들은 하나 같이 무작정 돌진하고 싶은 충동을 억제하고 요구를 분명하게 밝히라고 제안했다. 리먼 브라더스의 CFO와 함께 일한 전 간부는 이렇게 경고했다. "'내가 원하는 것은 이것이고, 이것을 당장 원한다.'라고 강하게 말해봤자 얻을 수 있는 것은 없습니다. 그 CFO는 결코 목소리를 죽이는 법이 없었습니다. 그녀는 여러 가지 주제에 대해 아는 것이 많았고, 그 사실을 다른 사람들에게 알리길 좋아했습니다. 하지만 그녀가 새로운 역할을 맡자 증권 인수업자가 아니라며 다른 사람들이 그녀를 못마땅하게 여겼습니다. 그녀도 그 사실을 알고 있었고, 그래서 자신의 능력을 과시했습니다. 어쩌면 남자 직원들만큼 강인하다는 것을 증명하고 싶었는지도 모릅니다. 하지만 그 과정에서 그들을 존경하는 모습을 보이지 않았습니다. 그 사람들이 회사를 키웠다는 사실을 생각해 보면 매우 볼썽사나운 행동이었죠. 그래서 저는 그녀에게 '사람들이 말을 들어주길 원한다면 같이 회의하는 사람들을 좀 더 공손하게 대해야 합니다.'라고 말해줬죠."

리더처럼 말하는 것과 리더로서 실제로 성공하는 것의 차이는 사람들의 기분을 헤아리는 세심함에 달렸을 수도 있다. 어느 여성 간부는 노동 위기가 더 큰 문제로 불거질 상황에 처했을 때 이런 사실을 깨닫게 되었다. 그녀의 회사에서 직원 400명 이상이 격주로 받는 월급을 받지 못하는 사건이 벌어졌다. 기술적인 결함 때문에 급여 대상자 명단에 문제가 생긴 것이다. 당시 회사는 노사 협상을 진행 중이었는데 그녀는 공급업체의 일원으로서 이 실수가 소송이나 작업 중단으로 이어지거나 PR 재앙으로 불거질 우려가 있다는 것을 알았다. 그래서 비즈니스 리더와 그 리더의 팀, 지역 인사팀 리더와 통화를 하고 그들이 문제의 범위를 설명할 때 귀를 기울였다. 그리고 원투 펀치 전략을 세웠다. 협상의 여지가 없는 목표를 제시하고, 팀원들이 목표를 성취할 수 있게 도울 것이라고 그들을 안심시켰다. "여러분과 함께 이 문제를 끝까지 해결할 의지가 있습니다."라고 그녀는 팀원들과 통화를 하면서 말했다.

하지만 공급업체 관계를 담당하는 직원과 1:1로 대화할 때에는 그의 직업이 위태롭다는 사실을 분명하게 밝혔다. 두 사람 모두의 평판이 달린 문제였기 때문이다. "모두가 보는 앞에서 그를 무너뜨

려봤자 이 위기를 재빨리 타개하는 데 필요한 협조를 얻을 수 없다는 것을 알았습니다.”라고 그녀는 말했다. “그래서 그가 팀원들 앞에서 체면을 세울 수 있게 했습니다. 하지만 뒤에서는 그가 문제에 대한 책임을 고스란히 져야 한다는 사실을 알렸습니다.” 그녀의 접근법은 성공적이었고 직원들의 월급 문제는 해결되었다.

여성을 위한 최고의 전략은 어쩌면 린다 휴버가 말했듯이, “뒤에서 이끄는” 방식일지도 모른다. 여성은 남성이 많은 공간에서 선제공격을 통해 자신의 입지를 확보해야 한다고 느끼는 경우가 많다. 하지만 21세에 부하 45명을 거느린 육군 장교였던 휴버는 이보다 훨씬 효과적인 방법이 있다고 주장했다. 바로 상대가 최고의 무기를 다 사용할 때까지 기다리는 것이다. 그녀는 설명했다. “저는 아버지에게서 군사 전략을 많이 배웠습니다. 그분은 별 2개를 단 장군이셨거든요. 그래도 사판(砂板: 특정 지역의 지형을 모래로 재구성한 모형 -역주) 위에서 부대를 이동하고 전략을 연습할 때가 오면 신중하게 기다리고 뒤로 물러나 있었습니다. 제가 생각해 낸 해결책을 제시하기 전에 다른 사람들이 먼저 의견을 말하길 기다렸어요. 거만한 웨스트포인트(West Point: 미국 육군사관학교) 사람들이 일을 말 아먹는 것을 많이 보면서 때로는 뒤에서 지켜보면서 우선 귀를 기울이는 것이 최선이라는 사실을 깨달았죠.”

다만 모든 사람의 시선이 당신에게 머물 때 실제로 해결책을 제시할 수 있어야 한다. 어느 의료 서비스 업체의 리더는 재직 초기에 겪었던 일화를 필자에게 들려주었다. 그녀는 당시에 과학자와 엔지니어들을 모아 모두의 의견을 들어가며 앞으로 나아갈 방향에 대해 합의하려고 했다. 하지만 합의에 이르기는커녕 오히려 회의실이 아수라장이 되고 말았다. 그래서 그녀는 앞으로 나가서 "이 문제에 대해 더 이상 의논하지 않겠습니다."라고 말했다. 그녀는 당시 상황을 이렇게 설명했다. "'제가 내린 결정은 이렇습니다. 그리고 이런 이유 때문에 이 결정대로 진행하려고 합니다.' 물론 그 결정이 잘못된 것일 가능성도 있었습니다. 다른 리더들과 마찬가지로 저 역시 잘못된 결정을 내릴 때가 있으니까요. 하지만 중요한 것은 결정을 내렸다는 사실이었습니다." 그녀는 그런 점이 다른 사람들이 당신을 따르게 하는 중요한 자질이라고 덧붙였다.

청중의 생각과 감정을 파악하는 능력

필자는 2013년 초에 툴레인대학교(Tulane University)의 뉴콤 칼리지 인스티튜트(Newcomb College Institute)에 알베르토 컬버 연사(Alberto-Culver Speaker)의 자격으로 초청을 받았다. 매년 열리는 이 행사는 유명 여성 리더들을 캠퍼스로 초대하여 여성이 비즈니스에서 직면하는 여러 가지 최신 이슈에 대해 이야기하는 자리다. 나는 뉴올리언스로 향하면서 행사의 홍보 규모나 이미지를 생각했을 때 청중의 규모가 제법 클 것이라고 예상했다. 강연 장소도

400명은 너끈히 수용할 수 있는 뉴콤 칼리지의 강당이었다. 하지만 무대에 오르기 몇 분 전에 밖을 보니 실망스럽게도 강당에는 학생이 몇 명씩만 들어올 뿐이었다. 청중이 50명이나마 있으면 다행이었다.

결국 총 참가자는 38명이었다. (내가 직접 센 숫자다.)

정치인, 고위 간부, 교수, 유명 작가 등 어느 연사에게나 이는 대단히 어려운 도전 과제다. 워싱턴의 내셔널 몰(National Mall)을 염두에 두고 연설문을 준비했는데 국회 의사당 계단에서 청중 몇 십 명에게 연설하게 된 꼴이었다. 이런 경우 리더의 존재감을 드러내고 청중과 교감하기란 쉽지 않다. 그런데 나는 이런 상황에서 슬라이드 30장과 청중 수백 명을 위해 연습한 연설문을 들고 있었다. 대체 어떻게 해야 한단 말인가? 결정을 내릴 시간은 단 몇 분밖에 없었다.

나를 초대해 준 여성은 참가자의 수에 아랑곳하지 않는 눈치였다. 그저 연단에 서둘러 올라가 안경을 끼고는 메모를 보며 필자를 장황하게 소개했다. 그러는 사이에 강당의 뒤쪽에 앉아 있던 학생 몇 명이 자리에서 일어나 출구로 향했다. 이대로 있다가는 남은 청중마저 가 버릴지도 모른다는 생각에 마음을 굳게 먹고 무대 앞으로 나갔다. 그러고는 모두에게 앞쪽으로 와서 앉아 달라고 부탁했다. 필자 역시 의자를 갖다 달라고 부탁해서 청중의 바로 앞에 앉았다. 파워포인트 자료는 잊어버리고 청중에게 곧바로 이야기했다. 데이터의 핵심을 전하되 대체로 일화를 소개하면서 시간을 보냈다. 결국 의도했던 것보다 이야기를 훨씬 많이 들려주게 되었고, 자연스럽게 말이 끊길 때마다 학생들에게서 질문을 받았다. 학생들은 열성적으로 질문했고 시간이 다 되어갈 무렵 그들과 강렬하게 교감한 느낌이었다. 학생들도 그렇게 느낀 것 같았다. 강연이 끝나고 나서 그들이 제출한 평가서에는 칭찬이 가득했다. 나는 지금까지도 그 툴레인 행사를 가장 효과적인 프레젠테이션 중 하나로 기억하고 있다. 즉흥성에도 불구하고 성공을 거둔 것이 아니라 즉흥성 덕택에 성공할 수 있었던 것이다.

청중을 휘어잡으려면 우선 그들의 생각과 감정을 파악해야 한다. 분위기를 감지하고, 문화적인 요소를 포착하고, 언어·내용·프레젠테이션을 적합하게 조정하는 능력은 소통가로서 성공하는 데 꼭 필요하다. 이는 결과적으로 리더의 존재감에 필수적이다. 리더는 감성지능을 효율적으로 활용하고 그렇게 해서 얻은 정보에 따라 행동할 때 존재감이 강해진다. 여성의 경우 특히 그렇다. 실제로 우리의 설문조사에 참여한 리더의 39%가 감성 지능을 발휘하는 이런 능력이 여성에게 중요하다고 응답했고, 33%는 남성에게 중요하다고 응답했다.

청중의 욕구를 파악하지 못하면 권위가 약하다는 인식을 줄 수밖에 없다. 이유는 바로 이렇다. 첫째로, 당신이 폐쇄회로처럼 새로운 정보를 받아들이지 못하거나 받아들일 수 없다는 것을 암시하기 때문이다. (나를 소개해 준 뉴콤 칼리지의 여자 분이 좋은 예다.) 둘째로, 당신이 청중에게 관심이 없다는 것을 암시하기 때문이다. 이럴 경우 청중과 교감할 기회가 없어지고 마는데 교감이야말로 모든 의사소통의 기반이 된다. 마지막으로 가장 치명적인 이유는 당신이 급변하는 환경에 적응할 만큼 민첩하지 못하다는 사실을 암시한다는 것이다. 가차 없는 변화와 끊임없는 변동이 난무하는 국제 경제에서 리더의 민첩성은 점점 가치 있는 자질로 떠오르고 있다.

그렇다면 청중의 생각과 감정을 효과적으로 읽으려면 어떻게 해야 하는가? 초점을 자신에게서 청중으로 옮겨 그들이 원하고 필요로 하는 것을 파악해야 한다. 그러고 나서 그들과 교감할 수 있도록 나아갈 방향을 즉각적으로 수정해야 한다. 이런 노력을 기울일 의향이 있다는 것 자체가 사람들에게 강한 인상을 남긴다. 이는 당신이 말하고자 하는 내용을 분명하게 알고 있다는 것을 보여 주며, 청중이 메시지를 확실하게 이해하도록 신중하게 준비한 연설문을 포기할 만큼 메시지의 중요성을 믿는다는 것도 보여 준다. 이것이야말로 청중의 참여를 유도할 수 있는 비법이다.

소덱스의 로히니 애넌드는 유달리 심한 압박에 시달렸던 경험에 대해 이야기했다. 대단히 민감한 노동자 문제에 대해 외부 전문가의 자문을 구하도록 회사의 리더들을 설득할 기회가 딱 한 번 주어진 것이다. 그녀는 열심히 모은 증거를 공유할 생각으로 중역 회의실에 들어섰다. 하지만 본래의 계획을 포기하고 외부의 도움을 받는 데 따른 이득을 간략하게 소개하기로 했다. 청중이 자신이 통찰력을 얻은 과정에 관심이 없다는 느낌이 들었기 때문이다. 그녀의 직감은 옳았다. 애넌드의 설명에는 설득력이 있었고, 몇 달 뒤 소텍스는 외부 자문위원으로 구성된 이사회가 신설되었다고 발표했다. "이 회사에서 제 커리어의 티핑 포인트(tipping point: 작은 변화가 축적되어 변화가 한 가지만 더 일어나도 상황이 크게 달라질 수 있는 순간 – 역주)는 청중의 입장에서 생각하는 방법과 청중의 특성에 따라 사실과 일화의 균형을 적절하게 유지하는 방법을 깨달았을 때입니다."라고 이 경험 많은 간부는 말했다.

이런 관점에서 보면 오히려 유색 인종이 경쟁 우위를 점할 수도 있다. 우리가 형성한 포커스 그룹의 수많은 참가자가 소수집단에 속해 있는 것 자체만으로 사람들의 생각과 감정을 파악하는 연습을 맹렬히 하게 된다는 사실에 동의했다. 소수집단은 성별에 대한 편견이나 무의식적인 저항을 예측하고 극복하기 위해 청중의 분위기를 감지하는 방법을 이미 알고 있다는 것이다.

조엘 틸러는 처브 그룹 오브 인슈런스 컴퍼니스(Chubb Group of Insurance Companies)에서 전략적 사업 단위(Strategic Business Units)의 인사팀 상무로 일하는 미국 흑인이다. 틸러는 리더의 존재감을 유지하기 위해 연설이 청중의 문화에 적합하도록 손본다고 말했다. 그리고 공화당을 지지하는 직장 동료의 대부분이 기분을 상하지 않도록 정치적인 견해를 중립화하는 데도 신경 쓴다고 했다. 그는 말했다. "다문화 경영자로서 항상 해야 할 일은 상황에 적합한 언어를 사용할 줄 아는 것입니다. 그리고 까다로운 주제에 대해 이야기할 때에는 균형 잡힌 시각을 유지하는 데 더 신경 써야 합니다. 의견이 한쪽으로 치우치거나 특정한 의견에 대해 지나치게 들뜬 모습을 보이면 청중이 불편하게 느낄 우려가 있기 때문입니다.”

그렇다고 해서 청중에게 잘 보이려고 본인의 관점을 바꾸라는 말은 아니라고 틸러는 분명하게 말했다. 그는 덧붙였다. “청중이 이야기를 편안하게 들을 수 있도록 해 줘야 합니다. 청중의 생각과 감정을 읽는 것은 그들의 확신을 얻기 위해서입니다. 그래야 당신이 말할 때 청중이 그 말을 진심으로 들어줄 수 있거든요.”

유머와 농담

샐리 크로첵은 월스트리트의 문제점을 분석한 자료를 공개할 때 인정사정을 봐 주는 법이 없다. 단기금융투자신탁(MMF: money-market fund)의 감독 부재, 과도한 경영자 보상, 중역 회의실에서의 여성의 부재 등 어떤 주제를 다루든 그녀는 후폭풍을 두려워하지 않고 거세게 비판한다.

그러나 바로 이런 심각한 면모 때문에 크로첵은 비판에 유머를 가미하려고 노력한다. 예를 들어, 여성의 커리어가 제자리 걸음을 하고 있고 누군가의 도움이 필요한 상황이라면 그것은 여성이 너무 지쳤기 때문이라는 것이다. 여성에게 지워진 온갖 직업적·개인적 요구 때문에 기운이 남아 있지 않다는 설명이었다. “생각해 보세요.”라고 크로첵은 청중의 참여를 유도했다. “여성은 남성에 비해 외모를 가꾸는 데 훨씬 많은 시간을 투자합니다. 저만 해도 그렇습니다. 사실 저는 다른 여자들보다 시간을 더 많이 들이는데요, 편의상 매일 15분씩 치장한다고 가정해 봅시다. 그러면 1주일에 1시간 15분, 매달 5시간, 매년 60시간을 머리와 화장에 투자하는 꼴입니다. 그런데도 저는 아직 다리 제모를 하지 못했습니다! 머리 염색도 못했고, 손톱과 발톱도 손질하기 전입니다. 눈썹 정리도 못했고, 요가나 조깅도 못 갔는데 머리와 화장을 하는 데만 그렇게 오래 걸린 겁니다.”[43]

필자는 크로첵이 이 농담을 하는 모습을 자주 봤는데 이 이야기를 듣고 폭소를 터뜨리지 않은 청중은 없었다. 그녀의 메시지가 얼마나 가혹하든(특히 메시지가 가혹할 때) 크로첵이 유머에 의지하는 모습은 청중이 그녀를 미워할 수 없게 한다. 그리고 나면 청중은 크로첵이 들려주는 불편한 진실도 받아들일 준비가 된다.

모두가 연단 위에서 재미있는 이야기를 하진 못하지만 휴식 시간에 농담을 주고받는 일은 누구나 배울 수 있다. 우리의 포커스그룹에 참가한 많은 사람이 잡담의 기술을 마스터하는 것의 중요성을 언급했다. “회의에 들어가기 ‘전에’ 나누는 대화에 따라 당신이 회의 ‘중에’ 할 말이 들을 가치가 있는지 없는지 결정됩니다.”라고 어느 고위 간부가 지적했다. 그녀는 이 기술을 “농담 익히기”라고 불렀다. 농담을 잘해야 더 큰 대화의 일부, 즉 ‘부족민 중 한 명’이라는 사실이 드러난다는 것이다.

이때 간부가 여성이거나 유색 인종이면 어려움이 커지는 경우가 많다. 우세한 '부족'의 언어와 관심사에 따라 대화의 주제가 대체로 정해지기 때문이다. 미국 흑인인 어느 포커스 그룹의 참가자에 따르면 "저는 직장 동료들과 똑같은 TV 프로그램을 시청하지 않습니다. 그러다 보니 '서바이버(Survivor)'의 가장 최신 에피소드에 대한 이야기가 오갈 때 대화에 끼기가 어렵습니다."

물론 '서바이버'를 본다고 해서 리더의 존재감이 강해질 확률은 낮다. 하지만 필자가 케임브리지에서 겪었듯이 여러 가지 주제에 대해 알려고 노력하는 것이 중요하다. 그러면 상사들과의 가벼운 대화에 낄 자신감이라도 생길 것이다. GE의 부사장 뎁 일람은 말했다. "자이언츠(Giants)의 팬이라거나 민주당이나 공화당을 지지한다고 말할 필요는 없습니다. 그저 대화에 참여할 수 있을 만큼만 알면 됩니다. 사람들과 유대감을 형성하는 것이 관건입니다. 미래에 그런 유대감에 의지해야 하는 날이 올지도 모르니까요."

보디랭귀지와 자세

어느 포커스 그룹의 여성 참가자는 보험회사에 이틀째 출근하던 날 직원회의가 끝나고 나서 상사에게 꾸지람을 들었다. 그녀가 회의 시간에 자리에 구부정하게 앉아서 종이에 낙서나 하고 있었다는 것이다. "그런 모습을 다시는 보고 싶지 않습니다."라고 새로운 상사가 말했다. "자리에 똑바로 앉아야죠. 테이블에 바짝 붙어서 앉아야 합니다. 말하는 사람과 눈을 맞추고 필기도 좀 하고요. 회의 시간에 집중을 해야죠!" 그녀는 열심히 듣고 있었다며 그를 안심시키려고 노력했다. "그게 문제가 아닙니다."라고 그가 답답하다는 듯이 손을 저으며 말했다. "문제는 당신의 행동을 보고 다른 사람들이 당신이 열심히 듣지 않았다고 생각했다는 겁니다."

보디랭귀지를 통한 소통의 힘을 결코 간과해서는 안 된다. 우리의 설문조사에 응한 리더의 21%만이 자세가 리더의 존재감에 영향을 미친다고 답했다. 하지만 여러 가지 일화를 들어 보면 보디랭귀지의 영향력이 훨씬 크다는 것을 알 수 있다. "당신이 회의실에 들어서는 순간 사람들은 당신의 존재감을 판단합니다. 당신이 얼마나 자신 있게 걸어 들어오는지, 악수를 얼마나 단호하게 하는지, 사람들과 눈을 얼마나 빨리 맞추는지, 얼마나 자신 있게 서 있는지 살펴보는 것이죠."라고 딜로이트의 아다치는 말했다. "그 짧은 몇 초 동안 사람들은 당신의 말이 아니라 겉모습을 보고 당신을 판단할 겁니다. 이때 사람들의 눈에 가장 먼저 띄는 것이 바로 보디랭귀지와 자세입니다."

2012년 미국의 대통령 후보자들이 미국 전역에 중계된 세 차례의 TV 토론회에서 어떤 자세를 취했는지 생각해 보라. 실제로 경영 간부 코치이자 보디랭귀지 전문가인 캐롤 킨제이 고먼(Carol Kinsey Goman)은 오바마 대통령의 보디랭귀지만 보고도 선거 결과를 예측할 수 있었다. 그녀는 특히 세 번째 토론회를 보고 나서 확신이 섰다고 했다. 고먼은 설명했다. "오바마가 더 편안하고 자신감 있어 보이는 모습이었습니다. 손바닥이 아래로 향하는 제스처나 양손의 손가락 끝을 붙이는 행동은 확실성을 드러냅니다. 오바마의 진실하고 환한 미소(사람들에게 호감을 많이 살 수 있는 요소)도 두 차례 볼 수 있었고요. 롬니 주지사도 잘했지만 그는 땀을 흘리고 침을 자주 삼켰습니다. 혀로 입술을 축이고, 말을 더듬기도 했고요. (토론이 시작된 지 58분 정도 지났을 때는) 어깨와 가슴이 조금 떨리는 것도 볼 수 있었습니다. 이런 모습은 모두 롬니가 스트레스를 대단히 많이 받고 있었다는 사실을 보여 줍니다."[44]

사람들은 당신을 보자마자 판단하기 때문에 회의실에 들어가거나 무대에 오를 때 침착한 모습을 보여야 한다. 고개를 꼿꼿이 들고 있고 시선이 앞을 향하고 있는가? 몸의 긴장을 풀고 어깨를 뒤로 젖혔는가? 앞으로 성큼성큼 걷고 있는가? 아니면 발을 질질 끌며 걷고 있는가? 청중과 교감할 수 있는 이런 기회를 얻은 데 기쁨을 느끼는가? 아니면 궤양에라도 걸린 것처럼 불편한 표정인가?

기업의 고위 간부인 캐서린이 회의실에 들어서면 사람들은 그녀가 연방법 집행 분야에서 20년 이상 일했다는 사실을 알지 못하더라도 그녀에게 경외감이 깃든 존경심을 표한다.[45] 이 미국 흑인 여성은 키가 크고 옷도 우아하게 입으며, 자세와 걸음걸이에서 진지함이 물씬 풍긴다. 그녀는 말했다. "제가 존경심을 요구하는 것이 아니라 제 존재감이 존경심을 유발한다는 말을 듣습니다. 미국 남부에서 자라면서 여러 가지 문제로 싸우고 씨름해야 했던 영향도 있습니다. 학교 교실이나 회사 회의실에 앉아 있는 첫 흑인이다 보면 최고의 인재보다 더 뛰어나야 한다는 콘돌리자 라이스(Condoleezza Rice)식 태도가 생깁니다. 그런 태도는 모든 일에 영향을 미치기 때문에 저는 어느 회의실이든 그런 식으로 들어갑니다. 고개를 꼿꼿이 들고 긍정적인 인상을 남기는 것이죠. 그러면 사람들이 저와 함께 앉고 싶어 합니다."

꼿꼿한 자세는 다른 사람들을 향한 존경심을 드러내기도 한다. 당신의 어머니가 밥상머리에서 똑바로 앉으라고 말씀하신 것은 당신이 주위 사람들에게 존중하는 마음을 표현하도록 가르치시기 위해서였다. 영화 '소셜 네트워크(The Social Network)'에서 마크 저커버그(Mark Zuckerberg)는 증언하는 자리에 털썩 주저앉아 있다. 이런 자세는 그를 둘러싼 변호사들에게 그들을 존중하는 마음이 없다고 외치는 것이나 마찬가지다. "의뢰인에게서 관심을 받을 만하지 못한 것처럼 느끼는 마당에 그 사람을 응원하기는 어렵습니다."라고 어느 젊은 로펌 변호사가 필자에게 털어놓았다.

그러나 최근의 여러 연구에 따르면 바른 자세가 제공하는 가장 중요한 혜택은 다름 아닌 화학 작용이다. 몸을 똑바로 세우고 발을 어깨 넓이로 벌려 땅에 안정감 있게 서라. 그리고 가슴을 내밀고 어깨를 뒤로 젖히면 테스토스테론 수치는 올라가고 코르티솔 수치는 내려간다. 코르티솔은 스트레스를 받을 때 부신에서 분비되는 스테로이드 물질이다. 하버드경영대학원의 사회심리학자 에이미 커디(Amy Cuddy)는 직장 동료들을 대상으로 일련의 대조 실험을 진행하여 이와 같은 결과를 얻었다.(그녀는 이 결과를 TED 토크에서 사람들과 공유했다.)[46] 호르몬의 직접적인 영향은 15~20분 정도밖에 지속되지 않지만 행복과 자신감이 주는 흥분은 "온종일 지속되는 생리적인 폭포"로 이어질 수 있다고 캘리포니아대학교 버클리 하스 경영대학원(Berkeley's Haas School of Business)의 사회심리학자 데이나 카니(Dana Carney)는 말했다.[47]

바른 자세는 자신감을 키워 주기도 하지만 다른 사람들에게 당신이 집중하고 있다는 사실을 알려 주기도 한다. 이는 우리가 앞서 살펴봤듯이 모든 효과적인 의사소통의 핵심 요소일 수도 있다. 존재감을 드러내기 위해서는 당신이 그 순간에 온전히 존재한다는 것을 보여 줘야 한다. 브래디 두건이 지적하듯이 바로 이 대목에서 간부가 되려는 많은 사람이 어려움을 겪는다. 필자와 대화한 사실상 모든 간부가 최고의 자리에 오르지 못한 인재들을 언급하며 그들이 중요한 순간에 크고 작은 제스처를 통해 그 순간에 존재하는 능력이 부족하다는 사실을 드러냈다고 지적했다.

켄트 가디너는 직장생활 초기에 회의 중에 시계를 너무 자주 본다고 꾸지람을 들었다. 그래서 직장 동료들이 비슷한 실수를 저지르지 않도록 엄격하게 관리한다고 했다. 그들이 펜 딸깍거리기, 발 까딱이기, 종이 부스럭거리기, 휴대폰 확인하기 등 부주의에 관한 실수를 저지르지 않도록 신경 쓴다. 제인 쇼는 필자에게 어느 임원이 회의 중에 등을 돌리고 이메일을 확인한 것이 최근에 목격한 가장 무례한 일이라고 말했다.

스마트 폰을 들여다보느라 화자의 말을 듣지 않는 것은 우리의 포커스 그룹과 인터뷰에서 가장 열띤 토론을 이끌어낸 소재 중 한 가지다. 무디스의 파생상품·구조화 금융 부서에서 일하는 새라(Sara)는 우리에게 이렇게 말했다. "자기 시간이 남의 시간보다 더 중요하다고 생각하는 몇몇 경영자를 보면 정말 짜증이 납니다. 그런 사람들은 제가 몇 주씩 투자해서 준비한 내용을 듣고 싶어 하지 않습니다. 그런 행동이 그들의 존재감을 확실히 약화한다고도 생각합니다. 리더가 자기 아이폰에서 눈을 떼지 못하는데 어떻게 일의 전반적인 상황을 파악할 것으로 믿을 수 있겠습니까?"

실수

퍼트리샤 슈뢰더(Patricia Schroeder)는 24년간 콜로라도 주의 하원 의원으로 재직했다. 그녀는 직장과 가정에 얽힌 문제의 해결을 꾸준히 지지하고(그녀는 1993년에 가족 및 의료 휴가법(Family and Medical Leave Act)을 발의했다.) 의회 개혁에 대해 강경 노선을 취해 많은 칭찬을 받았다. 하지만 많은 사람은 그녀의 이름을 1987년에 민주당의 대통령 후보로 나서지 않겠다며 미국 전역에 중계된 TV 방송에서 울음을 터뜨린 것과 영원히 연관시킬 것이다. "미국 여성

표 5. 의사소통에 관한 실수

들이 창피함, 동정심, 역겨움과 같은 반응을 보였다."라고 시카고 트리뷴(Chicago Tribune)이 일주일 뒤에 보도했고,[48] '새터데이 나이트 라이브'는 대통령 토론회를 조롱하는 촌극에서 그녀를 풍자했다.[49] 이 사건이 일어난 지 20년도 넘게 지났을 무렵 슈뢰더는 USA투데이와 인터뷰에서 이 일로 여전히 비난을 받는다고 밝혔다.[50] 슈뢰더가 눈물을 닦았을 때 그녀가 대통령이라는 직책에 어울렸을지도 모른다는 인식이 사라져 버린 것이다.

우는 모습을 보이는 것은 존재감을 순식간에 무너뜨릴 수 있는 여러 가지 실수 중 한 가지일 뿐이다. 우리의 포커스 그룹에 따르면 숨 가빠하거나 다른 식으로 긴장한 모습을 보이는 것, 최신 메시지를 확인하려고 끊임없이 아이폰을 만지작거리는 것, 눈에 띄게 지루해하는 것, 요점으로 바로 넘어가지 못하고 말을 장황하게 하는 것, 메모나 다른 소도구에 지나치게 의지하는 것도 의사소통에 관한 실수에 해당한다. 이런 실수가 치명적인 이유는 간단하다. 청중의 규모가 크든 작든 말을 할 때에는 청중의 관심을 완벽하게 사로잡아야만 그들이 메시지를 듣고 기억할 수 있기 때문이다.

직장 동료나 상사에게서 유용한(잔인할 만큼 솔직하게 들릴 수 있는) 피드백을 받을 수 없다면 요점이 실수 속에 묻혀 버렸는지 어떻게 알 수 있는가? 이를 쉽게 알 수 있는 방법이 있다. 청중이 기침하는 회수를 세어 보면 된다. 사람들이 기침을 하거나 목을 가다듬을 필요성을 몇 번이나 느꼈는가? 청중이 꼼지락거리는 모습도 눈여겨보라. 사람들이 가만히 앉아 있지 못하고 움직이거나 다리를 꼬았다 풀었다 하는가? 아니면 손톱이나 소맷동을 만지작거리거나 테이블이나 의자에 올려 둔 팔을 자꾸 움직이는가? 이런 모습이 보이면 청중이 당신의 프레젠테이션을 듣는 대신 다른 일을 하고 있었으면 좋겠다고 바라는 것이다.

청중과 눈을 맞추는 행동은 특히 중요하다. 말을 시작할 때 모두가 '당신'에게 주목하게 하려면 당신이 '그들'에게 주목해야 한다. 청중 한 명 한 명이 당신이 자신에게 말하고 있다고 느껴야 한다.

물론 청중과 눈을 맞추는 일은 시야가 얼마나 트여 있는지에 달렸다. 이는 소도구를 아예 사용하지 말거나 상당수를 포기해야 한다는 뜻이다. 안경, 연단, 메모, 플립 차트, 파워포인트 자료는 모두 방해가 될 수 있다. 메모 20장이나 파워포인트 슬라이드 50장과 씨름하면서 누군가와 눈을 맞추기는 불가능하다. 따라서 당신과 청중 사이에 방해물이 적을수록 좋다.

의사소통 기술 연마하기

– 불필요한 말에 지나치게 의지하지 마라

'음' '그거 있잖아요' '그러니까요' 등과 같이 말이 끊길 때 사용하는 표현은 메시지를 전달하는 데 방해가 되고 메시지를 약화한다. 말하는 모습을 녹화해서 당신도 이런 실수를 저지르지는 않는지 살펴보라. 문장 중간에 생각할 필요가 있을 때는 말을 잠시 쉬어도 좋다. 침묵의 순간 덕택에 그 앞뒤의 말이 더 큰 영향력을 행사할 수 있다.

– 잡담 소재의 범위를 넓혀라

금융 서비스 제공업체에서 부동산 분석가로 일하는 캘린다(Ka-linda)는 가벼운 대화에 낄 수 있는 능력의 유용함에 대해 언급했다. "저에게 일어난 최고의 일 중 한 가지는 NFL(National Football League: 미국 프로미식축구연맹)의 예산을 관리한 것입니다."라고 그녀는 전 직장에 대해 말했다. "처음에는 미식축구에 대해 아는 것이 하나도 없었습니다. 하지만 동료의 일원으로 인정받으려면 미식축구에 대해 알아야 한다는 사실을 깨달았습니다. 그래서 스포츠 비즈니스 데일리를 매일 읽었고, 결국 팀, 경기, 분석가 등 모든 것에 대해 그 누구와도 이야기할 수 있게 되었습니다. 요즈음에도 미식축구에 대한 이야기가 들리면 대화에 참여합니다. 할 이야기가 있으니까요. 2년 전부터는 마찬가지 이유로 골프에 관심을 보이고 있습니다. 골프를 잘 치지는 못하지만 골프에 대해 이야기할 수는 있어서 경영자들과 대화를 나눌 기회가 생깁니다.”

– 목소리를 관리하라

광고계의 거물이자 PR 거장인 벨 경(Lord Bell)은 1978년에 영국 보수당의 선거 운동을 지휘하면서 ‘철의 여인’의 목소리 톤이 낮아지도록 간단한 혼합물을 이용했다. 그녀가 마실 물에 꿀과 레몬을 섞은 것이다. 그는 말했다. “대처가 말을 워낙 많이 했기 때문에 성대가 스트레스를 받아서 날카로운 소리를 냈습니다. 하지만 따뜻한 물에 레몬과 꿀을 넣어서 마시면 목소리가 낮아지고 부드러워진다는 사실을 발견했지요.”[51] 샐리 크로첵은 무대에 서기 전에 목소리가 떨리지 않게 의식적으로 심호흡을 하고, 케리 퍼레이노는 목 근육의 긴장이 풀리도록 물을 마신다. 근육이 긴장하면 날카로운 소리가 나거나 말할 때 숨소리가 많이 섞이거나 목소리가 탁해질 수 있기 때문이다.

– 준비를 철저하게 하라

바버라 아다치는 준비를 철저하게 하면 누가 말을 시키기 전에는 말하지 않는 습관을 고칠 수 있다는 사실을 깨달았다. "예전에는 회의에 참석해서 한 마디도 하지 않았어요."라고 그녀는 회상했다. "사람들은 제가 거기 왜 앉아 있는지 의아해했습니다. 코멘트를 해 달라는 부탁을 받지 않는 한 자진해서 말하지 않았거든요. 스스로 나서서 말을 하는 것이 저에게는 그렇게나 어려웠습니다. 아직도 새로운 상황에 처했을 때는 제 자신을 밀어붙여야 합니다. 하지만 준비를 철저하게 하고 제가 알아야 할 것보다 더 많이 알고 있다고 느끼면 직접 나서서 말하기가 더 쉽다는 사실을 깨달았습니다."

– 말이 적은 편이 나을 수도 있다

인텔의 전 이사회 의장인 제인 쇼는 회의할 때 한 마디도 하지 않는 것은 바람직하지 않다고 말했다. 하지만 무턱대고 입을 열어서는 안 된다며 이렇게 충고했다. "새로운 내용을 더할 수 있을 때에만 코멘트를 하고 업데이트를 해 달라는 부탁을 받으면 새로운 사실에 치중해야 합니다. 그리고 혼자 횡설수설하지 말고 다른 사람들이 의견을 밝히도록 유도하세요. 의견을 제시하지 않은 참가자가 있다면 당신의 말이 끝났을 때 그 사람에게 바통을 넘겨도 됩니다."

– 꼿꼿한 자세로 버텨라

블룸버그의 인사부장 앤 어니는 월스트리트에서 커리어 초기에 보디랭귀지의 덕을 본 일화를 들려줬다. 보디랭귀지 덕택에 적대적인 청중이 인기 없는 결정을 수용하게 할 수 있었던 것이다. "다른 간부들이 소리를 지르고 욕을 하면서 저를 집단으로 공격했습니다. 그러는 사이에 밖에서는 40명이 우리가 결정을 내리길 기다리고 있었고요. 저는 그 목적을 달성하는 데 집중해야 했기 때문에 남은 에너지를 쥐어짜서 발로 바닥을 밀고 바르게 앉았습니다. 허리를 똑바로 펴고 고개도 꼿꼿하게 들었고요. 그러고 나서는 몸을 앞으로 내밀며 말을 시작했습니다. 그런 태도 덕택에 그 끔찍한 순간을 견뎠을 뿐만 아니라 다른 간부들의 신뢰를 얻어 일을 진행할 수도 있었습니다."

– 소도구를 사용하지 마라

앞서 이미 살펴본 충고지만 워낙 중요하기 때문에 다시 한 번 반복하기로 한다. 청중과 직접적인 관계를 형성하고 유지하면 리더의 존재감을 드러낼 수 있다. 청중이 두 명이든 200명이든 마찬가지다. 따라서 소도구 없이 프레젠테이션을 하는 방법을 연습하라.

– 당신의 권위에 도전하는 목소리를 무시하지 마라

방해꾼들은 당신을 괴롭혀서 당신이 청중을 휘어잡지 못하게 하는 데 주력할 것이다. 하지만 그들을 그렇게 내버려 둬서는 안 된다. 이때 유머를 이용하여 질문을 슬쩍 피하는 것이 최선의 방어책이다. 당신의 자신감이 흔들리지 않는다는 것을 보여 주면서도 방해꾼이 옹졸해 보이게 할 수 있기 때문이다. 아니면 사실을 일부 인정하고 나서 반증을 제시하여 가시 돋친 말을 무력화하는 방법도 있다. 그러나 때로는 가차 없는 공격을 통해 권위를 재확인할 필요도 있다.

프레디 맥(Freddie Mec)에서 다양성 관리를 담당하는 드와이트 로빈슨(Dwight Robinson)은 첫 스폰서가 자신을 주의 주택위원회를 운영하는 자리에 앉힌 일에 대해 들려주었다. 로빈슨은 자신이 그 직책을 얻을 자격이 충분하다는 것을 알고 있었지만 그와 스폰서 모두 흑인이었기 때문에 결정이 문제가 될 것도 알고 있었다. 아니나 다를까 결정은 실제로 문제가 되었다. 하지만 로빈슨의 스폰서는 눈도 깜짝하지 않았다. 그의 선택을 문제 삼는 건축업자, 개발업자, 시장에게 그는 이렇게 반박했다. "다른 부서 27개를 맡은 책임자 두 명은 같은 인종입니다. 둘이 문제를 잘 해결하고 있고요. 그렇다면 백인 두 명이 부서 27개를 운영하고, 흑인 두 명이 부서 한 개를 운영하는 상황인데 대체 무슨 문제가 있는 겁니까?" 로빈슨은 그 일화가 용기를 발휘하고 권위를 확고히 하는 것에 관한 '인생 수업'이었다고 말했다.

어떻게 보여야 하는가

●●● 우리가 처음 만난 것은 둘 다 알고 지내는 친구들의 결혼기념일 파티에서였다. 나는 그 자리에서 다미 베일리를 인상적으로 보았고 그에게 흥미가 생겼다. 그는 활력과 카리스마가 넘치는 사람이었다. 몇 주 후 우리는 커피를 함께 마셨고 그에 대해 훨씬 많은 것을 알 수 있었다. 베일리는 멤피스에서 변호사로 일했고, 전직 판사 출신이었으며, 민권 운동가로 막 활동하기 시작한 터였다. 그의 커리어는 실로 놀라웠다. 그는 여러 획기적인 사건을 고소하고 판결했고, 책도 두 권 썼으며, 멤피스에 있는 국가 인권 박물관(National Civil Rights Museum)도 설립했다.

하지만 이야기를 나누고 카페라테를 두 잔째 마시면서 나는 그의 외모에 경탄하지 않을 수 없었다. 베일리는 건강하고, 피부에 탄력도 있고, 옷도 흠잡을 데 없이 입어 대단히 젊어 보였기 때문이다. 필자는 깜짝 놀라 이렇게 물었다. "마틴 루터 킹과 함께 행진하셨던 분이 어떻게 아직도 49세가 넘지 않아 보이시는 거죠?”

“성형 수술을 세 번 받았거든요.”라고 그는 솔직하게 털어놓았다. “이마와 얼굴에 리프팅 시술을 받았고 눈 밑에 있던 처진 살도 없앴습니다.”

나는 입이 떡 벌어진 채 하마터면 커피를 쏟을 뻔 했다. 내가 놀라는 모습을 보고 베일리는 웃음을 터뜨렸다. “제가 최고의 모습을 보이지 말아야 할 이유가 있습니까?”라고 그는 전혀 방어적이지 않은 태도로 말했다. “저는 아직 포기할 준비가 되지 않았습니다. 은퇴하고 싶진 않아요.”

그러고는 멋있어 보이는 것과 능력 있어 보이는 것의 관계를 일찍이 깨달았다는 말도 덧붙였다. “얼굴 리프팅 시술과 치아 치료를 받으면 사람들에게 더 젊은 인상을 심어 줄 수 있습니다. 자신감과 신뢰성도 드러내고요. 고객에게는 더 믿음직스러운 모습, 그리고 배심원에게는 더 신뢰 가는 모습을 보여 줄 수 있습니다. 그렇다고 해서 제가 외모 덕택에 사건에서 이긴다는 말은 아닙니다. 그저 상황을 장악하고 있는 것처럼 보일 때 제가 실제로 그런 것 같은 느낌도 든다는 겁니다. 다른 사람들도 저를 그렇게 봐 주고요.”

케이샤 스미스는 내가 인터뷰했을 당시 모건 스탠리(Morgan Stanley)의 전무이사이자 핵심인재 관리팀의 책임자 중 한 명이었다. 그녀는 현재 뉴스 코퍼레이션(News Corporation)으로 직장을 옮겼다. 스미스는 자신만의 독특한 외모를 얻게 된 것이 순전히 우연이었다고 털어놓았다. 머리 염색이 잘못되는 바람에 이발소를 찾아가 머리를 통째로 밀었는데 결과가 만족스러웠다는 것이다. 그 후로 그녀는 수년에 걸쳐 승진을 거듭하며 사람들의 눈에 더 많이 띄고 책임감도 더 많이 필요한 직책을 맡았다. 그러는 사이 그녀의 독특한 외모도 자리를 잡았다.

그녀는 키가 크고, 미간이 넓고, 미소도 눈부셔서 사람들의 이목을 끌 수밖에 없다. 하지만 머리를 민 아프리카계 카리브해인(ㅅ) 여성이자 포춘 500 기업의 고위 간부로서 그녀는 사람들이 잊지 못할 리더다. 머리를 밀었다는 것 자체보다는 그런 행동의 의미가 더 잊히지 않는다. 이는 그녀가 자신의 모습을 더없이 편하게 여긴다는 뜻이기 때문이다.

스미스는 자신의 외모 때문에 처음 만나는 사람들과의 거리가 벌어질 수 있다는 사실을 알고 있다. 그녀는 "제 외모가 특이하고 위협적일 수 있다는 것을 알고 있습니다. 그래서 사람들과의 거리를 좁히려고 애를 씁니다. 직장 동료들과 개인적으로 알고 지내고 공통점을 찾으려고 노력합니다."라고 설명했다. 그녀는 자신의 헤어스타일이 좋다고 말했다. 새로운 고객을 만날 때마다 그들의 시선을 의식하게 되더라도 바꿀 생각은 없다고 했다. "제가 속한 근무 환경에서 일을 제대로 하기 위해 필요한 일을 하는 겁니다. 제가 편하게 여기는 스타일을 추구하면 자신감이 커지고 성공하는 데 도움이 되거든요. 다른 식으로 일할 생각은 전혀 없습니다."

다미 베일리와 케이샤 스미스는 오늘날 외모에 관한 도전 과제가 복잡하다는 것을 보여 준다. 70세의 남성 법률가가 성형 수술을 한 덕택에 경쟁에서 뒤처지지 않는다고 자유롭게 이야기할 수 있고, 40세의 여성 간부가 머리를 민 헤어스타일로도 진지함을 더할 수 있는 세상이다. 하지만 이런 목소리가 새로운 자유를 의미하는가? 아니면 새로운 제약을 의미하는가? 우리는 진정성을 높이 평가해야 한다는 사실을 배웠기 때문에 이런 현상은 매우 긍정적이다. 하지만 그와 동시에 기준이 높아진 만큼 우리는 훨씬 다양한 면에서 사람들의 평가를 받게 되었다. 이제는 얼굴 주름이나 허리 둘레뿐만 아니라 맵시 있는 스커트나 정장에도 신경 써야 한다.

외모에 관한 골치 아프고 짜증 나는 문제와 씨름하는 동안 우리는 다음의 질문 세 가지가 가장 중요하다는 생각을 하게 된다. 무엇이 성공을 부르는가? 오늘날 상사와 직장 동료들이 원하는 것이 정확히 무엇인가? 이와 같은 표면적인 요소가 얼마나 중요한가?

인재혁신센터가 수집한 데이터를 살펴보면 처음에는 외모가 그렇게 중요해 보이지 않는다. 우리의 설문조사에 응한 고위 간부의 67%가 진지함을 존재감의 핵심 요소로 꼽았고, 28%가 의사소통 능력을 꼽았다. 그리고 응답자의 5%만이 외모가 존재감의 핵심 요소라고 답했다. 하지만 우리의 정성 데이터(qualitative data)에 따르면 외모가 일종의 '필터'로 작용하는 경우가 많았다. 진지함과 의사소통 능력이 외모를 통해서 평가되는 것이다. 이것이 바로 훌륭한 성과를 거두는 하급 직원들이 중요한 직책을 차지하거나 승진하지 못하는 일이 잦은 이유다. 그들이 리더처럼 보이지 않는 것이다. 다시 말해 외모가 리더답지 않으면 후보 명단에서 탈락하게 된

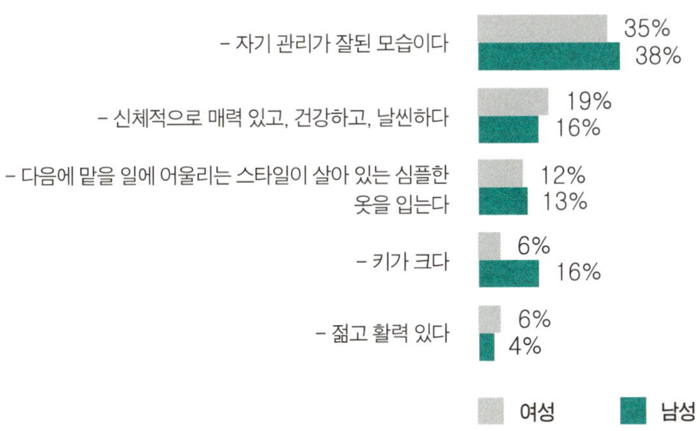

표 6. 외모를 구성하는 가장 중요한 요소

다. 외모 때문에 사람들에게 아무 것도 모른다는 인상을 주면 아무도 당신의 의사소통 기술이나 리더십 능력을 평가할 생각도 하지 않는다.

장기적으로 보면 외모가 말이나 행동만큼 중요하지 않을지도 모른다. 하지만 단기적으로 보면 대단히 중요한 요소다. 외모가 리더다울 때 비로소 기회의 문이 열리고 중요한 일에 참여할 수 있기 때문이다. 그렇다면 고위 리더들이 원하는 것이 무엇인가? 그들이 가장 중시하는 요소가 무엇인가?

필자는 개인적으로 이 요소가 가장 중요하다고 꼽힌 사실이 매우 다행스럽다. 이는 사람들에게 통제권이 있다는 뜻이기 때문이다. 우리의 설문조사에 응한 고위 간부(여성, 남성 모두)의 3분의 1 이상이 '자기 관리'가 남성과 여성 리더의 존재감에 필수적이라고 답했다. 신체적인 매력의 경우 응답자의 5분의 1 미만이 대단히 중요한 요소라고 답했다. 따라서 타고난 특성(체형, 키)이 가장 중요한 것이 아니라 그런 특성을 어떻게 관리하는지가 중요한 것이다. 어느 리더는 인터뷰에서 "신경을 좀 쓴 것처럼 보여야 합니다. 겉모습을 가다듬었다고 사람들이 생각할 수 있어야 합니다."라고 말했다. 필자가 이 데이터를 보여 주고 나면 대부분의 전문직 종사자는 외모를 관리하는 방법을 배울 수 있다는 것, 그리고 타고난 외모대로 살아가지 않아도 된다는 사실에 안심한다.

하버드 의대의 낸시 에트코프(Nancy Etcoff)가 실시한 연구도 이런 사실을 뒷받침한다. 그녀는 피험자 268명에게 여성의 얼굴이 담긴 사진 여러 장을 보여 주었다. 0.25초간 짧게 보여 주기도 하고, 반대로 사진을 자세히 살펴볼 수 있게 시간을 충분히 주기도 했다. 아래의 표에서 볼 수 있듯이 실험에는 여성 3명을 네 가지 방법으로 촬영한 사진이 쓰였다.[52] 네 가지 버전의 '유일한' 차이는 여성이 화장을 한 정도였다. 화장을 전혀 하지 않은 모습부터 진하게 한 모습까지 총 네 단계가 있었다.

에트코프는 피험자들에게 각 여성의 얼굴을 평가해 달라고 부탁

화장기
없는 얼굴　　화장을
최소한으로 한 얼굴　　화장을
적당히 한 얼굴　　화장을
진하게 한 얼굴

표 7. 첫인상

했다. 여성의 매력도, 유능함, 신뢰도, 호감도가 평가 대상이었다.

그렇다면 에트코프와 그녀의 팀원들은 어떤 결론에 이르렀는가? 놀랍지 않게도 여성의 매력도는 그녀가 화장을 얼마나 진하게 했는지에 따라 크게 달라졌다. 화장이 진할수록 반응이 좋았고, 4번 사진이 인기가 가장 높았다. 놀랍게도 여성의 능력, 호감도, 신뢰도 역시 화장한 정도에 따라 평가가 많이 달라졌다. 립스틱을 얼마나 많이 발랐는지가 마치 능력에 영향을 미치기라도 한다는 듯이 말이다! 이번에도 화장을 많이 할수록 유리한 것처럼 보였다. 다만 신뢰가 가장 많이 가는 얼굴로 꼽힌 것은 4번이 아니라 3번 사진이었다. 이는 화장을 많이 하면 인기는 올라가지만 화려해 보이는 여성을 완전히 신뢰하긴 어렵다는 것을 나타낸다.

이 연구에 관한 놀라운 사실 한 가지는 사람들이 사진을 보고 이런 판단을 얼마나 빨리 내렸는지(0.25초)다. 피험자들이 사진을 잠깐 보고 내린 판단은 전혀 달라지지 않았다. 시간의 제약 없이 사진을 살펴보고 결정을 검토할 기회가 주어졌을 때에도 피험자들은 가장 많이 꾸민 얼굴에(능력, 호감도, 신뢰도뿐만 아니라 매력도의 측면에서도) 가장 후한 점수를 매겼다.[53]

외모에 노력을 기울이는 것은 실제로 도움이 많이 된다. 적절한 화장, 깔끔하게 손질한 손톱, 몸에 잘 맞는 청바지(실리콘 밸리), 맵시 있는 재킷(월스트리트), 조심스럽게 손질한 머리는 모두 큰 차이를 부른다. 외모를 가꾸는 노력은 당신이 사람들을 위해 시간과 노력을 기울일 만하다고 생각한다는 사실을 알려 주고, 그들을 위해 약간의 불편을 감수할 의향이 있다는 것도 보여 준다. (목에 자꾸 쓸리는 셔츠 칼라나 발가락을 누르는 10cm짜리 하이힐을 떠올려 보라.) 그런 노력에 긍정적으로 반응하지 않을 사람이 어디 있겠는가! 외모를 가꾸는 것은 곧 존중의 표현이다. 외모에 직장 동료, 고객, 그리고 자신을 존중하는 마음이 반영되는 것이다.

이 사실을 필자의 친구이자 이 책의 공저자인 코넬 웨스트보다 더 분명하게 이해하는 사람은 없다. 그는 사랑받는 학자, 철학자, 운동가이며 권위에 대항하여 바른말을 하는 용기로 매우 존경받는다. 웨스트 특유의 열정적이고 힘이 넘치는 연설을 듣는 것은 영혼을 송두리째 흔드는 경험이다. 여기에는 그의 외모가 큰 역할을 한다.[54] 그의 보디랭귀지도 물론 빠질 수 없다. 몸을 앞으로 웅크리는 덕택에 자유롭게 팔을 흔들고 손짓할 수 있기 때문이다. 웨스트가 말을 전달하는 방식도 인상적이다. 그의 연설은 수많은 불편한 진실을 던지며 최고조에 이르렀다가 청중을 달래는 느낌으로 되돌아오는 노래와 같다.

웨스트의 '유니폼'도 빼놓을 수 없는 핵심 요소다. 검은색 스리피스 정장, 검은색 넥타이, 티 하나 없이 깔끔한 흰색 셔츠(아래로 갈수록 폭이 넓어지는 프렌치 커프스와 반짝거리는 커프스단추), 검은색 스카프, 회중시계의 은색 시곗줄이 모여 유니폼을 완성한다. 그가 다른 옷을 입은 모습은 한 번도 본 적이 없다. 웨스트는 TV 스튜디오에서 뉴트 깅리치(Newt Gingrich) 옆에 앉아 있을 때나 도시의 빈자들에게 아침을 제공할 때나 후텁지근한 8월 오후에 필자의 뒷마당에 앉아 있을 때나 늘 이 유니폼을 입는다. 이런 옷차림으로 밤에 뉴욕에서 택시를 잡긴 어렵지만 웨스트는 외모 덕택에 국가와 실업계 거물들의 관심뿐만 아니라 평범한 사람 수백만 명의 충성심과 사랑도 받는다.

하지만 그의 옷차림에는 독특함 이외의 의미도 있다. 웨스트는 이런 옷차림을 전투복으로 간주한다. 그가 일의 특성상 마주하게 되는 '총알과 화살'을 견딜 수 있게 도와주는 옷이다. 그는 "유니폼을 입으면 든든해집니다. 항상 교전과 전투에 대비하고 있어야 하거든요."라고 말했다. 웨스트는 유니폼에 대해 상당히 깐깐하다. 소맷동의 폭과 바지의 주름에 신경을 많이 쓴다. 그는 설명했다. "바지에 주름이 가지런히 접히지 않은 채로 걸어 다니면 잘 닦이지 않은 신발을 신고 걷는 느낌입니다. 마음이 안정되지 않습니다."

웨스트가 이 유니폼을 입는 것은 자신이 수행하는 임무의 막중함과 자신을 그런 여정에 오르게 한 사람들을 존중하는 마음을 자신과 다른 사람들에게 알리기 위해서다. 그의 정장은 마틴 루터 킹의 '묘지 의상'과 같다. 웨스트의 설명에 따르면 마틴 루터 킹은 자신보다 더 큰 목적을 위해 살고 죽을 것이라는 사실을 스스로 상기하기 위해 그런 옷을 입었다. 웨스트는 말했다. "제가 미소를 짓고, 깔깔 웃고, 투쟁하고, 글을 쓰고, 말을 할 때 희망, 친절, 유머가 녹아 있는 것처럼 보일 수도 있습니다. 하지만 저는 '관에 들어갈 준비'가 되어 있습니다. 저를 배출한 전통이 제가 갈망할 수 있는 최고의 기준을 세워 줬기 때문입니다." 그는 현재 뉴욕에 있는 유니언 신학교에서 종교 철학과 기독교 관례의 교수로 재직 중이다.

그렇다고 해서 당신도 웨스트처럼 스리피스 정장이나 다른 유니폼을 입으라는 말은 아니다. 검은색 옷을 입거나 바지에 주름을 가지런히 잡는 것만이 자기관리라는 말도 아니다. 하지만 외모의 세부사항에 신경 씀으로써 목적의 진지함을 드러내기 위한 노력은 기울여야 한다. 캐주얼한 복장이 당신의 조직 문화에 적합할지도 모른다. 설령 그렇더라도 옷이 몸에 잘 맞아야 하며, 옷의 브랜드와 스타일을 통해 당신이 일, 그리고 함께 일하는 사람들을 매우 진지하게 여긴다는 사실이 드러나야 한다.

비듬이 떨어진 셔츠 칼라, 흠이 난 구두, 부러진 손톱, 구멍 난 팬티스타킹, 수프가 묻은 넥타이 등 자기 관리가 잘 되지 않은 모습을 보이면 사람들의 눈에 성공한 사람으로 비치지 못한다. 사람들은 당신이 문제를 눈치 채지 못했거나 고칠 마음이 없다고 생각하기 때문이다. 인터뷰를 할 때마다 리더들은 외모를 제대로 관리하지 않으면 판단력이 부족하거나 규율을 따를 생각이 없는 것으로 비칠 우려가 있다고 말했다. 둘 중 어느 경우도 사람들에게 좋은 인상을 주지 못한다.

뱅크 오브 아메리카 메릴 린치의 부회장 마크 스테판즈는 말했다. "새로운 사업을 위해 프레젠테이션을 할 때 고객과의 회의에 손으로 휘갈긴 메모를 들고 들어가는 사람은 없을 겁니다. 대신 잘 다듬고 오류가 없는 강력한 파워포인트(또는 프린트물) 자료를 준비하려고 대단히 노력할 겁니다. 자신을 선보이는 방식에도 이와 똑같은 규칙을 적용해야 합니다."

철저한 자기 관리가 깔끔한 첫인상에 관한 것만은 아니다. 경쟁자들과 자신에게 당신이 상황을 완벽하게 통제하고 있다고 알리는 방법이기도 하다. 전직 판사인 다미 베일리는 고등학생일 때 자기 관리의 중요성을 깨달았다고 했다. 재키 글리슨(Jackie Gleason)과 폴 뉴먼이 '허슬러(The Hustler)'에 출연한 것을 본 덕택이었다. 베일리를 놀라게 한 것은 글리슨이 연기한 당구계의 사기꾼 미네소타 패츠(Minnesota Fats)의 태도였다. 패츠는 밤새 벌어진 치열한 접전에도 휴식 시간마다 화장실에서 세수를 하고, 머리를 빗고, 넥타이를 매만지며 평정심을 잃지 않았다.

베일리는 말했다. "자신이 에너지가 넘치고 치열한 도전에도 동요하지 않는다고 상대가 생각하길 원했던 겁니다. 저는 그 장면을 보고 경쟁자를 대할 때마다 심리 게임을 해야 한다는 사실을 배웠습니다. 많이 긴장되더라도 그런 기색을 최대한 보이지 말아야 합니다. 식은땀을 흘리는 모습 또는 지쳤거나 흐트러진 모습을 보여서도 안 됩니다."

그래서 베일리는 얼굴 마사지와 손톱 손질을 정기적으로 받는다. 이발도 자주 한다. 그는 말했다. "중요한 사람을 만난 자리에서 시선을 아래로 내렸을 때 손톱을 손질한 지 2주가 지났다는 것이 보이면 손톱에 뭐가 묻지는 않았을까 걱정되기 시작할 겁니다. 그러면 상황에 집중하기가 어려워집니다. 깔끔한 손톱, 갓 자른 머리, 깨끗한 셔츠는 제 자신감을 늘 키워 줍니다."

결국 자기 관리의 정수는 다음의 황금률이다. '사람들이 당신의 기술과 실적에 집중하지 못하게 방해하는 요소를 제거하라.' 손톱과 머리를 전문가에게 정기적으로 맡겨라. 그리고 체형을 보완해 주는 맵시 있는 옷에 투자하라. 또한 액세서리를 착용하되 화려함을 지나치게 강조하지 마라. 아울러 신체적인 매력을 중시하는 직종에 종사하지 않는 이상 몸매를 과시하지 마라. 남성이든 여성이든 성적인 매력은 사람들의 집중력을 흐트러뜨린다. 체격을 강조하는 셔츠나 가슴을 강조하는 블라우스를 입지 마라. 꽉 조이거나 노출이 심한 바지 또는 스커트도 피해야 한다. 몸매를 강조하는 복장은 사람들의 관심을 빼앗기 때문에 당신의 날카로운 분석력이나 비전 있는 디자인에 관한 전문 지식 또는 설득력 있는 연설이 빛을 발하지 못할 것이다. 이 모든 것은 다음의 기본적인 원칙에 힘을 실어 준다. '청중이 당신의 외모를 보고 주의가 산만해지는 대신 당신의 직업적인 능력에 초점을 맞출 수 있어야 한다.'

집중을 방해하는 성적인 요소를 최소화하는 것은 여성에게 특히 중요하다. 월스트리트에서 근무하며 크게 성공한 여러 여성의 멘토를 맡았던 어느 고위 간부는 성적으로 도발적인 복장이 어떻게, 왜 여성의 존재감을 약화하는지 설명해야 하는 경우가 많았다고 했다. 그는 이렇게 설명했다. "여성 간부가 회의실에 들어갈 때 블라우스의 단추가 세 개 풀려 있고, 블라우스 틈으로 레이스가 달린 검은색 브래지어가 보이고, 스커트는 한껏 올라간 모습이라고 가정해 봅시다. 그러면 회의실에 있는 남성들의 주의가 흐트러지고 말 겁니다. 당신이 업계의 거물이더라도 사람들이 당신의 말을 진지하게 듣지 않을 거고요."

그는 계속 설명했다. "그렇다고 해서 여성 후배들이 덜 여성스럽게 보이길 바라는 것은 아닙니다. 그저 도발적으로 보이지는 않았으면 좋겠다는 겁니다." 그리고 나서 그는 이렇게 추측했다. "몇몇 여성은 마음 속 깊은 곳에서 자신의 힘이 결국은 성적인 매력에 달렸다고 생각하는 것 같습니다. 하지만 기업의 중역실에서 공공연한 성적 매력은 설 곳이 없습니다."

여성의 경우 사람들의 시선을 끄는 것과 사람들의 입을 떡 벌어지게 하는 것 사이에서 줄타기를 해야 하는 것 같다. 그래서 경험에서 우러나온 이런 원칙이 생긴 모양이다. 아메리칸 익스프레스에서 국제 인사부장을 맡은 케리 퍼레이노의 말처럼 "환경에 적합하고 당신의 진정한 모습이 드러나는 스타일을 찾아야" 한다. 그녀의 설명에 따르면 혀에 피어싱을 하는 것이 당신의 진정한 모습일지도 모른다. 하지만 문신 가게에서 일하지 않는 이상 그런 모습이 근무 환경에 적합하지는 않을 것이다. 마찬가지로 돌체 앤 가바나 정장을 입는 것이 당신의 근무 환경에 적합할지도 모른다. 하지만 화려한 디자이너 옷이 당신이 누구인지 보여 주지 못한다면 브랜드에 신경 쓸 필요가 없다. 퍼레이노는 말했다. "당신의 진정성이 드러나지 않는 복장은 내면의 자신감을 떨어뜨립니다. 당신에게 어울리지 않는 스타일, 즉 사람들이 당신을 보며 머리를 긁적일 스타일은 리더로서의 존재감을 약화시킬 수 있습니다."

그것이 바로 두 여성이 똑같은 원피스를 입었을 때 전혀 다른 메시지를 전달할 수 있는 이유다. 옷 자체가 아니라 '당신이 누구인지'가 그 옷이 적합한지 아닌지를 결정한다. 퍼레이노는 아메리칸 익스프레스의 어느 최고위 여성 간부의 이야기를 들려주었다. 그녀는 최근에 열린 여성 리더십 행사에 무릎 위로 올라가는 붉은색 원피스를 입고 연단에 올라 사람들의 찬사를 받았다. 퍼레이노는 말했다. "정말 완벽한 모습이었어요. 노력의 결과였죠. 그분은 그 원피스를 입을 자격이 있었습니다. 아주 멋졌어요. 섹시해 보이려고 했기 때문이 아니라 막강한 힘이 있었기 때문이에요." 퍼레이노는 잠시 생각하더니 미소를 머금고 이렇게 덧붙였다. "그리고 붉은색 원피스의 목선이 깊이 파이지 않았어요. 허벅지가 조금 드러나는 것과 가슴골이 드러나는 것은 다른 문제거든요!"

▶▶▶ 신체적 매력, 건강, 날씬한 몸매

타고난 매력이 있는 사람이 인생의 어려운 고비를 더 쉽게 넘긴다는 사실을 뒷받침하는 연구는 수없이 많다. 그들은 매력이 없는 사람보다 취직이 더 잘 되고, 돈도 더 많이 벌고, 법원에서도 더 좋은 성적을 거둔다.[55] 하지만 다행스럽게도 리더의 존재감은 당신이 영화배우처럼 생겼는지에 달려 있지 않다. 앞서 강조했듯이 자기 관리가 고전적인 이목구비, 균형 잡힌 몸매, 풍성한 머리숱 같은 전통적인 미보다 훨씬 중요하다. 타고난 미보다 신이 주신 선물을 어떻게 관리하는지가 장래가 유망한 인재로서 사람들의 신뢰를 얻는 데 더 중요한 것이다.

우리의 정성 데이터에 따르면 당신이 할 수 있는 가장 중요한 것은 건강하다는 사실을 보여 주는 것이다. 이때 몸무게가 얼마나 나가는지가 아니라 회복력이 얼마나 뛰어난 것처럼 보이는지가 리더의 존재감에 영향을 미친다. 리더의 역할이 매우 고되기 때문이다. 사람들은 대체로 심장마비로 쓰러질 것 같은 인물에게 어려운 일을 맡기지 않는다. "신체가 건강하다는 것은 건강관리가 잘 되어 있다는 뜻입니다. 따라서 사람들에게 맡은 일도 잘 관리할 수 있을 것이라는 확신을 안겨 줍니다."라고 GE의 간부 뎁 일람은 말했다.

이것이 바로 뉴저지의 인기 주 지사 크리스 크리스티가 2013년 초에 위 밴드 수술을 과감하게 받은 이유다. 그는 수술이 정치적 야망과는 관계가 없으며 이미지가 아니라 건강 문제라고 기자들에게 말했다. 하지만 국가의 최고 직책이 걸려 있을 때에는 건강도 이미지에 관한 문제다. 체중이 136kg 정도로 추정되는 크리스티는 체중 때문에 유권자들이 자신의 더 중요한 자질이나 성과에 집중하지 못할 우려가 있다는 것을 깨달았다.[56] 대선 경쟁에서 승리하기 위해서는 비만인 채로 있을 수 없었다. 크리스티보다 키가 5cm 더 큰 오바마의 체중은 82kg이다.[57] 오바마가 요즈음의 전형적인 대통령 체형에 훨씬 가까운 것이다.[58]

체격이 좋은 여성의 경우 건강함을 강조하는 일이 더욱 중요하다. 우리의 연구 결과 여성이 남성보다 뚱뚱한 사람에 대한 고정관념에 더 시달리는 것으로 밝혀졌기 때문이다. 남성과 여성 모두 허리둘레가 굵고 체질량 지수가 높을 경우 실적과 대인 관계에서 효율성이 떨어진다고 여겨진다.[59] "자신감, 자제력, 감정적인 안정감도 부족하다."라는 평가도 받는다.[60] 하지만 체중에 관한 한 여성이 남성보다 더 엄격한 평가를 받는다. 우리의 설문조사에 참여한 리더의 21%가 과체중이 여성 리더의 존재감을 약화한다고 응답한 반면 17%만이 과체중이 남성 리더의 존재감을 약화한다고 답했다.

필자가 인터뷰한 어느 여성 경영자는 "남성이 과체중일 때 사람들의 평가로부터 더 자유로운 것은 분명합니다."라고 털어놓았다.

그녀 역시 과체중에 시달리는 처지였다. "사람들은 체격이 좋은 여성은 프로답지 못하다고 생각합니다. 이것은 부수적인 문제라서 실적 평가에 언급되지도 않습니다. 하지만 과체중인 사람들이 그렇지 않은 사람들과 똑같은 속도로 승진할까요? 그렇지 않다고 생각합니다. 분명 편견이 존재합니다." 우리의 포커스 그룹에서도 남녀 리더 모두 이 의견에 동의했다. "사람들은 과체중인 여성이 자제력이 없고 게으르다고 생각합니다."라고 어느 은행가는 말했다.

그렇다고 해서 체형에 변화를 줘야 한다는 말은 아니다. 비만이 아닌 이상 그럴 필요는 없다. 그보다는 당신이 얼마나 건강하게 보이고 자기 관리를 얼마나 열심히 하는지에 신경을 더 쓰라는 말이다. 옷 사이즈가 무엇이든 운동을 충분히 하여 근육에 탄력을 주어야 한다. 또한 폐활량을 키워 쌕쌕거리지 않고 계단을 올라갈 수도 있어야 한다. 자기 관리에 노력을 더 기울여라. 원하는 사이즈의 옷을 입지 말고 당신에게 실제로 맞는 사이즈의 옷을 착용하라. 외모에 꼼꼼하게 신경 쓴 모습은 당신이 자신과 당신이 속한 조직을 존중하는 마음을 드러낸다. 사람들은 결국 그런 모습을 인상적으로 기억한다.

▶▶▶ 다음에 맡을 일에 어울리는 심플하고 멋있는 복장

백금발의 짧은 머리, 은으로 된 장식 고리가 달린 장갑, 프라다 원피스나 발렌시아가 가죽 레깅스. 이런 복장은 〈코스모폴리탄〉

의 편집장 조애너 콜스의 '유니폼'이다. 그녀에게는 자신만의 멋진 스타일과 퍼스널 브랜드가 있다. 세상에서 가장 악명 높은 잡지의 최고위직을 맡은 만큼 콜스는 사람들의 관심을 대단히 많이 받는다. 따라서 이런 유니폼은 그녀의 역할에 적합한 복장이다. 그녀는 '더 잡(The Job)'에서 자기 자신을 연기하고, '러닝 인 힐스(Running in Heels)'와 '프로젝트 런웨이 올스타(Project Runway All Stars)'에서 패션 디자이너들의 멘토 역할을 했다. 또한 MSNBC의 '모닝 조(Morning Joe)'에 출연하여 구직할 때 면접에 임하는 방법에 대한 통찰력을 시청자들과 공유하기도 했다. 아울러 레이철 조이(Rachel Zoe)의 런웨이 쇼에서 마일리 사이러스(Miley Cyrus)와 이야기를 나누며 사이러스보다 옷을 더 잘 입기도 한 모습이 카메라에 포착되기도 했다.

하지만 콜스가 항상 이런 스타일을 고수한 것은 아니다. 자신만의 스타일을 찾기까지 긴 여정을 거쳐야 했다. 젊은 기자이자 인터뷰 칼럼을 쓰는 작가로서 그녀의 역할은 사람들의 눈에 띄지 않는 것이었다. 그녀는 설명했다. "제가 아니라 제가 인터뷰하는 사람에 초점을 맞췄어요. 검은색이나 남색 바지에 검은색이나 남색 재킷을 입었습니다. 인터뷰 대상을 최대한 안심시키는 표정을 하고 배경에 녹아들려고 노력했죠."

리포터를 그만두고 편집하는 일을 하게 되었을 때 콜스는 헤어스타일을 여러 번 바꿔 보았다. 머리를 빨간색으로 염색하고 길게 길러 보기도 했다. 이런 스타일이 독특한 것은 분명했지만 그녀가 느낀 목적의 심각함이나 그녀의 야망을 드러내기엔 적합하지 않았다. 〈마리 끌레르〉의 편집자로서 공개석상에 자주 서야 할 때가 되어서야 콜스는 존재감을 강화하기 위해 패션 지능을 효과적으로 활용했다. 그녀는 이렇게 털어놓았다. "20~30대에는 외모에 시간을 들인 것처럼 보이면 허영심 있고 진지하지 않은 사람처럼 보일까 봐 걱정했습니다. 하지만 패션은 달라졌고 여성에게 선택사항이 많아졌어요. 이제는 예전에 외모에 시간을 더 많이 투자했더라면 권위가 더 있었을 것이라는 생각이 듭니다."

우리는 누구나 이런 여정에 올라 있다. 우리는 자신만의 스타일을 찾거나 그것을 다듬거나 재창조하고 있다. 갈수록 경쟁이 심화되는 국제경제에서 사람들의 눈에 지속적으로 띄기가 어렵기 때문이다. 나이가 들고 더 높은 직책에 오를수록 외모를 원하는 대로 꾸밀 자유가 생기는 것은 분명하다. 스티브 잡스는 우리 모두가 기억하는 대로 검은색 터틀넥 스웨터와 파란색 청바지만 입었다. 하지만 우리가 오늘날 스타일이 개성 있다고 여기는 인물들은 그런 스타일을 찾고 당당하게 소화하기까지 수년이 걸렸다.

이런 여정의 출발은 당신이 이미 하고 있는 일이 아니라 '하고 싶은' 일에 어울리게 옷을 입는 것이다. 부동산 분석가 칼린다(Ka-linda)는 케이블 TV 스포츠 채널의 금융 분석가로 일할 당시 입었던 '유니폼'을 기억한다. 그녀는 카메라 앞에 서지 않는 여느 직원처럼 캐주얼한 옷차림으로 근무했다. 청바지, 티셔츠, 스웨터가 그녀의 주 복장이었다. 하지만 멘토의 충고에 따라 지나치게 캐주얼한 옷차림에서 벗어나 바지와 블레이저를 입었다. "훨씬 보기 좋았습니다. 자신감도 더 생겼고요."라고 그녀는 인정했다. 상사들도 동의했다. 복장에 변화를 준 지 몇 달이 지나자 칼린다는 큰 출시 건을 맡았고 신입 사원 채용도 감독하게 되었다. 그녀는 말했다. "전부터 이런 일을 맡고 싶었고 실적도 항상 좋았습니다. 하지만 제가 이미 하고 있는 일이 아니라 원하는 일에 어울리는 옷차림을 하기 시작했을 때서야 사람들이 제가 승진할 준비가 되었다고 생각했습니다."

세련된 스타일에 자신만의 독특한 패션 소품이나 포인트를 더하라. 남성의 경우 이것은 색이 화려한 양말, 재미있는 넥타이, 빈티지 풍의 커프 링크스, 독특한 구두 또는 대담한 스타일의 시계가 될 수 있다. 여성의 경우 선택사항이 더 많은 편이다. 마가렛 대처는 로너(Launer) 핸드백을 휘두른 것으로 유명하여 'handbagging(핸드배깅)'이라는 말이 생겼을 정도다. 이는 정적(政敵)을 대처 스타일로 강압한다는 뜻이다. 매들린 올브라이트(Madeleine Albright)는 정장에 매번 독특한 브로치를 달고, 코넬 웨스트는 조심스럽게 관리하는 아프로 헤어스타일을 통해 장관처럼 보이는 외모에 생기를 준다.

드레스 코드가 엄격할수록 또는 드레스 코드를 적극적으로 수용할수록 그것을 두드러지는 방식으로 개인에게 맞추는 작업이 필요하다. 자신만의 독특한 스타일을 통해 사람들이 당신에게서 무엇을 기대하는지 당신이 안다는 것, 그리고 당신이 그 사실을 수용할 의향이 있다는 것이 드러나야 이상적이다. 하지만 그와 동시에 개성을 표현할 만큼 냉정한 것도 중요하다.

당신만의 독특한 스타일에는 당신뿐만 아니라 당신이 점유하는 물리적인 공간도 포함된다는 사실을 기억하라. 신체와 마찬가지로 사무실 역시 당신의 퍼스널 브랜드를 알리기 위한 매개체다. 고위 간부들의 사무실을 보면 그들은 자신의 이미지와 브랜드를 대대적으로 알릴 수 있게 가구와 물건을 선택한다. 예를 들면, 〈보그〉의 편집장 안나 윈투어(Anna Wintour)의 사무실에는 흑백 패션 사진이 온 벽과 창턱을 가득 메운다. 하지만 흰색, 금색과 은색 약간, 유리로 된 탁상 등 절제된 색채의 배합 덕택에 사무실 전체가 윈투어처럼 부티 나고 세련되고 아름다운 느낌을 준다.

반면 나이키의 CEO 마크 파커(Mark Parker)는 나쁜 남자 포스터, 장난감, 시제품, 팝아트, 저속한 수집품 등으로 가득한 공간에서 일한다. 이런 곳에서 어떻게 일을 할 수 있는지 놀라울 지경이다. 필자가 그런 사무실에서 일했더라면 일이 손에 잡히지 않았을 것이다. 하지만 그것이 요점이 아니다. 파커는 자신이 나이키라는 브랜드와 모순되는 대신 브랜드의 연장선상에 있다고 생각한다. CEO는 실제로 기업을 대표하는 얼굴이며, 기업과 퍼스널 브랜드가 일치하게 하는 것이 현명하다.

1988년에 민주당의 대통령 후보였던 마이클 듀카키스(Michael Dukakis)는 두 가지 일로 역사에 남을 것이다. 첫째는 대통령이 될 사람이 헤드셋에 의해 완파당한 것처럼 찍힌 유명한 탱크 사진이다. 둘째는 운전면허증에 명시된 177*cm*에 한참 못 미쳤던 키다.[61]

키가 186*cm*였던 조지 허버트 부시는 자신도 이미지 문제('우리 겁쟁이가 너희 새우를 누를 수 있다.'라고 쓰인 자동차 범퍼에 붙이는 공화당 선전 스티커가 있었다.)에 시달리고 있는데도 듀카키스를 쉽게 눌렀다. 남성 리더의 키가 작은 것이 예전이나 지금이나 큰 결점과 너무나 쉽게 연결되기 때문이다. "키가 작으면 사람들이 당신을 약하게 여긴다."라고 《대통령 프로젝트(Project President: Bad Hair and Botox on the Road to the White House)》의 저자 벤 샤피로(Ben Shapiro)는 설명했다. 그는 듀카키스가 국방을 감당하는 데 '심각하게 약한' 모습으로, 그리고 범죄를 소탕하는 데 '약한' 모습으로 비쳤다고 언급했다.[62]

여성의 리더십 잠재력이 불합리하게 체중과 관련이 있다면 남성의 리더십 잠재력은 불합리하게 키와 관련이 있다. 우리의 설문조사에 참여한 응답자의 16%가 큰 키가 남성 리더의 존재감에 기여한다고 답했다. 큰 키가 여성 리더의 존재감에 기여한다고 답한 응답자는 6%에 불과했다. 이런 편견은 대통령 선거에서 가장 두드러지게 나타난다. 듀카키스가 대통령 선거에 출마한 이래 백악관의 대통령 집무실 책상 앞에 앉은 모든 남자의 키가 183*cm*를 넘었다.

또한 미국의 역대 대통령 선거를 살펴보면 키가 더 큰 후보가 승리한 비율이 무려 17:8이다.[63]

　그렇다면 키가 작을 경우 어떻게 해야 하는가? 이 문제에 관해서는 여성에게 비장의 무기가 있다. 작은 키를 보완하기 위해 여성이 원 없이 사용하는 하이힐이다. 얼라이언스번스타인(AllianceBernstein)에서 인적자원부를 이끌고 있는 로리 마사드는 10cm짜리 하이힐을 신었다가 꾸지람을 들은 적이 있다고 했다. 남성 동료 한 명이 구두가 부적절하다고 지적한 것이다. 그때 그녀는 "당신을 위해서 이 구두를 신은 게 아니라서 다행이네요."라고 응수했다. 그러고는 필자에게 그 구두가 "영향력이 막강하고 키가 큰 것처럼 느껴지게 해 준다"고 설명했다. 마사드는 그 하이힐을 포기할 생각이 전혀 없었다.

　하지만 남성의 경우 듀카키스의 선거 운동에서 보듯이 이미지 문제를 악화시키는 위험을 감수하지 않고 할 수 있는 일이 별로 없다. 어느 시점엔가 듀카키스의 참모들은 그가 연단에 설 때마다 흙더미 위에 서게 했다. 그러나 흙더미에서 내려서자 부시와의 키 차이만 더욱 두드러졌다.[64] 키가 문제가 되지 않게 하는 최선의 방법은 뉴욕 시장 마이클 블룸버그(Michael Bloomberg)에게서 한 수 배우는 것이다. 블룸버그의 애인 다이애나 테일러(Diana Taylor)는 뉴욕 주 은행국 은행 감독관 출신이다. 문제는 테일러의 키가 블룸버그보다 10cm는 큰 데다 '킬힐'을 신고 그의 옆에 나타나길 좋아한다는 것이다. 하지만 테일러가 〈허핑턴 포스트〉와 진행한 인터뷰에 따르면 블룸버그는 그녀가 예뻐 보이는 것을 즐기기 때문에 키 차이에 신경 쓰지 않았다.[65] 머리가 여자 친구의 어깨까지만 오는데도 사진에 함께 찍히는 것을 걱정하지 않는 남자를 약하다고 생각할 사람은 없을 것이다.

▶ ▶ ▶ 젊고 활력 있는 모습

우리의 설문조사에 참여한 리더들 역시 젊어 보이는 것이 남성과 여성 리더 모두의 존재감에 긍정적인 영향을 미친다고 응답했다. 날씬한 몸매나 건강과 마찬가지로 젊어 보이는 것이 일에 차질이 생겨도 굴하지 않고 책임을 다할 활력이 있다는 것을 암시하기 때문이다. 직업인들의 여러 가지 일화에 따르면 여성이 '사람들에게 받아들여지는 연령'의 범위는 남성보다 좁다. (이 부분은 다음 장에서 더 자세히 살펴보기로 한다.) 하지만 성형수술 통계는 남녀 모두 인상적이다. 여성과 마찬가지로 남성도 믿기 어려울 만큼 성형수술에 거금을 쏟아 붓는다. 모발 시술이 좋은 예다. 남성은 모발 이식과 대머리가 되지 않도록 돕는 다른 여러 가지 시술에 매년 18억 달러를 쓴다. 실제로 남성의 풍성한 머리숱은 젊음과 활기를 나타낸다. (로널드 레이건의 풍성한 머리숱 덕택에 유권자들은 69세였던 그가 역대 미국 대통령 중 나이가 가장 많다는 사실을 무시할 수 있었다.)[66]

남성과 여성 모두 연령주의(ageism: 상대방의 연령대에 따른 고정관념 때문에 그 사람을 차별하는 태도 -역주)의 해결책으로 성형 수술을 찾기도 한다. 얼굴 리프팅은 증가하는 추세다. 2012년에 시술 건수가 12만6,000건으로 2011년보다 6% 증가했다. 보톡스 시술도 여전히 인기가 좋다2012년의 보톡스 시술 건수는 610만 건으로 2011년보다 8% 늘어났다.[67] 보톡스 주사를 맞는 남자가 워낙 많아진 나머지 '브로톡스(Brotox: Bro와 Botox의 합성어 -역주)'라는 속어가 생겼을 정도다.[68] 하지만 여성의 젊음을 되찾아 주는 가장 강력한 비법은 '팔뚝 리프팅'이다. 이 시술을 받는 여성의 비율은 2000년 이후 무려 4,400%나 증가했다.[69]

나는 50대에 새로운 조직을 설립하고 새로운 커리어를 찾아 나섰다. 따라서 근육이 살짝 드러나는 탄력 있는 팔보다 중년 여성의 활력을 더 나타내 주는 것은 없다고 단언할 수 있다. 직접 말하긴 쑥스럽지만 나의 팔뚝은 정말 멋지다. 미셸 오바마의 팔뚝에는 못 미치지만 근접하긴 한다. 나는 날마다 격한 수영을 즐긴다. 수영은 영혼을 달래 주고 몸에 탄력을 준다. 그래서 요즈음 일할 때 입는 옷은 대체로 핏이 슬림하게 나온 목선 높은 민소매 원피스다. 마이클 코어스(Michael Kors)의 옷을 추천한다. 소매가 없는 옷차림이 항상 적합한 것은 아닌 만큼 원피스에 맵시 있는 재킷을 얹거나 우아한 스카프를 두르는 경우가 많다. 하지만 내가 재킷을 벗고 이두박근을 선보이며 앞에 놓인 일을 처리할 수 있다는 것을 증명하지 못하게 하는 상황은 드물다.

활력이 넘치는 모습으로 사람들에게 강한 인상을 남길 수 없다면 적어도 노화의 흔적을 최소화하고 어느 질환이든 대단치 않게 여겨야 한다. 프랭클린 델라노 루스벨트가 장애를 어떻게 감당했는지 생각해 보라. 루스벨트는 젊지도 않았고 활력도 없었다. 그런데도 자신이 젊고 활력이 있다고 세상을 설득했고, 대통령에 유례없이 네 차례나 당선되었다. 유권자들은 그가 소아마비에 시달리고 있다는 사실을 알았다. 일부 공화당원은 루스벨트가 '불구자'인만큼 대통령직을 수행하기에 적합하지 않다며 그의 질환을 악용하려고 했다.[70] 그러나 루스벨트는 정적들이 자신의 신체적인 제약을 이용하지 못하게 방지할 때를 제외하고는 소아마비에 걸린 사실을 숨기지 않았다. (그는 대통령 임기 동안 훗날 소아마비 구제 모금 운동(March of Dimes)으로 거듭나는 조직을 설립하기도 했다.)[71] 그는 반드시 자신이 아무런 도움 없이 서 있는 모습의 사진이 실리도록 언론에 협조를 요청했다. 그 결과 루스벨트는 장애를 딛고 승리하여 무시무시한 도전 과제들을 해결하는 리더라는 인식이 퍼졌다.

외모에 관한 모든 요소를 충족할 필요는 없다는 것은 희소식이다. 하이힐을 신으면 발가락이 꼬집히는 아픔이 느껴져 강렬한 프레젠테이션을 선보일 수 없다면 플랫슈즈를 신는 대신 맵시가 뛰어난 스커트나 원피스로 사람들의 시선을 돌려라. 중요한 것은 외모가 메시지를 전달하는 수단이라는 사실을 기억하는 것이다. 따라서 외모 때문에 청중의 주의가 산만해지거나 당신이 나타내는 것 또는 말하고자 하는 내용의 영향력이 약해져서는 안 된다.

실수

외모에 관한 실수를 저지르지 않는 것(이는 편견을 피하는 것을 포함하는 경우가 많다.)은 대단히 중요하다. 이는 앞서 살펴본 외모를 구성하는 가장 중요한 다섯 가지 요소를 충족하는 것만큼이나 중요하다.

여성의 경우 선정적인 옷차림이 외모에 관해 저지를 수 있는 최악의 실수다(표8 참고). 직급이 높은 남성은 지나치게 성적인 여성 동료 때문에 애가 타기도 하지만 그런 동료를 무서워하기도 한다. 이들이 무서워할 이유는 충분하다. 섹스는 능력과 야망이 있는 남성 리더를 혼란스럽게 하는 것처럼 보인다. 그들이 이성을 잃고 바보 같은 짓을 하는 모습을 보라. 앤서니 위너와 엘리엇 스피처(Eliot Spitzer)가 떠오른다. 부하 직원과 부적절한 관계를 맺는 것보다 직급이 높은 남성의 커리어를 끝장낼 만큼 강력한 것은 없다.

2010년에 인재혁신센터에서 실시한 연구에 따르면 직장에서 부적절한 관계(실제든 추측이든)는 독약과 같다. 관계를 맺은 양측 모두에게 심각한 처벌이 가해지기 때문이다. 남성 고위 간부의 무려 64%가 능력 있는 여성 부하 직원과 둘이서만 연락을 주고받길 주저한다. 아무래도 사람들에게 잘못된 인식을 심어 주어 커리어에 타격을 입거나 고소당하는 일이 생길까 봐 겁을 내는 것 같다. 그래서 이들은 가슴골이 보이는 블라우스, 허벅지가 많이 드러나는 스커트, 볼륨 있는 몸매에 달라붙는 니트 원피스에 격한 반응을 보인다.

멋지지도, 단정하지도 않은 옷차림은 남성이 저지를 수 있는 최악의 실수로 꼽혔으며, 여성의 경우에는 끝에서 두 번째로 꼽혔다. 고위 간부의 무려 76%가 구김이 간 재킷, 몸에 잘 맞지 않는 칼라, 헐렁하거나 벨트를 하지 않은 바지, 흠이 난 구두 등 흐트러진 옷차림이 남성 리더의 존재감을 약화한다고 말했다. 그들은 인터뷰에서 외모가 흐트러지면 게을러 보이고 청중의 주의가 산만해진다고 설명했다. 어느 리더는 "옷에 케첩이 묻어 있거나 넥타이에 소스가 묻어 있으면 사람들의 시선이 거기로 갑니다. 그러면 그 사람의 더 실질적인 자질에 집중하기가 불가능해집니다."라고 말했다.

따라서 옷이 헐렁하거나 지저분해 보이지 않도록 노력해야 한다. 구두를 닦고, 겨드랑이 부분에 얼룩이 진 블라우스는 버려라. 터진 단은 수선하고, 너무 긴 바지는 기장을 줄여라. 옷을 다리는 것도 잊지 말아야 한다. 이런 꼼꼼한 모습은 주위 사람들에게 당신이 자신 또는 맡은 일이 지저분해지는 것을 두고 보지 않겠다는 메시지를 전한다.

그런데 마음이 불편한 연구 결과가 있다. 우리의 설문조사에 참여한 응답자들이 외모에 관한 실수를 적은 목록을 제출했는데 여성이 조심해야 할 사항이 남성보다 두 배나 많았다. 사람들은 남성보다 여성을 평가할 때 시각적인 특징에 더 신경 쓰고 부족한 면을 더 많이 찾아내는 것처럼 보인다. 화장을 예로 들어 보자. 커리

표 8. 외모에 관한 실수

어우먼은 화장을 너무 적게 해도 안 되고 너무 많이 해도 안 된다. 하지만 남자의 경우 TV에 출연하는 앵커가 아닌 한 화장은 문제가 되지 않는다.

사람들은 여성을 남성보다 더 가혹하게 평가한다. 이번에는 체중을 보자. 여성의 경우 과체중이기만 해도 후보에서 탈락할 우려가 있지만 남성은 비만이 아닌 이상 후보에서 쉽게 제외되지 않는다. 여성이 어떻게, 왜 이토록 면밀한 검토에 시달리고 더 높은 기준을 충족해야 하는지 제5장에서 더 자세히 살펴보기로 한다. 여기에서는 이런 비판에서 성별에 따른 편견의 기미가 보인다고 짚고 넘어가면 충분하다. 무디스의 린다 휴버는 이렇게 지적했다. "여성이 지켜야 하는 무언의 규칙 또는 불문율이 남성보다 훨씬 많습니다. 시대가 변하면서 진전은 있었지만 상황이 이대로 유지될 가능성이 큽니다."

통제권은 당신에게 있다

여성으로는 처음이자 유일하게 영국의 총리를 지냈던 마가렛 대처는 1979년에 미하일 고르바초프와의 역사적인 만남이 있기 한참 전에 자신이 물러서는 여자가 아니라는 것을 증명해 보였다. 그녀는 에드워드 히스의 내각에서 실업률이 역대 최고치를 경신하더라도 정부의 개입보다는 개인의 역량을 강화하는 편을 택하는 새로운 유형의 보수당원으로 떠올랐다. 대처는 원칙을 굽히거나 국민들의 불만에 동요하지 않았다.

그래서 소련이 그녀를 폄하하기 위해 '철의 여인'이라는 별명을 붙여주었을 때 그녀는 그 이미지를 즉각 받아들였다. 자신의 강한 의지와 여왕 같은 태도에 경의를 표하는 별명이었기 때문이다. "저는 오늘 레드 스타 쉬폰 야회복을 입고, 화장을 부드럽게 하고, 머리에 가볍게 웨이브를 준 채 서방 세계의 '철의 여인'으로서 여러분 앞에 섰습니다." 대처는 1976년 1월 자신의 핀츨리(Finchley) 선거구에서 보수당원들을 두고 한 연설에서 이렇게 말했다.[72] 그녀는 자유세계의 여성적인 여성 리더로 비치는 것을 매우 좋아했다.

대처는 자신이 나타내는 모든 것에 대항하는 독재자들에게 공포와 존경심을 서서히 주입하는 리더로 비쳤다.

사실 그럴 만했다. 대처의 이미지는 그녀가 신중하게, 그리고 의식적으로 가꾼 것이었다. 그녀는 목소리만큼이나 외모를 다듬는 데도 공을 들였다. '이미지 변신'이라는 말이 채 생기기도 전에 고든 리스(Gordon Reece)의 도움을 청했다. 리스는 TV 프로듀서이자 마케팅 중역이었다. 그는 히스 내각이 내핍 상태에 처해 대처가 '우유 도둑(Milk Snatcher: 초등학생의 무료 우유 급식을 중단해 붙은 별명. Thatcher라는 이름과 운이 맞음 -역주) 마가렛 대처'로 불리던 시절에 훌륭하게도 그녀를 남에게 위협이 되지 않는 주부로 비치게 했다. 1979년 선거에서 그녀가 승리했을 때에는 명품 의류회사 아쿠아스쿠텀(Aquascutum)의 도움을 받게 하기도 했다.

대처는 자신의 전기 작가에게 말했다. "고든은 그야말로 훌륭했습니다. 고든은 정책이 적합한 것만으로는 충분하지 않다는 사실을 이해했어요. 그는 그런 정책을 성공시킬 때 보기 좋아야 할 필요성을 알았습니다."[73] 고든 리스 덕택에 그녀는 실제로 보기가 좋았다. 대처의 소련 방문을 위해 아쿠아스쿠텀의 신망 있는 디자인 팀을 이끄는 마리안 에이브러햄스(Marianne Abrahams)는 그녀의 몸에 꼭 맞춘 투피스 정장과 그녀를 잘 표현하는 코트 일곱 벌을 준비했다. 대처가 매일 코트를 하나씩 입고 아름답고 잘 관리된 모습으로 국가를 운영하도록 하기 위해서였다.[74]

대처가 선택한 스타일은 둥글고 높이 솟은 머리, 커다란 진주 장신구, 선이 굵고 어깨가 넓은 정장, 무시무시한 핸드백이었다. 대처가 이런 스타일로 효과를 톡톡히 보자 그 시대의 다른 여성 리더들도 금세 그녀를 따라했다. 〈워싱턴 포스트〉의 발행인 캐서린 그레이엄(Katharine Graham)은 대처와 꼭 닮았을 정도였다. 미국 외교관 매들린 올브라이트는 대처를 따라서 정장 옷깃에 큰 브로치를 달아 자신만의 스타일을 만들었다. 머리를 크게 강조하는 헤어스타일과 어깨심 덕택에 여성은 직장에서 중요한 인재로 거듭났다. 대처는 검은색 로너 핸드백을 서류 가방으로 이용했는데 이 핸드백은 여성이 직장에 들고 다니는 패션 소품의 크기, 색, 패션에 영향을 미쳤다. 여성이 로너 핸드백을 활용하여 자신의 영향력을 강화하기도 했다.

"그분은 처음부터 이미지의 중요성을 아셨습니다."라고 《첫 여성 총리, 매기(Maggie: The First Lady)》의 저자 브렌다 매덕스(Brenda Maddox)는 말했다. "옷차림에 시간을 투자해야 했지만 결과는 완벽했습니다. '파워 드레싱'이라는 말이 생기기도 전에 그것을 마스터했죠."[75)]

대처의 이런 배경은 이미지가 타고난 것이 아님을 강조한다. 리더는 이미지를 만들어 나가며, 그 과정에서 도움을 받는 경우가 많다. 리더는 이미지를 부지런히 다듬고 관리한다. 이미지를 망칠 우려가 있는 실수를 저지르지 않기 위해 애쓰기도 한다. 리더로 보이려면 당신도 그래야 한다.

전술

외모에 관한 문제는 마치 최후의 개척지와 같다. 이 문제를 철저하게 조사한 사람이 없어서가 아니라 다양한 근무 환경에 적용할 수 있는 가이드라인을 제시한 사람이 거의 없기 때문이다. 물론 단 하나의 '옳은 스타일'이 있는 것은 아니다. 기업문화의 여러 가지 신호에 주목하고 주위에 있는 리더들을 연구하여 당신이 속한 환경에서 리더의 존재감을 나타내는 것이 무엇인지 알아내야 한다.

다행스럽게도 우리는 정성적 연구를 실시하며 다양한 직종과 산업에 종사하는 여러 경영인과 이야기를 나누었다. 그래서 그들이 제시한 외모에 관한 통찰력을 소개할 수 있다. 그들의 이야기와 조언을 들으면 적어도 당신의 외모를 자각하고 훨씬 '의도된 모습'을 보일 수 있을 것이다. 이는 외모에 관한 문제를 완벽하게 해결하는 데 대단히 중요한 과정이다.

▶▶▶ 강점을 살려라

미녀 배우 올리비아 와일드(Olivia Wilde)는 커리어 초기에 바지 위에 커다란 캐시미어 터틀넥 스웨터를 입고 오디션에 가려고 했던 일을 회상했다. 하지만 그녀의 상사가 기겁하며 앞길을 가로막았다. "올리비아, 그게 대체 무슨 짓이죠? 그런 옷을 입어서는 안 됩니다! 몸에 딱 달라붙는 섹시한 옷을 입어야죠!" 와일드는 깜짝 놀랐다. 자신의 연기에 확신이 있는 진지한 배우로서 그녀는 관객이 자신의 몸매가 아닌 연기에 초점을 맞추길 바랐다.

그녀의 상사는 이야기를 인내심 있게 들으며 이해한다는 듯이 고개를 끄덕였다. 그러고는 그녀의 말을 자른 뒤 설명했다. "성적인 매력만으로 어필하고 싶지 않다는 것은 이해합니다. 하지만 당신처럼 볼륨 있는 몸매를 감추고 오디션에 나서는 것은 말도 안 됩니다. 그것은 당신이 몸매가 좋다는 사실을 모르고 있다는 것을 나타내기 때문입니다. 심지어 성숙하지 못한 배우처럼 보일 수도 있어요. 영화계는 배우의 몸매와 같은 자산을 살려서 돈을 버는 산업이니까요." 와일드는 그제야 비로소 이해했다. 그녀는 결국 옷을 바꿔 입었고 오디션을 통과했다.[76]

▶ ▶ ▶ 전문가의 도움을 청하라

백화점의 화장품 매장을 찾아가서 메이크업 전문가와 상의하라. 아니면 퍼스널 쇼퍼를 고용하라. 이미지 상담가를 고용하는 방안도 생각해 보라. 조언을 얻기 위해 비용을 미리 투자하면 돈을 많이 아끼고 큰 대가가 따르는 실수를 방지할 수 있다.

▶▷▶ 얼마나 멋져 보이는지가 중요한 것이 아니라
청중에게 얼마나 적합해 보이는지가 중요하다

제약회사 브리스톨 마이어스 스큅(Bristol-Myers Squibb)의 어느 영업사원은 여성 팀원을 집에 돌려보내야 했던 일화를 소개했다. 그녀가 뉴저지 주의 프린스턴에 있는 병원에서 프레젠테이션을 하는 자리에 여름용 드레스와 오픈토 구두를 신고 나타났기 때문이다. 영업 사원은 이 젊은 여성에게 말했다. "우리는 사람들의 생사가 걸린 결정을 내리시는 분들을 만나러 가는 겁니다. 소풍 가는 것처럼 보이는 모습으로 그분들이 수행하는 임무의 진지함을 이해한다고 그분들을 설득하길 바랄 수는 없습니다." 이 사건을 비롯한 다른 여러 가지 사건을 돌아보며 이 영업사원은 필자에게 이렇게 말했다. "사람들이 자신을 넘어서서 생각하지 못하는 모습을 너무나 자주 봅니다."

▶▷▶ 옳다는 느낌이 들지 않는다면 그 느낌을 따르라

아메리칸 익스프레스의 케리 퍼레이노는 직장에 입고 갈 옷에 대해 고민하는 여성에게 "머릿속에서 들리는 작은 불안한 목소리에 귀를 기울이라"고 충고한다. "목선이 깊어서 가슴골이 너무 많이 보이지 않도록 온종일 블라우스 뒤쪽을 잡아당겨야 한다면 그 블라우스가 불편한 것이죠. 그럴 경우 그 블라우스를 입어서 자신감을 얻을 수 없습니다."라고 그녀는 설명했다. 그러고는 이렇게 덧붙였다. "근무 복장은 갑옷이나 마찬가지입니다. 그 옷을 입고 불안감이 커지는 대신 천하무적인 것처럼 느껴져야 합니다."

▶ ▶ ▶ 캐주얼한 문화를 조심해라

필자는 작년 6월 칸 라이언즈 페스티벌(Cannes Lions Festival)에서 열리는 '미친 남자들을 넘어서서(Beyond Mad Men)'라는 제목의 기조연설에 초청받았다. 이 축제는 매년 열리는 화려한 국제 광고 행사다. 인터퍼블릭 그룹의 CEO 마이클 로스(Michael Roth)는 돈 드레이퍼(Don Draper)가 요즈음 기대에 부응하지 못한다는 의견에 필자가 힘을 실어 주길 원했다. 그는 광고계의 상위층에 여성이 더 많이 필요하다는 메시지를 전하고 싶었다. (상위 50개 기업의 광고 제작 감독 중 3%만이 여성이다.)

나는 로스를 돕기로 했다. 그래서 성 지능이 광고계의 수익에 미치는 중요성에 대해 설득력 있는 주장을 펼쳤다. 하지만 훌륭한 프레젠테이션과 상관없이 필자는 주위를 둘러보고 겸허한 마음이 들었다. 미친 남자들(과 몇몇 미친 여자들)이 모인 자리를 보니 이미지가 전부인 분야에서 여성이 얼마나 이미지 문제를 감당하기에 불리한지 알 수 있었다. 이 축제의 '창의적인 사람들'이 혀를 내두를 만큼 멋진 것은 아니었다. 그들은 여느 40~50대와 마찬가지로 주름이 있고 배가 나온 성숙한 전문직 종사자들이었다. 문제는 그 자리에서 멋지고 세련된 것으로 여겨진 스타일이 남성에게 분명히 유리했다는 것이었다. 이 광고 축제의 록스타들이 선보인 스타일은 이틀 동안 면도를 하지 않아서 까칠하게 자란 수염, 주문 제작한 반바지, 유명 디자이너가 만든 슬리퍼였다. 상황이 그러니 창의력이 얼마나 뛰어나든 여자들이 어떻게 이런 스타일을 소화할 수 있겠는가?

이런 성별의 격차는 시상식에서 더욱 뼈저리게 드러났다. 머리가 태평스럽게 벗겨지고 있고 회색 수염이 무성한 남자들은 신뢰가 가는 고위 간부처럼 보이면서도 창의적인 모습이었다. 하지만 여자들은 그저 축제에 어울리지 않아 보였다. 정장을 입은 여자들도 있었지만 스커트와 팬티스타킹 때문에 불편하고 답답해 보였다. 다른 여자들은 비싼 캐주얼 룩을 선보였으나 대체로 역효과가 났다. 아무리 비싸더라도 반바지와 슬리퍼를 신고 창의적인 록스타나 고위 간부처럼 보이는 45세 여성은 극히 드물다. 그녀들은 록스타는커녕 해변으로 향하는 것처럼 보일 뿐이었다. 그렇다고 해서 남자처럼 수염을 기를 수도 없지 않은가.

▶▶▶ 역할에 계속 몰입하기 위해 의상을 계속 착용하라

필자의 동료 한 명은 사무실 문 뒤에 항상 정장 상의를 걸어 두는 상사에 대해 이야기했다. 고객이나 상사가 갑자기 들어와서 좋은 인상을 남겨야 할 때에 대비하기 위해서다. 하지만 이는 잘못된 전략이다. 첫째로, 만나는 사람 중 누구에게 좋은 인상을 남겨야 하는지 항상 알 수는 없는 노릇이다. 그런 사람을 언제, 어디서 만나게 될지 항상 예측할 수도 없다. 둘째로, 진지함은 문 뒤에 걸어뒀다가 필요할 때 입는 것이 아니다. 앞서 살펴봤듯이 세련되고 멋진 스타일은 당신이 동료와 고객을 존중하는 사람이고 다른 사람들의 존중을 받아 마땅한 사람이라는 사실을 나타낸다. 정장 상의를 급히 걸친다고 해서 속을 사람은 없다. 최고의 모습으로 최고의 성과를 거두려면 최고처럼 '보이도록' 노력해야 한다. 최고의 스타일은 사전에 얼마나 심사숙고하고 세부사항에 얼마나 신경 쓰는지에 달렸다. 이는 행동보다는 마음가짐의 문제다. 그러니까 정장 상의를 입은 채 사무실에 들어서고 집에 돌아가기 전까지는 벗지 마라.

▶▶▶ 짤랑거리는 액세서리에 메시지가 묻히지 않게 하라

프레젠테이션을 할 때 짤랑거리는 장신구를 착용하는 것은 이상적이지 않다. 린다 휴버는 필자와의 인터뷰에서 이렇게 말했다. "당신이 전달하는 메시지가 아닌 다른 것에 청중의 관심이 쏠리는 것은 좋지 않습니다."

▶▶▶ 결정에 확신이 서지 않을 땐 스폰서에게 의지하라

영국의 평등인권위원회의 전 의장 트레버 필립스는 부총리에게서 쉐브닝(Chevening)으로 초대를 받은 사연을 소개했다. 쉐브닝은 부총리와 외무장관이 함께 사용하는 시골의 조용하고 위엄 있는 별장인데 미국으로 치면 캠프 데이비드(Camp David)에 해당한다. 케임브리지를 졸업한 그의 약혼녀는 어떤 옷을 입어야 하는지 물었다. 필립스는 옷에 대해 걱정할 필요가 없다고 말했다. "바보 같이 굴지 말아요. 제가 어떤 옷을 입어야 하는지 알아 오세요."라고 그녀는 집요한 태도를 보였다. 그래서 필립은 부총리의 비서에게 전화를 걸어 드레스 코드가 없다는 대답을 들었다. 그리고 그 소식을 곧 아내가 될 사람에게 전했다. "정말 바보 같군요."라고 그녀는 나무랐다. "드레스 코드가 없다는 말은 그것을 모르면 거기 참석할 자격이 없다는 뜻이에요."

카리브해 태생의 아프리카계 런던 토박이인 필립스는 스폰서의 조언을 구했다. "만일 저처럼 이런 세상에 익숙하지 않다면 도움을 구하는 것이 필수입니다. 당신이 상황을 이해하도록 도울 능력도 있고 당신에게 관심이 많아 실제로 도와 줄 사람을 찾아야 합니다."라고 그는 말했다.

▶▷▷▶ 구체적인 피드백을 요청하고 비판을 있는 그대로 감당할 수 있다는 사실을 알려라

누군가에게 외모에 대해 조언하는 일은 어렵고 벅차다. 그것이 바로 잘 알 만한 사람들이 실수를 그토록 많이 저지르는 이유다.

(피드백이 실패로 돌아가는 것에 대해서는 제5장에서 더 자세히 살펴보기로 한다.) 그러니까 사람들을 편하게 해 주라. 여러 상사에게 옷차림, 헤어스타일, 자기 관리에 대한 피드백을 요청하라. 그러고는 그들이 관찰하고 제안하는 사항을 트집을 잡는 일이 아닌 건설적인 지도로 받아들이겠다고 안심시켜라. 상사가 실수를 지적하면 그것을 바로잡는 방법을 알아듣는 데 최선을 다하라. 방어적인 태도를 보이는 대신 약속한 대로 조언에 귀를 기울여라. 당신이 무엇을 잘못하고 있는지 듣는 일은 괴로울 것이다. 하지만 첫인상을 뒤집기엔 너무 늦었을 때 다른 사람을 통해 실수에 대해 알게 된다면 얼마나 더 괴로울지 생각해 보라.

▶▶▶ 자유를 더 많이 누릴 수 있게 노력하라

리더의 존재감이 있다는 것은 사람들에게 신뢰와 자신감을 불어넣는다는 것이다. 그 임무를 마치고 리더로서의 특정 기준을 성공적으로 뛰어넘었다면 드레스 코드에 여러 가지 변화를 주기 시작할 수 있다. 결국 당신 스스로 드레스 코드를 선택할 수 있게 된다. 스티브 잡스가 처음부터 검은색 터틀넥 스웨터를 50개씩 갖고 있었던 것은 아니다. 그런 독특한 스타일(다른 사고, 다른 옷차림)은 잡스의 엄청난 성공과 맞물려 진화를 거듭했다. 순응과 진정성 간의 투쟁에서 결국 승리하는 사람은 '당신'일 것이다. 신입사원일 때는 몰라도 시간이 지나 직급이 높아지면 승리할 수 있다. 그러니까 리더로서의 특정 기준을 뛰어넘어라. 당신의 진정성을 확립하고 모두의 믿음과 신뢰를 얻어라. 그러고 나면 비로소 당신만의 규칙을 만들 수 있을 것이다.

5

● ● ●　제약회사의 고위 간부인 에일린(Aileen)은 국제의학부를 이끌게 되었을 때 미국에 근거지를 둔 직원들을 상대로 다면 평가, 실적 평가, 1:1 평가를 실시했다. 12월 연휴가 다가오자 그녀는 자신에게 직접 보고하는 직원을 모두 만났다. 자신이 알아낸 사항을 공유하고 그들이 앞으로 나아갈 수 있는 기회나 줄여야 할 격차에 대해 함께 논의하기 위해서였다. 회의는 순조롭게 진행됐다. 에일린의 평가가 그들이 이미 받은 피드백과 비슷한 맥락이었기 때문이다. 하지만 예외는 있었다. 에일린의 선임자에게서 승진 약속을 받았던 어느 미국 흑인 여성은 자신이 더 높은 직급에 어울리는 능력이나 리더로서의 존재감이 부족하다는 에일린의 의견에 동의하지 않았다. 그녀는 이의를 제기하는 데서 그치지 않고 그 자리에서 회사를 그만두겠다고 위협했다.

에일린은 불안하고 걱정스러운 마음으로 그녀에게 연휴 동안 앞으로의 행보에 대해 찬찬히 생각해 보고 새해에 계획을 논의하러 자신을 찾아와 달라고 이야기했다. "솔직히 말하면 우리가 EEOC의 영역으로 향하고 있을까 봐 걱정했습니다."라고 에일린은 회상했다. EEOC(Equal Employment Opportunity Commission)는 미연방 고용기회 균등위원회이다. "제가 내린 평가를 고수할 준비가 되어 있었지만 그녀와 다시 이야기를 나누기 전에 법무팀과 상의할 시간이 있길 원했습니다."

1월이 되자 두 사람은 에일린의 사무실에서 다시 만났다. 여자가 입을 열었다. "곰곰이 생각을 해 봤습니다. 크리스마스 때 생각해 보니 이 회사를 위해서 일해 온 수년 동안 제 실적에 이의를 제기하거나 제 리더십 능력을 의심한 사람은 없었습니다. 프레젠테이션을 하고 나서 건설적인 비판을 해 달라고 부탁했을 때에도 모두가 제가 잘하고 있다는 말만 해 줬습니다. 사실 최근에 부장님이 등장하시기 전까지는 승진도 원하는 대로 수월하게 했고요."

여자는 말을 잠시 멈췄고 에일린은 숨을 죽였다. 그녀는 말을 이어 나갔다. "저와 함께 일하길 원하신다면 저 역시 부장님과 일해 보고 싶습니다. 리더로서 발전하여 다음 단계로 나아가고 싶습니다."

그 사건을 계기로 두 사람은 확고한 동맹을 맺었다. 에일린은 나에게 말했다. "그녀를 고객에게 노출시키고 필요한 훈련을 제공할 만한 팀의 동료들에게 말을 좋게 해 뒀습니다. 그리고 그녀는 저에게 대단한 충성심을 보였습니다. 오늘날 그녀는 우리 마케팅 팀을 이끌고 있습니다."

피드백이 실패하는 이유

한 번 생각해 보라. 직장에서 누군가가 당신에게 리더의 존재감에 관한 어느 측면에 대해 솔직하고 비판적인 피드백을 마지막으로 제공한 것이 언제인가? 반대로 당신이 직장 동료에게 리더의 존재감을 확립하는 데 필요한 비판적이고 구체적인 조언을 마지막으로 제공한 것은 언제인가?

외모, 의사소통 능력, 진지함에 대해 구체적인 피드백을 있는 그대로 받기란 쉬운 일이 아니다. 여성의 경우 특히 더 어렵지만 여자 상사에게서 그런 피드백을 받을 수 있는 확률이 조금 높아진다.

이유가 무엇인지 짐작하긴 어렵지 않다. 런던의 EY에서 파트너로 있는 조 스트링거의 상황을 예로 들어 보자. 어느 고객이 그가 이끄는 프로젝트 팀에 속한 여성 팀원의 외모가 걱정스럽다고 말했다. 굴곡이 뚜렷한 몸매에 금발인 그녀는 부적절한 블라우스와 짧은 스커트를 입길 좋아했다. 고객은 스트링거에게 자신이 EY 직원에게서 기대하는 프로다운 모습이 그녀에게서 보이지 않는다고 말했다. "여성 승무원 같은 이미지도 도움이 안 됩니다."라고 고객은 덧붙였다.

하지만 스트링거는 주의를 산만하게 하는 복장에 대해 여성 팀원과 차마 이야기를 나누지 못했다. "그녀의 온갖 실수를 알아차리는 것처럼 들리지 않으면서도 무엇이 잘못됐는지 지적할 만한 방법을 찾지 못했습니다."라고 그는 설명했다. 그 대신 그녀가 고객 응대에 관한 자기계발 강좌를 듣게 했다. 다행히도 그녀는 이미지와 그 영향력의 상관관계를 이해하고 변신에 나섰다. 스트링거는 말했다. "이제 그녀는 다른 사람이 되었습니다. 팀에서 떠오르는 인재로 주목받고 있고요. 다행히 일이 잘 풀렸지만 제가 그녀와 대화를 나눌 만한 자신감이 있었다면 일이 더 빨리 해결됐을 겁니다."

이 일화는 존재감에 대한 피드백이 여성의 커리어에 큰 변화를 불러 올 수 있다는 것뿐만 아니라 여성이 남성 상사에게서 이런 피드백을 받지 못하는 경우가 많은 이유도 보여 준다. 직급이 높은 남성은 여성 부하 직원이 자신의 동기를 오해할 위험 부담을 감수할 형편이 못 된다. 여성 부하 직원과 부적절한 관계를 맺어 CEO 자리에서 물러나야 했던 수많은 리더를 떠올려 보라. 관계의 본질이 실제로 무엇이든 부하 직원과의 사이에서 프로답지 못한 일이 벌어졌다는 인식만으로도 고위 간부의 커리어가 무너질 수 있다. 휴렛 팩커드의 전 CEO 마크 허드의 경우 경비 내역을 조작한 사실을 해명하도록 이사회에 소집되었다. HP의 도급업자 조디 피셔(Jodie Fisher)와 근무 외의 일로 만나려고 한 것도 아니고 그렇게 만난 사실을 '숨기려고' 하기만 했는데도 말이다.

성희롱 방지 훈련을 받은 모든 남성이 아마 이렇게 결론을 내릴지도 모른다. 여성에게 개인적으로 피드백을 제공하여 인재로 양성하는 일은 사내 정치의 벽에 부딪히는 위험 부담을 추가로 감수할 만한 가치가 없다. 이런 위험 부담이 여성이 리더로 발전하고 나아가도록 남성이 돕지 못하게 효과적으로 막는다. 그래서 기업의 중간 관리직에는 여성이 많아도(인재혁신센터에 따르면 고위 경영자의 34%가 여성이다.) 최고위직에는 여성의 수가 여전히 적다.(고위 간부의 14.3%가 여성이다.)[77]

리더의 존재감에 대해 중요한 피드백을 제공하는 일은 효과적인 스폰서의 핵심 역할 중 한 가지인데 이는 남성 간에 이루어질 때 훨씬 수월하다. 남성은 다른 남성에게 입 냄새가 나거나 바지의 지퍼가 내려간 것과 같은 민망한 실수를 지적해 줄 것이다. 하지만 여성이 너무 짧은 스커트나 몸에 너무 딱 붙는 상의를 입었다면 시선을 돌리고 말 것이다. 여성의 부적절한 옷차림을 알아보았다는 이유로 고소당하는 것보다는 입을 다물고 있는 편이 낫다고 생각하기 때문이다.

마찬가지 이유로 유색 인종 역시 리더의 존재감을 개발하는 데 필요한 피드백을 받지 못한다. 해당 직원과의 사이가 불편해질까 봐, 그리고 차별했다고 고소당할까 봐 리더의 존재감이 부족한 다문화 직원들과 결점에 대해 솔직히 대화하기보다는 그들을 승진에서 제외할 것이라고 고위 간부들이 우리에게 털어놓았다. 우리의 설문조사 결과에 따르면 유색 인종은 특히 헤어스타일, 옷차림, 체중에 관해 피드백을 있는 그대로 받지 못하는 것으로 드러났다. 우리의 포커스 그룹에 참석한 사람은 모두 리더의 존재감에 관해 중요한 피드백을 주고받다가 인종 문제에 부딪힌 경험이 있었다. 직원의 의사소통 기술과 자신을 선보이는 방법이 부족할 때 이런 일이 특히 빈번하게 나타났다.

어느 아시아계 고위 간부는 히스패닉계 여성 팀원에게 프레젠테이션 준비가 부족하다고 지적했다가 본의 아니게 인종차별 소송에 휘말린 사건에 대해 필자에게 이야기했다. 그 팀원은 "라틴계 여성에게 적대적인 직장 문화를 조장하고 묵인한다."라며 그녀를 고발했다. 라틴계 여성의 노동 윤리와 감정적 기질을 둘러싼 편견이 표면화되었는데도 그것을 무시했다는 것이다. 이 아시아계 고위 간부는 설명했다. "우리 부서를 이끄는 직원이 푸에르토리코계라는 사실을 생각해 보면 정말이지 말도 안 되는 주장이었습니다. 하지만 그냥 묵살하기엔 이런 일을 너무 많이 봤습니다. 십중팔구 피해자가 인종을 걸고 넘어질 겁니다. 그러면 직장 전체가 다양성의 측면에서 한 발 퇴보하고 맙니다. 큰 대가를 치르며 골치 아프게 소송을 기각하고 나면 모든 리더가 속으로 '유색 인종을 채용하는 일은 더 이상 없을 거야.'라고 생각하기 때문입니다. 유색 인종이 백인만큼이나 쉽게 해고되는 날이 오면 우리가 진정한 의미의 평등에 이르렀다는 사실을 알 수 있을 겁니다."

유색 인종 역시 이런 문제로 피해를 입었다고 털어놓았다. 기회를 잡지 못한 것이 주된 문제였지만 자존심에도 상처를 입었다. 이는 유색 인종 직원이 어떤 식으로든 부족한 점이 있다고 지적을 받았을 때 불 같이 화를 낼 것이라는 백인들의 인식이 낳은 결과다. 딜로이트 컨설팅의 미국 흑인 파트너가 설명하듯이 사람들이 당신에게 피드백을 줄 때 자제하거나 피드백을 아예 주지 않는다는 것은 근본적으로 당신이 "다른 사람들이 충족하는 기준을 똑같이 충족할 능력이 없는" 사람이라고 암시하는 것이다.

나누기 어렵지만 대단히 중요한 대화

피드백을 받는 대상이 누구든 본질적으로 제공하기 어려운 유형의 피드백이 있다. 예를 들면 누군가의 외모를 비판하는 것은 여성 사이에도 대단히 껄끄러운 일이다. "그 사람이 자신을 표현하는 방식을 문제 삼는 거잖아요. 그러니까 어떻게 지적을 감정적으로 받아들이지 않을 수 있겠습니까?"라고 소렉소에서 다양성 관리를 담당하는 로히니 애넌드는 지적했다.

실제로 우리의 설문 조사 데이터에 따르면 외모에 관한 한 여성이 남성보다 다른 여성을 더 혹독하게 평가한다. 남성보다 단정하지 못하거나 몸에 너무 달라붙는 옷차림을 여성 리더의 실수로 여길 가능성이 더 큰 것이다.

누군가가 말하는 방식을 고쳐 주는 것 역시 위험한 일이다. 그

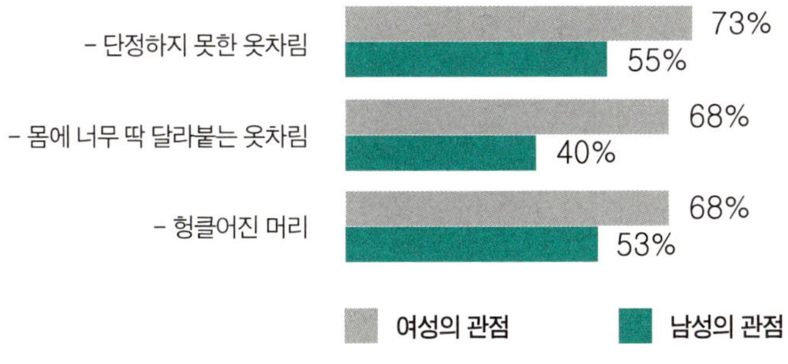

표 9. 외모에 관해 여성이 저지르는 실수

런 언어 습관이 비즈니스의 결과에 영향을 미치고 개인의 커리어에 제약을 가하더라도 말이다. 외모와 마찬가지로 문법, 억양, 발음을 문제 삼는 행동이 민족, 문화 또는 사회 경제적 차이와 곧바로 연결되기 때문이다. "저는 프레젠테이션을 할 때 유용한 팁을 많이 제공합니다. 하지만 신뢰가 두터운 사이가 아니면 누군가의 발음을 고쳐 줄 때 아무래도 주저하게 되더라고요."라고 애넌드는 말했다.(제3장에서 살펴본 캐서린 필립스의 일화를 떠올려 보라. 필립스의 논문 지도를 도와준 스폰서가 그녀가 'ask'를 'aks'로 발음하는 것을 대담하게 고쳐 주었다.)

그러나 우리가 인터뷰한 리더의 대다수는 리더의 존재감을 구성하는 세 가지 요소 모두에 대한 양질의 비판적인 피드백을 제공하는 것이 핵심 리더십 능력이라고 생각했다. 이런 능력이 다른 경영 기술과 함께 개발되고 평가되어야 한다는 의견이었다. 리더의 존재감에 관해 양질의 피드백을 받은 여성과 유색 인종 간부들은 필자와의 인터뷰에서 이런 주장을 강하게 펼쳤다. 그런 피드백이 자신의 커리어에 미친 영향력이 상당했기 때문이다. 그들의 증언에 따르면 양질의 피드백을 받는 것은 치아 근관 수술을 받는 것처럼 대단히 아플 수도 있다. 정보 통신사의 간부인 크리스티나는 "뼛속까지 쓰라렸던" 경험에 대해 이야기했다. 회의에서 사람들이 남성 부하 직원을 보고 그녀의 상사라고 착각한 것이다. 부하 직원이 그녀보다 리더로서의 존재감이 더 컸던 까닭이다. 리더의 존재감에 관한 조언을 제시하는 것이 쉬운 일이 아님은 분명하다. 머크 세로노(Merck Serono)에서 국제 연구개발(R&D) 부서를 이끌고 있는 안나리사 젠킨스는 건설적인 비판을 해 주다가 여자들을 울린 적이 한두 번이 아니다.

하지만 직원의 존재감에 대한 피드백을 제공하는 매우 중요한 일을 회피하면 사람들이 리더로서 당신의 평판에 의문을 제기할 수밖에 없다. 소텍소의 애넌드는 이렇게 말했다. "리더가 된다는 것은 인기투표에서 이기는 것이 아닙니다. 효율적인 리더가 되기 위해서는 솔직한 모습을 보이고 그런 용감한 대화를 나누는 것이 사람들의 호감을 사는 것보다 중요합니다. 그런 행동이 결국에는 리더십을 발휘하는 데 그토록 중요한 사람들의 신뢰와 존경을 불러올 겁니다."

필자는 크게 성공한 어느 컨설턴트와 이야기를 나눈 적이 있다. 그녀는 상사에게서 솔직한 피드백을 받지 못해 돈을 많이 주는 은행 일을 관뒀다. 프레젠테이션이나 고객과의 회의를 어떻게 감당

했는지에 대해 구체적인 피드백을 달라고 요청할 때마다 피드백이
필요 없다는 대답이 돌아왔다. 상사는 "잘하고 있습니다!"라며 그
녀를 안심시켰다.

그녀는 상사가 책임을 회피하는 이유를 두 가지로 꼽았다. 첫째
는 평가 도구가 있는데도 부서 내에서 공식 평가가 정기적으로 이
루어지지 않는다는 것이었다. 둘째는 그녀가 보고한 금융 서비스
매니저들에게 리더다운 감성이 없다는 것이었다. 그녀는 이렇게
설명했다. "그들은 거래를 하는 분들이었어요. 목표 수치를 달성하
고 돈을 벌어서 승진하는 분들이었던 거죠. 저는 그런 분들에게서
깊은 인상을 받지 못했습니다. 배울 점도 없었고 그분들과 같은 길
을 걸을 생각도 없었어요. 저만의 리더십 능력을 개발하기 위해서
는 그곳을 떠나야 했습니다."

훌륭한 피드백이란 무엇인가?

리더의 존재감에 관한 피드백을 제공하는 것이 리더다운 행동이
라면 실천에 옮길 수 있는 피드백을 제공하는 것은 훌륭한 리더다
운 행동이다. 우리와 인터뷰한 리더들은 무엇이 진정으로 건설적
인 비판인지에 대해 비슷한 이야기를 들려주었다. 아래에 몇 가지
예를 살펴보자.

- 이제 막 승진한 크리스티나는 회사의 CEO에게 직접 보고하는 사람과 회의를 하러 들어가기 전에 새로운 상사의 사무실에 들르라는 요청을 받았다. 상사는 웃으면서 이렇게 크리스티나를 안심시켰다. "이 비즈니스에 대해 아는 것이 많아서 신용을 얻으실 수 있을 겁니다. 하지만 긴장하면 말이 빨라진다는 걸 눈치챘어요. 그러면 부하 직원으로 오해받을 소지가 있습니다. 그러니까 심호흡을 하시고 청중의 성격에 맞춰 말하려는 내용을 조정하세요. 중간 중간 침묵하길 두려워하지도 마세요."

- 타라(Tara)는 소텍소의 로히니 애넌드가 이끄는 팀의 새로운 팀원이다. 그녀는 콘퍼런스를 다녀왔다가 애넌드의 동료에게서 회사를 더 훌륭하게 대표하는 방법에 대해 다음과 같은 피드백을 받았다. "이 일을 하려면 네트워킹을 많이 해야 합니다. 하지만 행사에 데려가면 같은 팀원들과만 어울리는 모습을 보게 됩니다. 그런 모임에 나가면 명함을 많이 받아 오세요. 새로운 인간관계를 적어도 다섯 개는 개척하길 바랍니다. 이 팀의 상급 멤버로서 잠재 고객이 당신을 개인적으로 아는 것이 중요하니까요."

- "이 리더 밑에서는 남들과는 매우 다른 이미지를 선보여야 합니다. 그러지 못하면 팀에서 제외되고 말 겁니다." 이는 어떤 최고교육책임자(CLO: Chief Learning Officer)가 상사에게서 받은 조언이다. 당시에 그는 금융 서비스를 제공하는 기업의 신입 사원

이었다. "이 리더는 정확성과 세부 사항에 꼼꼼하게 신경 쓰는 것을 높이 평가합니다. 하지만 당신의 태도나 옷차림을 보면 당신 역시 그런 점을 높이 평가한다고 그분을 설득하긴 어려워 보입니다. 회의 시간에 5분 늦지 말고 제 시간에 나타나세요. 프레젠테이션을 준비할 때에도 노력을 더 기울이고 에너지를 더 투자하기 바랍니다. 그리고 더 나은 옷을 사 입어야 해요. 지금 입고 있는 정장은 우리 분위기에 맞지 않습니다. 더 나은 셔츠와 구두가 있어야 하겠어요. 원한다면 그런 물건을 어디서 구할 수 있는지 세 군데 알려 드리죠."

세 가지 경우 모두 얼굴이 화끈거릴 만하다. 하지만 충격이 가시고 나면 그런 피드백을 제공해 준 리더에게서 무엇을 배웠는지 생각해 보라.

- 문제가 무엇인지 명확하게 알 수 있다.
- 문제를 해결해야 하는 이유를 이해할 수 있다.
- 문제를 해결하기 위해 정확히 어떤 조치를 취해야 하는지 알 수 있다.

한 마디로 우리는 정성 데이터를 통해 훌륭한 피드백이 주요 요건 세 가지를 충족한다는 사실을 알아냈다.

(1) 시의적절해야 한다. 피드백은 실수가 발생하기 직전 또는 발생한 직후에 제공하는 것이 이상적이다.

(2) 구체적이어야 한다. 여러 가지 행동을 뭉뚱그려서 지적하지 말고 한 가지 행동에 대한 구체적인 피드백을 제공하라.

(3) 처방전의 성격을 띠어야 한다. 피드백을 받는 사람이 어떤 조치를 취해야 하는지 분명하게 알 수 있어야 한다.

또한 좋은 피드백은 비즈니스의 결과물과 관련된 맥락에서 제공해야 한다. 그 결과물이 상사와의 중요한 회의에서 진지함을 드러내는 것처럼 개인적인 성공이든 핵심 고객을 빼앗기기 않는 것과 같은 팀의 성공이든 마찬가지다. 물론 이런 공식을 조금씩 변형한 형태가 셀 수 없이 많다. 하지만 본질적으로는 이 가이드라인을 따르게 된다.

별 도움이 되지 않는 피드백이 무엇인지에 관한 우리의 설문 조사 결과를 살펴보면 이 모든 것이 이치에 맞는다. 피드백을 수용할 수 있는 범위가 너무 좁으면 좋은 피드백이 아니다. 이 현상에 대해서는 다음 장에서 더 자세히 살펴보기로 한다. 예를 들면 여성의 경우 너무 화가 나 있거나 너무 친절하다고, 지나치게 수동적이거나 너무 공격적이라고, 아니면 너무 어리거나 나이가 너무 많다는 말을 듣는다. 행동을 자제하거나 더 적극적으로 행동에 나서라고, 또는 감정을 통제하거나 인간적인 면을 보이라는 말을 듣기도 한다.

모호한 것은 좋은 피드백이 아니다. EY에서 국제보건팀을 이끌었던 캐롤린 버크 루스는 고위 간부로서 '더 약한' 모습을 보여야 한다는 말을 들었다. 대체 그런 말을 듣고 무엇을 어쩌란 말인가? 이처럼 직장에서 도움이 되지 않는 피드백을 받는 일은 워낙 흔하다. 그러다 보니 우리의 설문조사에 참여한 응답자의 다수가 피드백을 받았지만 실천에 옮기지는 못했다고 답한 것이 놀랍지 않다.

피드백을 개선하는 일은 두 가지 측면에서 이루어져야 한다. 첫째는 떠오르는 샛별로서 비판을 더 잘 이끌어내고, 수용하고, 실천에 옮기는 방법을 배워야 한다. 둘째는 리더로서 비판적인 의견을 더 효율적으로 제시하는 동시에 비판을 수용하는 본보기가 되어야 한다.

전술 – 필요한 피드백을 받는 방법

▶ ▷ ▶ 피드백이 필요하다는 사실을 인정하라

데비 스토리는 20대에 전화번호부 인쇄회사의 판매부장에 임명됐다. 그녀는 내년도 비즈니스 계획에 대한 프레젠테이션을 하도록 주문받았다. 당시 그녀는 비즈니스 계획서를 만들어 본 적도 없고 누가 그런 프레젠테이션을 한 것도 본 적이 없었다. 하지만 그녀에게는 아이디어가 많았다. 문제는 그 많은 아이디어를 10분이라는 짧은 시간 안에 모두 공유하려고 했다는 것이다. 스토리는 당시를 이렇게 회고했다. "말을 하면 할수록 제가 자료를 너무 많이 준비했다는 사실을 깨달았어요. 사람들은 자리에서 꼼지락거렸고 상사의 표정은 어두워졌죠. 회장님도 경악스러운 표정을 지으셨고요." 회의가 끝난 후 스토리는 상사를 찾아가 대중 연설 훈련을 받고 싶다고 말했다. 그녀는 "누가 알려 주지 않아도 제가 일을 망쳤다는 것을 알았습니다. 도움이 필요하다는 것도 알았고요."라고 말했다.

하지만 모든 사람이 도움이 필요하다는 사실을 인정하진 않는다. 오히려 그 반대라고 정보 통신사의 고위 간부인 크리스티나는 말했다. "누구나 피드백을 환영한다고 말하면서도 자신은 완벽하다는 생각을 고집하기도 합니다. 제가 아는 사람들은 지인들 가운데 가장 똑똑한데도 성공하긴 어려울 겁니다. 리더의 존재감이 없기 때문이죠. 그들에게 그런 존재감이 없는 것은 그들이 노력을 통해 존재감을 얻어야 한다는 사실을 인정하지 않기 때문이에요."

▶▷▶ 쉽게 동요하지 마라

버나드 칼리지의 데보라 스파 학장은 일찍이 하버드대학교에서 걸출한 동급생들과는 차별화된 모습을 보였다. 대학원 진학에 관해 조언해 주는 사람들에게서 솔직한 피드백을 끊임없이 받은 덕택이다. 그녀는 "그분들에게서 들은 최고의 칭찬은 '나쁘지 않네요.'였습니다."라며 "하지만 저는 배울 것이 많다는 것을 알았기 때문에 피드백을 계속 받으러 갔습니다."라고 말했다.

스파가 피드백을 감당할 수 있다는 것을 증명하면 할수록 그녀에게 주어진 책무는 더욱 커졌다. 그녀는 말했다. "늑대의 손에서 큰 것을 감사히 여기고 있습니다. 더 나은 모습을 보이기 위해 누군가가 머리를 쓰다듬어 줄 필요는 없거든요. 우리는 남녀 모두 비판을 지나치게 민감하게 받아들이도록 키운다고 생각해요. 그러다 보니 실제 세계에 나가서 실적 평가에서 5.0 만점을 받지 못하면 정신적으로 무너지고 말아요. 따라서 어린 시절부터 그런 교훈을 얻어 굳센 모습을 보이는 것이 대단히 중요합니다."

▶ ▶ ▶ 구체적이고 시의적절한 처방전과 같은 피드백을 일상적으로 요구하라

"제가 일을 어떻게 하고 있습니까?"와 같이 너무 포괄적인 질문을 던지면 "잘하고 있습니다!"라는 포괄적인 대답이 돌아올지도 모른다. 따라서 영향력이 큰 고객 또는 회사의 리더와의 회의처럼 최근에 상당한 존재감이 필요했던 자리를 구체적으로 언급하라. 그리고 보디랭귀지, 연설과 그 내용을 전달한 방법, 옷차림, 청중을 휘어잡은 정도 등에 대해 피드백을 달라고 상사에게 부탁하라. 평가 자체는 곧바로 이루어질 필요가 없지만 평가 요구는 곧바로 해야 한다. 만일 아무런 일도 일어나지 않는다면 다시 한 번 부탁하

라. 타임워너(Time Warner)의 CSR(Corporate Social Responsibility: 기업의 사회적 책임) 부서를 이끄는 리사 가르시아 퀴로즈는 "'부탁드린 지 시일이 조금 지나서요. 날카로운 피드백을 꼭 좀 부탁드립니다.'라고 말하면 됩니다. 그러고 나서는 심장에 철갑을 두르세요."라고 조언했다.

▶▷▶ 상사에게서 실천에 옮길 수 있는 피드백을 받지 못한다면 코치를 초빙해 달라고 요청하거나 사비로 직접 배움을 청하라

전문가의 도움을 요청하는 일은 존재감이 없음을 나타내는 것이 아니라 상당한 수준의 개인적인 성숙도와 프로다운 헌신을 나타낸다. 필요한 경우에는 사비를 들여서라도 해야 한다. 일부 조직에서는 이런 리더십 특전이 '잠재력이 뛰어난 인재'에게 주어진다. 경영 간부 코치를 초빙하는 비용을 누가 감당하든 그 코치는 이미지(옷차림과 헤어스타일), 프레젠테이션 기술, 전반적인 진지함과 관련하여 당신을 도울 수 있다. 당신이 다른 사람들보다 한 수 위여서 도움이 별로 필요하지 않다고 생각하더라도 말이다.

소매 제품 회사의 고위 간부인 엘리자베스는 컨설팅 회사에서 일반 회사로 넘어올 때 경영 간부 코치와 함께 일했다. 맥킨지(McKinsey)에서 일할 당시 알아야 할 내용을 다 배웠다고 생각한 만큼 그녀는 이 과정을 겪으며 깜짝 놀랐다. 자신의 모습을 녹화해 말하는 스타일이 새로운 환경에 어울리도록 조절하는 방법을 배웠다고 그녀는 말했다. 말을 많이 하는 대신 말을 더 많이 듣고 속사포처럼 여러 가지 아이디어를 제시하는 대신 말을 더 천천히 하는 방법을 익힌 것이다. 그녀는 말했다. "아마도 사람들은 자신이 '음'이나 '아'와 같이 불필요한 말을 하지 않는다고 생각할 겁니다. 표정 관리도 잘하고, 말이 간결하고 요점이 분명하다고 생각할 거고요. 남들이 당신을 보는 것처럼 자신의 모습을 영상으로 보기란 쉽지 않습니다. 하지만 그러지 않는다면 사실을 절대로 직시하지 못할 겁니다."

▶ ▶ ▶ 피드백을 공유할 수 있는 사람들을 모아라

실력 향상에 전념하는 엘리자베스는 알고 지내고 신뢰하게 된 여러 남녀에게서 피드백을 받는다. 그녀는 그들과 매일 온종일 무엇이 제대로 이루어지고 있고 무엇이 제대로 이루어지지 않는지 이야기를 주고받는다. 일방적으로 피드백을 받기만 하는 것은 아니고 엘리자베스 역시 그들에게 피드백을 제공한다. "동료가 의견을 묻는다면 저는 솔직하게 대답할 겁니다. 저 역시 동료가 솔직하게 이야기해 주길 바랄 테니까요. 결국은 신뢰의 문제입니다."라고 그녀는 말했다.

신뢰는 결과적으로 함께 점심을 먹고, 커피를 마시고, 일이 끝나고 술을 마시면서 다져진다고 엘리자베스는 설명했다. 자선 행사나 스포츠 또는 자녀를 둘러싼 사외 행사를 통해서도 신뢰를 쌓을 수 있다고 했다. 그녀는 말했다. "저는 항상 팀원들에게 손을 내밀 시간을 마련합니다. 팀원들이 제 피드백을 필요로 할 때 항상 그들을 응원할 수 있는 곳에 있습니다. 저 역시 그들의 피드백과 성원이 필요해지는 날이 올 테니까요."

▶ ▶ ▶ 멘토에게 의지하라

TV 예산 애널리스트로 일하는 실비(Sylvie)는 커리어에 더 이상 진척이 없다고 느꼈다. 그래서 전국 흑인 MBA협회(National Black MBA Association)의 도움을 청했다. 그녀에게 지정된 여성 멘토는 그녀를 한 번 훑어보더니 고개를 흔들었다. 멘토가 된 그 고위간부는 실비에게 말했다. "성공하려면 외모를 손보셔야 합니다. 너무 어린애처럼 보여요. 어린애에게 어른이 할 일을 맡기는 사람은 없을 겁니다." 그녀는 실비가 머리를 자르고 손질하길 바랐다. 화장도 더 많이 하고 옷차림도 업그레이드하라고 조언했다. 실비는 조언을 곧바로 실행에 옮겼고 석 달 후에 신입 사원 채용을 감독하는 역할과 대단히 도전적인 임무를 맡았다. 오늘날 그녀는 멘토의 회사에서 고위 애널리스트로 일하고 있다.

▶ ▶ ▶ 스폰서를 구하라

스폰서는 멘토가 아니다. 스폰서는 당신의 잠재력을 알아보는 영향력 있는 리더다. 당신이 역량의 110%를 발휘할 경우 당신이 성공하도록 위험을 감수하며 적극적으로 도와 줄 사람이다. 당신의 성공 여부에 스폰서의 실질적인 이익이 달린 만큼(당신의 평판이 이제 스폰서의 평판과 연결되어 있기 때문이다.) 멘토가 주지 못하거나 주지 않을 피드백도 제공할 것이다.

팀 멜빌 로스는 네이션와이드(영국에서 가장 큰 주택담보대출 업체)의 전 CEO다. 그는 CEO 후보가 될 수 있도록 자신을 스폰서해 준 이사회의 어느 사외 이사에 대한 이야기를 들려주었다. 그 스폰서는 멜빌 로스가 후보 중 몇 위 정도일지 짐작할 수 있을 단서를 던져 주었다. 그는 멜빌 로스에게 말했다. "사람들이 당신을 대단히 좋아하고 당신의 유머를 재미있게 여깁니다. 하지만 사람들은 이사회실에서 당신의 도전적인 모습도 보고 싶어 합니다." 그렇다면 어떻게 해야 할까? 그 스폰서는 "이사회에서 직급이 가장 높은 사외 회원을 고르세요. 그러고는 그를 공격하세요. 도전적인 코멘트를 던지고 무엇인가가 말도 안 되는 소리라고 지적하세요."라며 특정인을 지정해 주었다. 멜빌 로스는 그대로 행동했고 이사회는 경악했다. 하지만 긍정적인 반응이었다고 멜빌 로스는 말했다. 그는 말했다. "이 회원의 옆에 앉은 이사님을 보자마자 공격에 나섰습니다. 그랬더니 그분이 저에게 크게 윙크를 하셨어요."

모든 피드백이 정확하거나 좋은 의도가 담긴 것은 아니다. 완전히 틀렸거나 타이밍이 좋지 않거나 모호한 피드백을 받는 경우도 생길 것이다. 그렇다고 해서 그런 피드백을 무조건 무시해서는 안 된다. 영국의 합창단 지휘자 수지 딕비가 필자에게 말했듯이 나쁜 평가란 없다. 악평 속에서도 행동과 태도의 변화에 도움이 될 수 있는 단서를 얻으면 된다. "저는 좋은 평가를 받은 적도 있고 가끔 나쁜 평가를 받은 적도 있습니다. 평가를 내린 사람이 항상 옳은 것은 아니지만 비판적인 코멘트에서 진실이 담긴 말을 알아차릴 때도 있습니다. 그럴 때는 그 말을 새겨듣는 것이 중요합니다."

▶ ▶ ▶ 피드백을 실천에 옮길 것이라는 사실을 증명하라

건설적인 비판을 들으며 고개를 끄덕여 동의하는 것과 그 말을 듣고 행동에 변화를 주는 것은 별개의 문제다. 그러나 당신이 행동이나 태도를 바꿀 의향이 있다는 사실을 보여 주지 않는 한 상사는 어려운 피드백을 주는 데 드는 에너지와 시간이 당신에게 아깝다고 생각할지도 모른다.

로히니 애넌드는 피드백을 실천에 옮기는 데 주저하고 있다면 현실을 직시할 수 있도록 주위의 도움을 청하라고 제안했다. 상사뿐만 아니라 동료에게서도 비판을 받으면 당신이 다음에 취할 조치가 더 분명해질 수 있기 때문이다. 한번은 애넌드가 상사에게서

받은 피드백에 다소 모호한 구석이 있었다. "제가 무엇인가를 들고 조금 늦게 찾아가면 이미 결정을 내리셨더라고요."라고 그는 그녀에게 말했다. 다면 평가의 결과를 받고 나서야 애넌드는 팀원들의 말을 경청하고 획기적인 아이디어를 후반에 이끌어내는 일을 더 잘해야 한다는 사실을 깨달았다. 평가에는 다른 아이디어가 꾸준히 탄생하고 사람들의 관심을 얻도록 내버려 두지 못하는 경향이 그녀에게 있다고 명시되어 있었다. 그녀는 "이제는 모두의 말을 듣고 난 뒤에야 제 코멘트와 관점을 공유합니다. 수용적인 면모를 보여 팀원들의 본보기가 되고 싶습니다."라고 말했다.

▶ ▶ ▶ **뜻이 모호한 비판을 받았다면 내용을 더 명확하게 이해할 수 있도록 당신의 행동이 결과에 어떤 부정적인 영향을 끼치는지 물어라**

캐롤린 버크 루스의 말에 따르면 문화적 차이에서 피드백이 혼란을 야기하는 경우가 많다. 그녀는 "더 약한 모습을 보여야 합니다."라는 책임자의 말이 "당신의 개인적인 스타일이 이 조직의 문화와 상충합니다."라는 뜻임을 깨달았다. 자신의 스타일과 조직 문화가 어떻게 상충하는지 더 분명하게 이해하기 위해서 그녀는 상사에게 이렇게 물었다. "제가 일을 하는 방식이 일에 어떤 식으로 악영향을 주는 겁니까?" 그녀의 책임자는 버크 루스가 도움을 청하는 일이 전혀 없고 다른 사람들에게 자신이 하는 일에 대해 설명하지 않음으로써 본의 아니게 '(1) 그녀의 일이 다른 사람들의 일보다 더 중요하다. (2) 그녀가 다른 사람들의 의견을 소중하게 여기지 않는다.'라는 인상을 준다고 설명했다.

그녀는 인정했다. "수긍이 절로 가는 말이었습니다. 전략적인 동맹 관계를 충분히 형성하지 못했다는 사실을 깨달았어요. 필요할 때 도움을 청하거나 조언을 구할 수 있는 사람이 더 많이 필요했습니다. 여자들은 이런 이야기를 인신 공격으로 받아들입니다. 하지만 당신의 책임자가 변화를 촉구한다면 당신에게 문제가 있어서가 아니라 기업 문화가 그렇기 때문이라는 사실을 깨달을 필요가 있어요."

▶ ▷ ▶ 울음을 터뜨리지 마라

비판을 받으면 마음이 아픈 것이 당연하다. 피드백의 일부가 당신을 직접 겨냥하는 내용이라 개인적으로 공격당하는 것 같은 느낌도 들 것이다. 그래도 최대한 용감한 얼굴로 비판을 수용하고 눈물은 나중을 위해 아껴 두어라. 감정을 통제하지 못하는 것보다 반드시 필요한 피드백을 더 효과적으로 끊어버리는 것도 없기 때문이다. 타임 워너의 리사 가르시아 퀴로즈는 이렇게 조언했다. "배움을 얻는 기회라는 사실을 기억하려고 노력해야 합니다. 당신에게는 피드백에 귀를 기울이고 그것에 적합하게 반응할 책임이 있습니다. 당신의 책임자는 자신의 통찰력을 공유할 책임이 있고요. 거기 앉아서 화를 내거나 감정적인 모습을 보이면 양측 모두가 차후에 유사한 대화를 나누기가 훨씬 어려워질 겁니다. 당신의 책임자는 피드백을 제공하는 것이 시간 낭비라고 생각하거나 당신이 성장할 능력이 없다고 결론을 내릴지도 모르죠. 그러면 자기 충족 예언이 되고 맙니다. 누구든 피드백을 받지 않고는 성장할 수 없습니다.”

▶ ▶ ▶ 적을 만들지 마라

부정적이거나 비판적인 피드백을 받고 나면 다른 곳에서 일을 구할 때라는 생각이 들지도 모른다. 하지만 그런 피드백을 받았다고 해서 분노를 터뜨리거나 앙심을 품은 것 같은 반응을 보일 자격이 생기진 않는다고 가르시아 퀴로즈는 경고했다. 그보다는 문제를 인정하고 모두의 행복을 유지하는 데 관심이 있다는 사실을 보여 주는 편이 낫다. 과도기를 매끄럽고 성숙하게 보낼 수 있도록 당신의 책임자와 함께 일하라. 변화를 겪는 시기에 당신을 지원해 주고 다음 기회를 얻을 때 당신을 추천해 줄 책임자가 반드시 필요하다. 도저히 되돌릴 수 없는 상황이라는 것을 알 경우 주도적이고 솔직한 모습을 보여라. “퇴장할 시기를 직접 관리하여 자신의 커리어에 책임을 질 것이라는 사실을 보여 주는 것이 중요하다”고 가르시아 퀴로즈는 말했다.

전술 – 존재감에 관해 진정한 리더다운 피드백을 제공하는 방법

▶▷▶ 피드백을 1년에 2회 주지 말고 개별적인 문제에 대해 자주 제공하라

피드백을 주려고 자리에 앉았을 때 비판할 내용을 적은 목록이 길어진다면 피드백을 제공하기까지 너무 오래 기다린 것이다. 너무 긴 비판은 건설적일 수 없다. 앉은 자리에서 누군가의 결점을 길게 나열하면 그 사람이 변할 수 있도록 자극하기보다는 그 사람을 무력하게 만들거나 사기를 꺾을 확률이 더 높아지고 만다.

▶▷▶ 화가 나 있을 때는 피드백을 주지 마라

큰 실수를 저지른 것에 대해 해명하라고 누군가를 부르기 전에 24시간 또는 화가 식을 때까지 기다려라. 그때쯤이면 양측 모두 일어난 일에 대해 특정한 시각이 생겼을 것이다. 가르시아 퀴로즈의 말에 따르면 흥분했을 때 피드백을 제공할 경우 자신을 통제하지 못하는 사람처럼 보이는 위험을 감수해야 한다. 이는 리더다운 행동이 아니며 부하 직원이 당신을 더 원망할 수 있는 빌미를 제공하는 격이다. 그녀는 "사람들은 상처를 받았거나 화가 나 있을 때는 자신 이외의 모두를 원망할 겁니다. 비판이 건설적이려면 인신 공격을 부추기는 감정이 제외되어야 합니다."라고 강조했다.

▶ ▶ ▶ 장점부터 언급하라

사람들이 해내지 못한 것을 지적하기 전에 그들이 성취했거나 성취하고 있는 일을 먼저 언급하라. 단점뿐만 아니라 장점도 알아챘다는 사실을 증명한다면 당신이 주의를 기울일 만한, 더 신뢰할 수 있는 비평가로 보일 것이다. 정보 통신사의 고위 간부인 크리스티나는 피드백을 줄 때 항상 그 사람의 자평을 먼저 요구한다고 했다. "잘하고 있다고 생각하는 영역 세 가지를 말씀해 보세요."라고 그녀는 운을 뗀다. "그 다음에는 개선하고 싶은 영역 세 가지를 말씀해 주세요."

▶ ▶ ▶ 비판할 때 문제점을 고칠 수 있는 방법도 알려 줘라

AT&T의 데비 스토리는 인사과 교육 담당자 한 명과 사후 평가를 하는 자리에서 개선이 필요한 연설 태도의 문제점뿐만 아니라 그런 태도를 개선할 수 있는 행동도 말했다. 스토리는 이 담당자가 청중과 처음부터 교감하지 못한다는 사실을 깨달았다. 말하려는 내용으로 곧바로 뛰어들고 나서 낮은 목소리로 대단히 빠른 속도로 혼자 말하는 것이 문제였다.

그래서 더 이상 하지 말아야 할 행동보다는 앞으로 해야 할 행동에 초점을 맞춰 피드백을 제공했다. "말하려는 내용에 돌입하기 전에 어떻게 해야 청중을 이끌 수 있는지 생각해 보세요."라며 그녀는 말을 시작했다. "청중이 당신에 대해 알 수 있게 하세요. 그리고 당신이 어디로 향하는지 그곳에 가기 전에 이해할 수 있게 하세요. 사람들이 잘 따라올 수 있도록 도와야 합니다. 말을 더 천천히 하고 중간 중간 말을 더 자주 멈추세요. 유머를 동원하는 것도 좋습니다. 내용이 본질적으로 딱딱한 데다 본래 유머 감각이 있는 분이니까요. 당신이 딱딱한 내용을 전달하는 사람 이상의 가치가 있다는 것을 보여 주면 사람들이 나중에 당신을 다시 찾을 겁니다."

▶▶▶▶ 사람들이 바람직한 태도를 보일 때 칭찬하라

사람의 외모에 대해 피드백을 주려고 할 때 특히 유용한 기술이 있다. 그 사람이 좋은 선택을 했을 때 축하할 기회를 놓치지 않는 것이다. 크리스티나는 "사람들의 입을 떡 벌어지게 하는 부적절한 옷차림"을 하는 어느 여성 직원에 대해 이야기했다. 그녀는 모두의 시선을 받았지만 아무도 그녀에게 문제를 알려 주려고 하지 않았다. 자신의 책임자가 이 문제로 골치아파하는 모습을 보면서 크리스티나는 이 여성이 더 적합한 옷차림으로 출근할 때까지 기다렸다. 그러고는 그녀를 사무실로 데리고 들어가 그녀의 외모를 격찬했다. "오늘 스타일이 아주 멋지네요! 프로답고 아주 잘 어울립니다." 그런 전략은 효과가 있었다. 그녀는 크리스티나의 칭찬을 계속 이끌어 내려고 하룻밤 사이에 옷을 새로 산 것 같았다. "누군가를 사무실로 불러서 '원피스 안이 다 보이네요.'라고 말하기 전에 결과를 생각해 봐야 합니다. 그런 대화를 즐겁게 나눌 사람은 아무도 없을 겁니다."

▶▶▶ 피드백을 주기 전에 당신이 그 사람의 이익을 최우선으로 생각하며 그 사람이 성공하길 바란다고 안심시켜라

"제가 지금부터 하는 이야기를 듣기가 편하진 않으실 겁니다."라고 로히니 애넌드는 피드백을 시작한다. "그래도 마음에 담아 두지 마세요. 제가 이런 말씀을 드리는 것은 당신이 성공하길 바라기 때문입니다."

사실 이보다 더 좋은 방법도 있다. 당신이 피드백을 받을 대상의 스폰서라면 피드백을 주기 전에 그 사람과 기본적인 규칙을 몇 가지 세우는 것이 좋다. 크로웰 앤드 모어링의 CEO 켄트 가디너는 성공할 가능성이 크다고 생각한 미국 흑인 변호사와 '거래'를 했다. 법정에서의 태도와 연설 스타일에 대한 피드백을 받고 싶은지 사전에 물은 것이다. 그렇다는 대답이 돌아오자 가디너는 회사의 의장에게서도 비판을 받을 의향이 있는지 물었다. 비판을 사내에서 그의 지위에 대한 위협이 아니라 리더의 존재감에 관한 조언으로 받아들일 수 있는지에 관한 질문이었다. 가디너는 말했다. "상호 간에 신뢰와 존중심이 있을 때만 피드백을 효과적으로 주고받을 수 있습니다. 합의를 통해 제가 그분의 이익을 최우선으로 생각할 것이라고 그분을 안심시켰죠. 그리고 그분은 상처받지 않고 제가 하는 말에 귀를 기울이겠다고 저를 안심시켜 주셨고요.”

▶▶▶ 퍼스널 브랜드와 연관시켜 외모에 대한 피드백을 제공하라

스토리는 직원의 옷차림에 대해 코멘트할 때 항상 그 직원의 퍼스널 브랜드와 연관시킨다. 스토리는 이렇게 조언했다. “먼저 퍼스널 브랜드를 확립할 수 있도록 도와주세요. 그러고 나서 직원의 개인적인 스타일이 그런 이미지와 상충하거나 일치하는지 언급하세요. 예를 들면, 그 직원의 능력과 열정을 언급하고 나서 그 사람이 팀에 어떤 식으로 차별화된 가치를 불러오는지 이야기하세요. ‘분석 능력이 뛰어나신 것으로 알려져 있습니다. 수치 속에 숨어 있는 트렌드를 파악하는 능력도 뛰어나시고요.’ 이런 식으로 말하면 됩니다. 그러고 나서 사람들과의 모든 접촉, 옷차림과 전반적인 외모를 비롯한 팀원들의 모든 언어적 · 비언어적 메시지가 그런 이미지를 강화할 수 있어야 한다고 강조하세요.”

▶▶▶ 제3자를 개입시켜라

혹시 피드백이 차별적인 발언으로 오해받을까 봐 걱정된다면 HR이나 다양성 전문가와 상의하라. 전문가는 당신에게 변호사를 소개해 줄 수도 있고 상황이 평등고용기회위원회(EEOC) 영역으로 향하지 않도록 대화를 감당하는 방법에 대해 직접 조언할 수도 있다. 또한 피드백이 가능한 한 건설적이고 법적인 문제없이 받아들여지도록 훈련을 받은 전문가와 대화를 연습해 보는 것이 도움이 될지도 모른다.

이렇듯 리더의 존재감에 관해 유용한 피드백을 받긴 쉽지 않다. 피드백을 솔직하게 주기도, 이끌어내기도, 또 받아들이기도 어렵다. 이는 여성, 유색 인종, LGBT(Lesbian, Gay, Bisexual, Transgender: 레즈비언, 게이, 바이섹슈얼, 트랜스젠더) 직원의 경우 더욱 민감한 문제다. 피드백을 더 자유롭게 주고받는 것이 인재혁신센터에서 지난 2년 간 개발한 리더의 존재감에 관한 워크숍이나 트레이닝의 중심적인 부분이라는 점은 희소식이다.[i]

i) 더 자세한 정보를 원한다면 인재혁신센터의 홈페이지(www.talentinnovation.org)와 휴렛 컨설팅 파트너스의 홈페이지(Hewlett Consulting Partners: www.hewlettconsultingpartners.com)를 참고하기 바란다.

●●● 힐러리 클린턴은 영부인, 상원 의원, 대통령 후보, 국무장관으로서 시대 정신의 표상이 된 이래 그 누구에게든 적합한 인물이 되는 데 실패했다는 비판을 받아 왔다. 힐러리는 진지한 대접을 받기에 너무 여성적이라는 평을 들었고(그녀가 상원에서 가슴골을 조금 드러낸 사건을 기억하는가?)적당히 여성적으로 보이기엔 너무 공격적이라는 평도 들었다.(의료제도 개혁에 앞장선 것은 영부인답지 못한 부적절한 행동으로 여겨졌다.) 유권자들에게 어필하기엔 그녀의 학력은 너무 높았고(성적이 C였던 조지 W. 부시에 비하면) '선출될 만하기엔' 정치 경험이 너무 적었다. 또한 공직에 출마하기엔 '빌의 부인'이라는 이미지가 너무 강했고 여자들의 표를 얻기엔 첼시(Chelsea)의 엄마다운 면모를 충분히 보이지 못했다(딸을 위해 쿠키를 충분히 굽지 않았다.).

그러나 힐러리는 이런 채찍질에 굴하지 않았고 국무장관직과 국민의 존경심을 얻었다. 그렇다고 해서 더 높은 공직에 오르려는 여성으로서 감당해야 했던 아슬아슬한 줄타기에서 해방되진 못했다. 그녀는 여전히 '대통령감'이 되기엔 너무 여성적이지만 유권자들에게 어필하기엔 너무 남성적이다. 여론의 심판을 받는 자리에서 힐러리는 어떤 식으로든 승리하지 못한다.

사회적으로 용인되는 범위가 너무 좁다

수십 년간 사람들에게서 받아들여질 수 있는 좁은 범위를 두고 협상한 리더 캐롤린 버크 루스는 이런 현상을 골디락스(Goldilocks: 금발 미녀 -역주) 증후군이라고 부른다. 그녀는 이렇게 설명했다. "당신이 '딱 적당한' 경우는 전혀 없습니다. 사람들은 당신이 너무 이렇거나 너무 저렇다고 말하죠. 이런 현상 뒤에는 편견이 숨어 있기 때문에 당신이 변하더라도 상황은 달라지지 않습니다. 리더의 고정 관념에 딱 들어맞지 않는다면 당신이 리더가 될 수 있다고 생각하는 사람은 거의 없을 겁니다."

이성애자나 백인이나 남성이 아닌 사람이 리더가 되길 원한다면 본질적으로 다른 사람이 되길 바라는 사람들의 기대에 부응해야 하는 상황에 처할 가능성이 크다. 이런 기대는 근본적으로 모순되거나 역설적인 피드백을 통해 전달되며 리더십을 향한 여정에 오른 많은 사람이 앞으로 나아가기 전에 이런 피드백을 분석해야 했다. 버락 오바마가 처음 대통령 선거에 출마했을 때 겪어야 했던 고초를 떠올려 보라. 흑인 유권자들의 표를 얻기엔 그에게 "백인의 피가 너무 많이 흘렀고"[78] 백인 유권자들의 표를 얻기엔 "흑인의 피가 너무 많이 흘렀다."[79]

힐러리 역시 골디락스 증후군의 적절한 예다. 하지만 그녀보다 덜 저명한 많은 여성 역시 특정한 자질이 너무 많거나 너무 부족하다는 인식에 맞서 싸운다. 사람들의 눈에 딱 적당한 법이 없는 것이다. 잠재적인 '리더감'에 속한다고 여겨지는 여성의 대부분은 최고위 경영자의 바로 아래 직급에서 서성인다. 이는 인재가 풍부하고 매우 끈적거린다는 의미로 '마지팬(marzipan: 아몬드와 설탕으로 만든 끈적거리는 과자 반죽 -역주) 층'이라고 불린다. 오늘날 여성은 능력이 아주 뛰어난 인재의 절반 이상을 차지하며(대학원 졸업자의 약 60%) 그중 대다수(인재혁신센터의 연구 결과에 의하면 여성 고위 간부의 64%)가 다음 단계로 승진하길 희망한다.[80]

그러나 우리는 여성이 최고위 경영자가 되기 직전 마지막 걸음을 떼길 주저한다는 사실도 알아냈다. 아마도 여성스러운 것과 권위적인 것, 그리고 효과적인 것과 호감이 가는 것 사이의 아슬아슬한 줄타기를 하기가 두려운 것 같다. 남성의 경우 둘 중 한 가지 특성을 선택하라고 강요하는 사람이 없다. 남성이라는 것 자체만으로 사람들의 눈에 이미 리더감으로 비치기 때문이다. 1970년대 초에 사회과학자 버지니아 샤인(Virginia Schein)은 남성과 여성 경영자 모두 리더십과 관련된 자질이 여성보다는 남성에게 있을 가능성이 크다고 생각한다는 사실을 밝혀냈다. 그 후로 여러 연구를 통해 우리가 남성적인 특성을 남을 이끌기 적합한 특성으로 여기고, 여성적인 특성을 남을 돕기 적합한 특성으로 여긴다는 사실이 반복적으로 증명되었다. 사람들을 책임지는 능력은 남성의 분야인 반면 사람들을 돌보는 능력은 여성의 분야라고 생각하는 것이다.[81]

성별만으로 어떤 사람이 좋은 리더가 될 것인지 예측할 수 없다는 연구 결과가 많지만 우리는 리더 후보를 심사할 때 여전히 성별을 따진다.[82] 여성은 자신감이 부족하고, 덜 분석적이고, 감정적인 안정성도 떨어지는 등 '여성적인' 특성을 갖춘 것으로 여겨진다. 이런 특성을 유능한 리더와 연관지어서 생각하는 사람은 없다. 반면 우리가 남성적이라고 여기는 특성, 즉 공격적 · 지배적 · 객관적 · 경쟁적인 태도는 리더십의 필수 조건으로 꼽힌다.[83] 자신이 '보이지 않는' 특권을 얼마나 누리는지 모르는 남성의 태도가 여성에 관한 이런 고정 관념을 악화시킨다. 남성은 자신에게 접근할 권리, 받아들여질 가능성, 권위 등을 안겨 줄 수 있는 특성을 타고났다는 사실조차 모른다.[84]

여성이 이런 특성을 발휘할 경우 우리는 그들을 벌하는 경향이 있다. 커리어에 대한 야망이나 기업가에게 어울리는 지능이 있다는 것을 보여 주는 여성은 벌하고 남성은 보상한다는 사실이 여러 실험을 통해 반복적으로 드러났다. 2003년 뉴욕대학교의 스턴 경영대학원(Stern School of Business)에서 실시한 어느 실험을 소개하려고 한다. 실험 대상은 남녀 대학원생이었고, 그들의 임무는 실존 인물인 성공적인 기업가의 리더십 능력을 평가하는 것이었다. 그런데 기업가의 이름이 하이디(Heidi)일 때보다 하워드(Howard)일 때 피험자들이 이 기업가를 존경하는 마음이 훨씬 커졌다. 기업가의 이름이 하이디인 사례 연구를 접한 학생들은 그녀가 "이기적이고, 자신만 생각하며, 약간 정치적인 면이 있다"고 여겼다. 한마디로 하이디가 하워드만큼 호감 가는 인물이라고 생각하지 않았다.

이 실험은 2013년 하이디와 하워드 대신 이름을 캐스린(Kath-ryn)과 마틴(Martin)으로 바꿔 다시 진행되었다. 이번에는 학생들이 마틴(7.6점)보다 캐스린(8.0점)을 조금 더 좋아했다. 하지만 캐스린을 마틴만큼 신뢰하지는 않았다(6.4점 대 7.8점). 평가자들은 실험을 다시 진행한 CNN의 앤더슨 쿠퍼(Anderson Cooper) 특파원에게 "남자가 더 진실한 것 같다."고 설명했고, 여자의 경우 "너무 애쓴다는 느낌이 들어 신뢰성이 부족하다."고 지적했다.[85]

호감이 가는 모습과 유능한 모습의 균형을 유지하는 일이 리더가 되려는 여성이 겪는 가장 끈질기고 치명적인 딜레마라는 것은 거의 틀림없다. 이런 현상은 2004년에 처음으로 기록되었다. 매들린 헤일만(Madeline Heilman)을 비롯한 여러 학자가 성공적인 남성과 달리 성공적인 여성은 사회적인 거부와 개인적인 폄하에 시달린다는 사실을 밝혀냈다. 남성이 우세한 분야에서 성공한 경우 특히 그랬다.[86] 10년이 지난 지금 이런 현상은 여전히 나타난다.

2011년 남녀 6만470명을 대상으로 진행된 대규모 연구는 응답자의 절반 이상(54%)이 상사의 성별 중 특별히 선호하는 것이 없다고 답했다. 하지만 나머지 46%는 남성 상사를 선호하는 경향이 두드러졌다. 비율이 2:1을 넘을 정도였다. 남성 상사를 선호한다고 응답한 참가자들은 남성 리더의 긍정적인 자질을 언급하는 대신 여성 리더의 부정적인 자질을 언급했다. 이 과정에서 '심술궂다'나 '고약하다'와 같은 단어가 빈번하게 등장했다. 연구자들은 이렇게 분석했다. "사람들이 여성 리더의 유능함은 직접 언급하지 않으면서 여성 리더의 성격에 대해서는 이런 표현을 사용합니다. 이는 추상적인 여성 리더가 남성 리더보다 호감이 가지 않는다고 여기는 사람도 있다는 것을 보여 줍니다."[87]

여성은 전국적인 또는 국제적인 무대에 설 때마다 호감도 대 효율성이라는 딜레마에 빠진다. 미쳴 바쳴레트(Michelle Bachelet)가 2006년 칠레의 첫 여성 대통령이 되었을 때 방해꾼들은 금세 그녀의 접근법이 지나치게 '여성적'이라고 비난했다. "그녀는 결정을 내리는 것이 아니라 과실을 범합니다."라고 그녀의 정적들은 오만하게 말했다.[88] 바쳴레트는 뚱뚱한 여자를 뜻하는 '라 고르디스(La Gordis)'라고 불리기도 했다. 이는 크리스 크리스티를 묘사할 만한 말이지만 막상 크리스티는 언론을 통해 이런 발언을 들은 적이 없다. 바쳴레트는 다른 사람들의 의견을 듣고 합의를 추구하는 포용적인 리더라는 점에서 '너무 모성적'이면서 '너무 강인'하기도 하다. 그녀는 실제로 그랬다. 피노체트(Pinochet)가 대통령일 당시 고문

을 당하고도 살아남았으며 2002년 칠레의 첫 여성 국방장관이 되었다.[89]

결국 바첼레트는 여성 리더가 유능하면서도 사랑스러울 수 있다는 것을 증명해 보였다. 그녀가 공직을 떠날 당시의 지지율은 84%로,[90] 2013년 야당 후보로 재출마할 수 있는 발판이 되었다. 하지만 크게 성공한 다른 여성은 두 가지 자질 중에서 선택해야 했다고 그들을 추적하는 사람들은 말했다. 〈포춘〉지에 실린 '가장 영향력 있는 여성'의 명단을 작성한 퍼트리샤 셀러스(Patricia Sellers)는 "여성은 강할 수 있습니다. 또 호감이 갈 수도 있습니다. 하지만 두 가지 모두가 되긴 어렵습니다."라고 말했다.[91] 〈네이션(Nation)〉지에 글을 기고하는 페미니스트 블로거 제시카 발렌티(Jessica Valenti)는 "여성은 사람들의 호감을 얻기 위해 태도를 조절하고 결과적으로 세상에서 영향력을 더 적게 누린다."라고 언급했다. 그녀가 보기에 이것은 받아들일 수 있는 '거래'지만 이런 거래가 필요한 것 자체가 문제다.[92] 최근에는 페이스북의 2인자 셰릴 샌드버그는 이런 거래가 잠재적인 영향력이 큰 여성에게 미치는 영향력을 한탄했다. 샌드버그는 2013년 출간한 리더십 책 《린인(Lean In)》에서 "이런 편견 때문에 여성이 앞으로 더 나아가길 자제한다고 생각한다. 여성이 앞으로 나아가지 못하게 사회가 막을 때에도 바로 이런 편견이 작용한다."라고 지적했다.[93]

임무 수행을 위한 능력이 없다

그렇다면 달라진 것은 아무것도 없는가? 여성은 실제로 이것을 선택해도 비난받고 저것을 선택해도 비난받는가?[94]

인재혁신센터가 수집한 설문 조사 데이터에 따르면 버지니아 샤인이 '리더라고 하면 남성이 떠오른다.'라는 인식을 기록한 시절과 비교했을 때 여성 리더가 받아들여질 수 있는 범위는 별로 넓어지지 않았다. 리더의 존재감에 관한 모든 주요 영역(진지함, 의사소통, 외모)에서 여성은 여전히 아슬아슬한 줄타기를 하는 실정이다.

(여성 리더의 경우 실수할 여지가 많다.)

너무 잘난 체한다	너무 자기 비하적이다
너무 공격적이다	충분히 단호하지 않다
너무 독선적이다/목소리가 날카롭다	청중을 휘어잡지 못한다
너무 직설적이다/단도직입적이다	너무 상냥하다
피도 눈물도 없어 보인다	히스테리를 부리는 것처럼 보인다
옷차림이 너무 선정적이다	옷차림이 유행에 맞지 않는다
너무 어려 보인다	너무 나이 들어 보인다

표 10. 존재감 확립은 아슬아슬한 줄타기

여성의 경우 리더처럼 보이기가 지뢰밭을 통과하는 것만큼이나 까다로운 것으로 드러났다. 우리가 실시한 설문조사 결과를 살펴보면 여성 또한 남성 못지않게 외모가 리더의 존재감을 드러내는 데 작은 역할을 한다고 생각한다. 하지만 외모를 어떻게 관리하든 여성이 남성보다 외모 때문에 호되게 비판받을 가능성이 훨씬 크다. 예를 들면, 포커스 그룹의 참가자들은 여성이 화장을 너무 진하게 하면 신뢰성이 약화된다고 이야기했다. 그러고는 유행에 맞지 않는 옷을 입거나 자기 관리가 너무 안 된 여성 리더(물론 힐러리 클린턴을 예로 들었다)도 비난했다. 우리의 설문조사에 응한 리더의 절반은 단정하지 않은 손톱이 여성 리더의 존재감에 타격을 입힌다고 답했다. 하지만 그와 비슷한 수의 응답자가 "지나치게 손질한 손톱은 리더답지 못하다"고 답했다.

남성은 나이 때문에 시달리는 경우가 거의 없지만 여성은 전혀 그렇지 않다. '너무 어려 보이는 것'이 골칫거리라고 응답한 사람의 수와 '너무 나이 들어 보이는 것'이 여성 리더의 존재감을 약화한다고 응답한 사람의 수가 거의 비슷하다. 여러 경영자에게 여성이 리더로 보이려면 몇 살이어야 하는지 물었을 때 우리는 여성 리더가 사람들에게 받아들여질 수 있는 나이의 범위가 고작 3년(39~42세)이라는 사실을 깨달았다. 그들의 설명에 따르면 나이가 이보다 많은 여성은 관심을 끌지 못하는 반면 나이가 이보다 적은 여성은 "잘못된 방식으로" 눈에 띈다는 것이다. 직장 여성에게 연령주의는 전형적인 딜레마의 또 다른 버전일 뿐인 것처럼 보인다. 여성은 너무 여성적이거나(그래서 유능하지 못하다.) 충분히 여성적이지 않은 것이다(그래서 남성적이고 진실하지 못하다.).

우리가 진행한 인터뷰를 살펴보면 '너무 여성적이다/충분히 여성적이지 않다'라는 딜레마는 1970년대를 살던 페미니스트의 선구자만큼이나 현시대를 사는 야망 있는 여성을 무력하게 만든다. 필자가 이야기를 나눈 리더는 한결 같이 여성이 남성스러운 정장을 입고 나비넥타이를 맸던 끔찍한 시대가 지나가서 다행이라고 했다. 하지만 모든 직업과 환경에서 '딱 적당한 모습'을 보이기는 그 어느 때보다도 어렵다는 데 모두가 동의했다.

영국의 합창단 지휘자 수지 딕비는 여성이 여성성을 희생하지 말아야 한다고 강조했다. 그는 "남자처럼 보이는 것은 역효과를 낳습니다. 선택사항 한 가지가 줄어드는 것이기 때문입니다."라고 설명했다. 그러나 딕비는 직업상 이 문제로 골머리를 앓았다. 지휘를 하려면 청중에게 등을 돌리고 서서 엉덩이를 보일 수밖에 없는데 이것은 남성과 여성 리더 모두의 존재감에 악영향을 미치는 요인이다. 적어도 남성은 연미복을 입어 청중의 주의가 산만해지는 것을 피할 수 있다. 딕비는 "여자는 엉덩이도 더 크고 상황이 좋지 않습니다. 부정적인 영향이 있기 마련입니다."라고 지적했다.

그래서 청중이 그녀의 엉덩이에 신경을 덜 쓰고 실루엣이 잘 살도록, 다시 말해 키가 크고, 날씬하고, 라인이 깔끔해 보이도록 딕비는 하이힐을 신고 맵시 있는 '바지 정장'을 입는다. 긴 머리도 단정하게 묶는다. (하지만 롤링 스톤스와 무대에 설 때에는 흩날리는 머리가 쇼와 잘 어울린다). 딕비는 "딱 적당한 모습을 보이는 것이 중요합니다. 하지만 그렇게 보이는 여자는 개인적으로 한 명도 모릅니다." 라고 말했다.

직장에서 적합한 모습을 보이지 않으면 잠재적으로 끔찍한 결과가 발생할 수 있다고 글로벌 미디어 회사의 고위 간부인 캐롤은 말했다. 그녀는 스위스 투자은행에서 일하는 24세의 애널리스트로서 항상 고객과의 관계를 구축할 새로운 방법을 찾고 있었다. 그러다가 어느 남성 고객과 테니스로 친분을 다질 기회가 찾아왔다. 그 고객은 50대 기혼자로서 그녀와 일할 때 항상 프로다운 모습을 보였기 때문에 캐롤은 그를 '안전하다'고 여겼다. 두 사람은 그가 다니는 라켓 클럽에서 토요일에 이따금씩 테니스를 쳤다. 그러던 어느 날 그 고객이 보고 있던 서류를 캐롤에게 보여 주면서 회사를 상장할 계획이라고 밝혔다. 그는 캐롤의 전문적인 의견을 원했고 캐롤은 의견을 들려주었다. 대신 그 대가로 자신이 일하는 은행이 IPO(기업공개)를 처리하게 해 달라고 그를 설득했다. "당시에 제 수학 실력과 회계 실력은 남들만큼 뛰어나지 않았습니다. 하지만 그 대신 젊고 똑똑하고 고객의 이야기를 경청했습니다."라고 그녀는 설명했다.

그 IPO는 결국 그 은행이 한 해를 통틀어 중개한 가장 큰 건이 되었다. 이런 결과는 캐롤의 승진으로 이어졌어야 했지만 그녀의 상사는 고객과 성적인 관계를 맺었다며 그녀를 팀에서 제외하겠다고 위협했다. 캐롤이 로드 쇼(road show: 기업의 순회 투자 설명회 -역주)를 위해 유럽에 따라올 수 있기를 그 고객이 원하자 상사의 의심은 깊어만 갔다. "당신이 거길 왜 가야 하는 거죠? 대체 그분이 당신을 왜 거기까지 부르는 겁니까?"라고 그가 추궁했다.

캐롤은 당연한 사항을 설명했다. IPO를 따낸 것도 그녀이고, 그 사람은 그녀의 고객이라고 말했다. 그녀가 스위스에 가지 못하게 상사가 막자 고객은 캐롤을 위해 콩코드 항공권과 호텔방을 마련해 주었다. 캐롤의 업적에 어울리는 행동이었지만 상사는 이를 부적절하다고 여겼다. 캐롤은 결국 유럽으로 향했으나 소문을 감안하여 근무 시간 외에는 고객과 일절 접촉하지 않았다. 고객은 그녀의 행동에 실망감을 내비쳤다. 그녀는 이렇게 말했다. "옷을 보수적으로 입고 저녁에는 호텔방 밖으로 나가지 않았습니다. 일을 따내려면 부적절한 행동을 해야 하는 것처럼 비치고 싶지 않았거든요."

그래도 상사를 설득할 순 없었다. 캐롤은 "그분은 제가 성적인 요소가 아니라 다른 것을 바탕으로 비즈니스 관계를 형성할 능력이 있다는 것을 절대로 믿지 못했습니다."라고 설명했다. 그래서 그녀는 로드쇼를 끝마치고 돌아오자마자 헤드헌터에게 연락했다. "제가 승진하기 위해 뛰어넘어야 할 장애물 중 제 능력과는 아무 상관도 없는 것이 너무 많았습니다."라고 캐롤은 나에게 털어놓았다.

소수 집단 출신의 여성에게서는 여성일 경우, 게다가 젊고 매력적일 경우 프로답게 보이기가 얼마나 어려운지에 대해 더 끔찍한 이야기를 들을 수 있었다. 미국에서 교육을 받은 파키스탄인 아니카(Anika)는 29세에 빅 포(Big Four)의 회계 컨설턴트 자격으로 싱가포르로 출장을 갔다. 당시 그녀는 (백인 남성) 동료들과 택시를 타고 가고 있었는데 놀랍게도 택시가 지저분한 동네에 잠시 들렀다. 그러더니 동료 중 한 명이 내려 어느 출입구에 고개를 내밀었다가 매춘부와 함께 택시로 돌아왔다. 아니카 옆에 앉은 그 매춘부는 그녀에게 말레이어로 이야기했다. "그녀는 저도 매춘부일 것이라고 생각했어요."라고 아니카는 말했다. "그때 '아, 백인 남자면 이런 환경에서 끄떡없구나. 하지만 피부가 갈색인 여자면 남자들과 자격 조건이 똑같거나 더 뛰어나더라도 25배는 더 열심히 일해야 비즈니스를 하는 프로라고 대접받을 수 있구나.'라는 생각이 들었습니다."

여성이 설령 프로다운 모습을 보이는 데 성공하더라도 여성이라는 사실 자체만으로 벌을 받을 수도 있다. 전직 채권 브로커 출신인 에이미는 남성 브로커와 경쟁하면서 좌절해야 했다. 남성 동료들이 고객을 접대할 때 호화로운 만찬이나 문화행사의 입장권만 제공하는 것이 아니라 고객을 늦은 밤에 스트립 클럽에 데리고 간 것이다. 그녀는 말했다. "여러 고객과 저녁을 먹고 나면 동료들이 저에게 '집에 돌아가실 수 있게 차편을 마련합시다.'라고 말했습니다. 그들은 '발레를 보러' 간다는 것이었어요." 그녀는 이것이 공정한 처사가 아니었다고 꼬집었다. 남성 브로커는 자신이 이용하지 못하는 방법으로 고객과 유대를 형성할 수 있었기 때문이다. "위험한 상황을 피하고, 프로로서의 평판을 보호하기 위해서 저는 항상 자리를 일찍 떠야 했습니다."라고 그녀는 털어놓았다.

의사소통

청중을 휘어잡아 리더십을 증명하려고 하는 여성이 사람들에게서 받아들여질 수 있는 범위는 대단히 좁다. 인터뷰를 진행하면서 우리는 남자들이 "새된 소리를 내는 여자"를 매도하는 것을 여러 번 들었다. 이 표현은 목소리, 태도, 보디랭귀지를 통해 감정을 제대로 제어하지 못하는 모든 여성 리더를 포괄한다.

크로웰 앤드 모어링의 켄트 가디너 회장은 너무 날카로운 목소리 때문에 사건에서 제외되어야 했던 어느 여성 직원에 대해 들려줬다. "사람들이 자신의 말을 들어주지 않는다고 생각했던 것 같습니다. 그녀는 매우 공격적인 반응을 보였죠. 변론 취지서 수정에 관해서나 전략에 대해 자세히 설명하지 않고 고객을 지나치게 밀어붙였습니다. 고객은 결국 '저 여자가 제 사건을 더 이상 맡지 않았으면 좋겠습니다'라고 말했어요. 이 세계에서 그런 말을 듣는 것은 사형 선고를 받는 것이나 마찬가지입니다."

그러나 가디너는 자신의 회사에 말을 너무 자신 없게 하는 여성 직원도 많다고 했다. "그런 태도를 보이는 것은 말하고 있는 내용을 잘 모르거나 주장을 펼칠 용기가 부족한 것 같다는 사람들의 생각에 확신만 더해 줍니다." 물론 맞는 말이다. 그렇지만 너무 공격적인 태도와 너무 머뭇거리는 태도 사이에 공간이 얼마나 있는 것인가?

우리의 연구에 따르면 많은 여성 리더가 이 공간을 아직 찾아내지 못했다. 마가렛 대처를 떠올려 보라. 그녀의 이미지를 책임지는 사람들에 따르면 대처의 목소리는 너무 날카로웠다. 하지만 목소리의 높이를 조절하려고 노력한 후에도 그녀는 잔인한 여자로 형상화되었고, 이런 이미지는 그녀의 엄격한 정책 때문에 더욱 확고해졌다.

바첼레트가 깨달았듯이 여성 리더가 비판을 면할 수 있는 중도란 없다. 그들은 히스테리를 부리거나 피도 눈물도 없는 것으로, 또 태도가 너무 딱 부러지거나('무자비하다'는 표현이 자주 쓰인다.) '너무 상냥한' 것으로 비친다. 이 모든 표현은 능력이 부족하다는 뜻이지만 그렇다고 해서 여성이 자신이 성취한 것에 대해 자신 있게 이야기하면 오히려 비난을 받는다. 우리의 설문조사에 응한 응답자의 29%가 '자기 자랑을 늘어놓는 것'이 여성 리더의 존재감을 약화한다고 답했다. 하지만 칭찬을 대수롭지 않게 여기거나 마땅히 인정받아야 할 공로를 피하는 태도도 썩 리더답지 못하다고 여겨진다. 응답자의 24%는 '자기 비하적인' 태도가 여성 리더의 존재감을 약화한다고 답했다.

우리의 정성 연구를 살펴보면 여성이 청중을 멀어지게 하지 않으면서도 그들에게 메시지를 전달하려고 얼마나 고생하는지, 그리고 이에 실패할 경우 어떤 대가를 치러야 하는지 알 수 있다. NASA 에서 일하는 행성 지질학자인 안나는 아무도 이름을 들어본 적이 없는 과학자다. 나는 그녀를 콜롬비아 보고타의 어느 컨퍼런스에 서 함께 무대에 섰을 때 만났다. 하지만 650만 년 전에 소행성이 지구와 충돌하여 공룡이 멸종되고 포유류가 진화하고 지배하게 되 었다는 이론은 들어본 적이 있을 것이다. 안나가 이 이론을 창시한 것은 아니지만 이를 뒷받침하는 증거를 발견했다. 최신 인공위성 영상을 이용하여 충돌 분화구를 찾아낸 것이다.

그러나 연구의 중요성에도 불구하고 안나가 연구 결과를 출판하 기까지는 1년이 넘게 걸렸다. 이 때문에 공로를 인정받으려는 그 녀의 노력이 매우 약화되기도 했다. 안나는 출판이 연기된 것이 진 지함이 부족해 보이는 모습(그녀는 명문대학교 출신이 아니다.)과 의사 소통 문제(강한 억양으로 영어를 구사한다.) 때문일까봐 걱정했다. 이 런 이중고 때문에 그녀는 행성 과학계에서 진지한 과학자로 인정 받는 데 어려움이 많다.

청중의 관심을 사로잡는 것도 여전히 숙제다. 최근에 안나는 팀 원들에게 값비싼 기술의 장점을 홍보하기 위해 회의를 개최했다. 하지만 결국 청중의 지지를 얻은 것은 그녀가 아니라 남성 동료였 다. 그녀는 이 경험에 대해 "스페인어로는 분명하고 설득력 있게 말할 수 있습니다. 하지만 영어로는 말을 너무 장황하게 하고 주장 을 확고하게 펼치지 못합니다."라고 말했다.

그러나 말을 더 단호하게 하는 여성은 더 절제된 모습을 보였더라면 일이 더 잘 풀리지 않을까 하는 생각을 해 본다. 인터뷰에서 미국 흑인 여성 간부들은 흑인 여성이 항상 화가 나 있다는 고정 관념을 깨야 할 필요성을 제기했다. 인텔의 부사장 로절린드 허드 넬은 말했다. "갈등의 순간에 그런 고정 관념을 강화해서는 안 됩니다. 그렇다면 그런 순간에 리더의 존재감이란 어떻게 생긴 걸까요? 대체 어떤 소리가 날까요? 화가 나 있거나 팀플레이어가 아니란 인상을 주지 않으면서도 주장을 펼치는 방법이 무엇일까요? 만일 회의실의 유일한 흑인이거나 여성일 때 '그 의견에 동의하지 않습니다.'라거나 '그렇게 하고 싶진 않습니다.'라고 말하면 사람들에게 당신이 아웃사이더라는 사실만 상기해 줄 뿐입니다. 당신이 팀의 일원인 것처럼 느낄 수 있게 할 부담이 팀원들에게 없는 경우가 많습니다. 그보다는 팀에 속해 있다는 부담이 당신에게 있습니다. 불공평한 것 같지만 현실이 그렇습니다."

'너무 직설적이다/너무 상냥하다'라는 딜레마('너무 단호하다/너무 신중하다'의 필연적인 결과이다) 역시 인재혁신센터의 설문 조사에서 여실히 드러났다. 우리의 설문조사 데이터에 따르면 '공감한다는 사실을 보여 주는 것'과 '너무 상냥한 것'은 여성 리더의 존재감을 약화한다. 그러나 이와 비슷한 비율의 응답자(15%)가 '너무 상냥한 것'과 '충분히 상냥하지 않은 것'이 여성 리더의 존재감을 약화한다고 답했다.

우리가 인터뷰한 여성 중 다수가 두 가지 특성 사이의 공간을 찾는 데 따르는 좌절감에 대해 말했다. 갭에서 손실 예방을 담당하는 부사장 데비 메이플스는 이런 딜레마의 전형적인 상황에 대해 언급했다. 그녀는 본래 "대단히 직설적이고 강한" 말투로 의사소통을 한다. 직장생활 초기에 코치에게서 "식초보다 꿀에 벌이 더 많이 몰립니다."라는 조언을 듣기도 했다. 그래서 솔직한 태도를 자제하고 의견을 더 부드럽게 제시하는 데 공을 들였다. 하지만 몇 년 뒤에 갭에서 일하기 시작했을 때에는 상사에게서 너무 상냥하다는 지적을 받았다. "대체 균형을 어떻게 맞춰야 하는 거죠?"라고 그녀는 물었다. "제가 사람들을 더 딱딱하게 대하길 원하는 건지 더 부드럽게 대하길 원하는 건지 알 수가 없습니다. 그리고 남자에게 그런 태도를 보이길 바라는지 여자에게 그러길 바라는지도 알 수 없고요. 균형을 맞추기가 너무 어렵습니다."

진지함

리더의 존재감에 관한 영역 중 여성이 가장 조심스럽게 접근해야 하는 것은 바로 진지함이다. 단호하지만 호감이 가지 않는 인물로 낙인찍히기가 가장 쉬운 영역이기 때문이다. 예를 들면 이를 드러내는 여성, 즉 결단력 있고, 적극적이며, 자신의 입장을 고수할 의지가 있는 여성은 나쁜 여자나 비협조적인 사람('팀플레이어가 아닌 사람')으로 인식될 위험이 있다. 다국적 기업에서 글로벌 기업 서

비스를 담당하는 고위 간부인 린다는 직장생활 초기에 이런 딜레마에 시달렸다. 그녀가 단호한 태도로 주장을 펼치면 (남성) 상사들은 그녀가 따지길 좋아하고 다른 사람들의 의견을 받아들일 의향이 없다고 생각했다. 그녀는 이렇게 회상했다. "제가 변화를 이끌어 내는 사람이 아니라는 말을 들었습니다. 남의 의견에 습관적으로 반대하는 경우가 너무 많다고 하더라고요. 저는 그저 사람들이 다른 관점에서도 상황을 살펴보길 원했을 뿐이에요!"

하지만 린다는 굴하지 않았다. 그 덕택에 오늘날 그녀는 자신의 경우 리더로서의 진지함이 놀랍도록 솔직한 데서 기인한다고 말했다. "사람들이 저를 찾아오는 것은 설탕 발린 말을 듣기 싫어 하지 때문입니다. 십중팔구 그들은 이렇게 말합니다. '실제로 어떤 일이 벌어지고 있는지 듣고 싶어서 찾아왔습니다.'"

린다는 그날을 되돌아볼 때마다 혼자서만 비판을 받은 사실에 발끈한다. 남성 동료들이 똑같은 행동을 했더라면 상사들은 아무 말도 없이 넘어갔을 것이다. "남자가 주장을 강하게 펼치면 성격이 강인한 것으로 비칩니다. 하지만 여자가 그런 행동을 하면 나쁜 여자로 낙인찍히고 사람들의 호감을 전혀 사지 못합니다."라고 그녀는 분통을 터뜨렸다.

미셸 오바마는 대부분의 여성과 마찬가지로 이런 교훈을 고생 끝에 얻었다. 2008년 초 남편을 위해 선거 유세를 하며 처음으로 전국 무대에 섰을 때 그녀는 속마음을 털어놓았다. 국민이 정치 과정에 새롭게 관심을 보이는 것을 목격하며 흑인 여성으로서 느낀

점을 청중에게 솔직하게 이야기한 것이다. 그녀는 "성인이 된 이래 조국이 이렇게 자랑스럽기는 처음입니다."라고 말했다.

그로부터 몇 시간이 지나기가 무섭게 언론은 미셸을 '화가 난 흑인 여자'로 낙인찍었다. 보수적인 언론은 신이 나서 그녀의 미온적인 애국심을 꾸짖었고, 오바마에게서 사과를 받아냈다. 오바마는 부인이 진심으로 그런 말을 한 것은 아니라고 해명했다. 〈뉴욕 타임스〉와 〈로스앤젤레스 타임스〉의 헤드라인은 그녀를 민주당 후보의 '잠재적인 골칫거리'라고 평가했고,[95] '폭스 뉴스'의 해설자는 한 술 더 떠서 그녀가 승리한 남편과 주먹을 맞대고 있는 장면을 '테러리스트의 주먹 인사'라고 표현했다.[96]

이런 공격적인 이미지는 남편의 첫 임기 초기에 미셸을 오랫동안 괴롭혔다. 그래서 그녀는 선행에 앞장서기로 했다. 군인 가족을 지원하고, 아동 비만 문제를 해결하기 위해 '겟 무빙(Get Moving)' 캠페인을 벌였다. 그녀가 이런 활동을 선택한 이유 중 하나는 이들이 대단히 '안전한' 활동이었기 때문이다. 영부인은 논란의 여지가 조금이라도 있는 문제를 언급하면 안 된다는 사실을 비로소 깨달은 것이다.

그렇다면 요점이 무엇인가? 솔직한 평가 제시하기, 다른 사람이 말할 때 끼어들기, 주장을 확고하게 펼치기, 주먹으로 내리치기, 욕설하기 등 남성이 하면 진지함이 드러나는 행동도 여성이 하면 공격적인 행동으로 비친다는 것이다. 2013년 6월 자칭 '버터의 여왕(Queen of Butter)'인 유명 셰프 폴라 딘(Paula Deen)이 'nigger(깜둥

이)'라는 단어를 사용한다고 시인했을 때 일어난 후폭풍을 생각해 보라. 발렌틴 북스(Ballantine Books)는 그녀의 책 다섯 권을 출판하기로 한 계약을 파기했고, 여러 기업이 그녀를 후원하려던 계획을 취소했다. 결국 딘은 큰 시련에 빠지고 말았다.

그러나 '30락(30 Rock)' 스타 알렉 볼드윈(Alec Baldwin)이 어느 영국 기자에게 트위터로 동성애자를 모욕하는 말을 섞어 가며 협박했을 때에는 반발하는 사람이 거의 없다시피 했다. (그는 "내가 당신을 찾아내고야 말겠어, 조지 스타크(George Stark), 이 암적인 호모 새끼야. 널 아주 끝장내 주겠어."라고 말했다).[97]

볼드윈은 과거에 그랬듯이 이번에도 자신의 불같은 성미에 대해 사과했다. (하지만 그는 11살짜리 딸에게 "생각 없는 조그만 돼지"라고 부른 음성 메일을 남긴 남자다.)[98] 이 사건과 볼드윈의 반응은 그가 알파남이라는 이미지를 굳히는 데 도움이 되었을 뿐이다.

물론 이런 상황을 악화시키는 것은 남성이 이중 잣대를 적용하면서도 그런 사실을 모른다는 것이다. 우리의 포커스 그룹에 참가한 남성 경영자들은 대중에게서 불쾌한 인물이라는 비난을 받은 여성 리더의 이름을 나열하며 희열을 느꼈다. 이 명단에는 야후의 마리사 메이어와 HP의 전 CEO 칼리 피오리나(Carly Fiorina)도 포함되어 있다. 하지만 이 똑같은 경영자들은 지나치게 공손하거나 주장을 확고하게 펼치지 못해 중요한 회의에서 자신들을 난처하게 한 여성 부하 직원들에 대해 불평하는 것이 얼마나 역설적인지 깨닫지 못했다. 우리의 설문 조사 결과는 이런 현상을 완벽하게 반영한다. 응답자의 31%가 '너무 권위적인 태도'가 여성 리더의 존재감을 약화한다고 답했고, 역시 31%가 '너무 수동적인 태도'가 여성 리더의 존재감을 약화한다고 답했다. 대체 무엇을 어쩌란 말인가.

권력자에게 진실을 말하는 것과 이빨을 드러내는 것은 진지함을 쌓는 데 관해 여성이 제대로 하지 못하는 유일한 행동은 아니다. 평판 역시 여성에게 양날의 검과 같은 역할을 한다. IMF의 수장 크리스틴 라가르드의 경우를 생각해 보라. 라가르드의 자격 조건, 이력, 경험은 흠잡을 데가 없다. 그녀를 싫어하는 사람들도 이 부분에는 동의한다. "라가르드는 전반적으로 통솔력이 있고 침착한 여성의 전형에 해당한다. 그래서 남성이 우세한 조직의 리더로서 남자들에게 받아들여질 수 있는 것이다."라고 다이앤 존슨(Diane Johnson)이 2011년 9월호 〈보그〉에 실린 기사에서 언급했다. "그녀는 키가 178㎝이고 당당한 아름다움의 소유자다. 또한 침착하고, 완벽하며, 자신감과 매력을 발산한다. 그녀는 화려한 여교장과 같아서 학생들의 절반은 그녀와 사랑에 빠지고 절반은 그녀를 두려워한다."[99]

그러나 이런 매력에도 불구하고 라가르드를 업신여기는 사람도 많다. 스캔들로 홍역을 치렀던 도미니크 스트로스칸에게서 2011년 7월 IMF의 총재직을 물려받았을 때 그녀는 "보통 사람에게서 동떨어진 상류층 여성으로서 우아하고 세련된 사람들이 그러하듯 보통 사람들의 행복보다 자신의 외모에 더 신경 쓴다."는 비판을 받았다.[100] 다시 말해, 라가르드는 리더로서의 존재감을 긍정적으로 발휘했기 때문에 개인으로서 충분히 '인민주의적'이지 못했다.

AT&T에서 인재개발팀을 이끌고 있는 데비 스토리는 저자의 성별에 따라 리더십에 관한 책에 대한 사람들의 반응이 다르다는 사실을 깨달았다. 이는 부분적으로 여성 작가가 회사에서 진급하는 과정에서 남을 돌보는 사람의 역할과 프로의 역할 간에 균형을 맞춰야 했다고 언급하는 경우가 많기 때문이다. 그녀는 이렇게 설명했다.

"영향력이 큰 남자의 경우 리더십에 관한 책을 쓰면서 지원 체계(support system: 개인을 정서적 또는 물질적으로 지지하는 사람들 -역주)를 빼놓을 때가 많습니다. 그 사람들이 자신의 성공에 큰 도움을 주었는데도 말입니다. 반면 여성 작가는 이런 문제에 정면으로 대응하는 경우가 많습니다. 그러다 보니 대체로 공격에 취약해지고 비판을 불러일으킵니다. 여성이 같은 여성과 비교당하고 여성에게 남성과는 다른 기준이 적용되는 일이 너무 자주 벌어집니다. 사람들은 여성이 거의 완벽하지 않은 이상 신뢰성이 부족하다고 생각하는 경우가 많습니다. 따라서 여성은 유능한 리더뿐만 아니라 역할 모델로 적합한 어머니, 부인, 친구, 자원봉사자 등도 되어야 합니다."

자유를 더 많이 누릴 수 있는 방법
– 통찰력과 전략

▶▶▶▶ 이를 드러낼 때 팀의 이익을 최우선으로 여긴다는 사실을 보여줘라

남들과 다른 의견을 단호하게 펼치되 주장에서 '나'를 빼라. 이것이 인텔의 로절린드 허드넬의 조언이다. 그녀는 '품위 있게 주장하기'의 기술을 마스터한 리더다. 허드넬에 따르면 여성과 유색 인종은 '팀 플레이어가 아닌 사람'으로 낙인 찍힐 행동을 너무 자주 한다. 그들의 주장이 자신을 개인적으로 불편하게 만드는 요소에 바탕을 둔다는 것이다. "주장을 자신에 대한 이야기로 만들지 마세요. 그러면 아웃사이더로서의 이미지만 굳어질 뿐입니다."라고 허드넬은 말했다.

"기업을 위해서 일할 때는 그 기업에 대한 책임이 있다는 것을 기억하세요. 어떤 주장을 펼치든, 또 싫어하거나 이의를 제기하고 싶은 결정이 무엇이든 상관없습니다. 당신을 위해서 좋은 것이 무엇인지가 아니라 기업을 위해서 최선인 것이 무엇인지를 생각해야 합니다. 단어를 신중하게 선택하고 말투와 보디랭귀지에 주의하세요. 다수의 의견에 대해서도 생각해 보세요. 입장을 밝히기 전에 '윗사람들이 이 아이디어를 어떻게 생각할 것인가?'라는 질문에 대한 답을 생각해 본다면 훨씬 효과적인 주장을 펼칠 수 있을 겁니다."

▶▶▶ 권력자에게 진실을 말할 때 유머를 섞어
자신이 받아들여질 수 있는 범위를 넓혀라

우리 프로젝트 팀의 글로벌 리더인 스텔라(Stella)는 자신이 대단히 존경했던 어느 상사에 대한 이야기를 들려주었다. 그는 똑똑하고 비즈니스에 대해 아는 것이 많았다. 상황을 분석하고 결정을 내리는 능력도 뛰어났다. 하지만 스텔라는 그의 리더십 스타일은 존경하지 않았다. 거친 태도로 사실상 반대 의견을 모두 원천봉쇄하는 스타일이었기 때문이다. "테이블을 주먹으로 치고 욕을 하셨어요. 당신이 분석한 내용에 이의를 제기하는 사람은 누구든 깎아내리셨고요." 그런 태도는 효과가 있었다. 성격이 너무 위협적인 나머지 그에게 감히 도전장을 내미는 사람은 없었다.

하지만 스텔라는 자신이 옳다는 것을 알 때 생각을 드러내지 않는 사람이 아니다. 그래서 상사가 새로운 영업 전략을 시행하는 것에 대해 논의하려고 팀원들을 불러 모았을 때 스텔라는 위협받길 거부했다. 그는 그 전략이 수익의 증가로 이어질 것이라고 생각했다. 그녀는 말했다. "그분의 접근법이 고객 만족도에 부정적인 영향을 끼치고, 그것이 결과적으로 수익에도 악영향을 미칠 것이라고 생각했습니다. 그래서 그분의 주장을 객관적으로 반박했습니다."

예상대로 상사는 불같이 화를 냈다. "이런 제기랄!"이라고 그는 소리쳤다. 주먹으로 테이블을 내리치고 사람들을 노려보기도 했다. "내가 스텔라를 공격하기 전에 먼저 나서고 싶은 사람 있습니까?" 회의실에 몇 초간 침묵이 깔렸다. "아뇨. 모두 밥이 공격하는 것을 보려고 기다리고 있습니다." 그러자 밥은 웃음을 터뜨렸다.

스텔라는 그 지적이 자신의 진지함을 약화하지 않고 강화할 수 있도록 한 가지 일을 더 했다. 회의가 끝나고 나서 상사를 찾아가 그의 권위에 도전하려고 했던 것이 아니라 그가 옳은 결정을 내리는 데 필요한 지식을 알길 바랐다고 설명한 것이다. 스텔라는 그에게 말했다. "전반적인 상황을 알고 계시길 바랐습니다. 다른 방향으로 나아가셔도 괜찮습니다. 하지만 내리시는 모든 결정이 충분한 정보를 바탕으로 하도록 사실을 제시하는 것이 제 책임입니다." 밥은 그녀에게 의도를 고맙게 여긴다고 말했고, 그녀의 용기에 찬사를 보낸다는 말도 덧붙였다. "그분이 저를 존중하는 마음이 그날 세 배 정도로 늘어났습니다."라고 스텔라는 말했다.

▶▶▶ 더 신중하게 겨냥해 과녁을 맞혀라

얼라이언스번스타인의 로리 마사드는 여성이 의사소통에 지나치게 포괄적으로 접근하는 경우가 너무 많다고 말했다. 그러면 공격의 대상이 쉽게 될 수 있다. 여성은 다른 사람들의 의견에 귀 기울이는 대신 자신의 의견부터 툭 던지고, 자신의 통찰력 중 최고인 것을 공유하는 대신 머릿속에 떠오르는 내용을 거르지 않고 말한다. 또한 사람들에게서 받아들여질 수 있는 확률이 높아질 때까지 기다리지 않고 무작정 이야기한다.

하지만 이런 방식을 도입하기보다는 저격수가 되는 편이 낫다고 마사드는 말했다. "목표물을 선택하고 타이밍에 맞춰 최고의 일격을 가해야 합니다. 회의에 참석해서 처음으로 제시하는 의견이 약해서는 안 됩니다. 저는 정말 좋은 주장을 펼치거나 통찰력을 제공할 수 있지 않는 한 의견을 내지 않습니다. 주로 반대 의견을 펼치거나 통찰력 있는 질문을 할 준비가 될 때까지 말하길 기다립니다."

하지만 회의를 이끌 때에는 정반대의 태도를 취한다고 마사드는 강조했다. "강한 의견을 제시하여 분위기를 단번에 휘어잡습니다. 잡담을 하거나 사람들이 주말에 무엇을 했는지 또는 가족이 어떻게 지내는지 묻지 않습니다. '제가 필요한 것은 이것입니다. 이것이 제 목표고요. 그럼 이제 시작해 봅시다.'"

▶▶▶ 참모습을 보일 자유를 많이 누릴 수 있는 퍼스널 브랜드를 구축하라. 그리고 그것을 맹렬하게 드러내라

리처드 브랜슨에게서 한 수 배워 보자. 버진의 CEO는 일찌감치 스스로를 인습 타파주의자로 묘사했다. 그는 어려운 일에 도전하고 일을 다른 방식으로 처리하는 데 희열을 느끼는 사람이다. 그런 퍼스널 브랜드 덕택에 브랜슨은 몇 가지 측면에서 비판을 면할 수 있었다. 사실 브랜슨은 자신의 성공만큼이나 실패를 통해서도 수익을 창출한다. 도전을 기꺼이 수용하고 일을 다른 방식으로 처리하는 그의 퍼스널 브랜드가 결과가 아니라 시도를 축하하는 덕택이다.

브랜슨이 라이벌 항공사의 CEO 토니 페르난데스(Tony Fernandes)와 벌인 내기를 생각해 보라. 각자의 포뮬러 원(F1) 팀의 성적에 따라 패자가 상대방의 항공사에서 일일 승무원으로 일하기로 한 것이다. 브랜슨은 내기에서 졌지만 여성 승무원으로 분장하고 에어아시아에서 교대 없이 근무를 마쳐 자신의 브랜드에 새로운 활기를 불어넣었다. 이런 돌발 행동으로 그는 사람들의 호감을 샀다. (승객으로 비행기에 탑승했던 데즈먼드 투투(Desmond Tutu: 남아프리카공화국의 성직자 -역주)는 그에게 "육감적"이라고 칭찬했다.) 이 재미있는 내기 덕택에 양쪽 항공사의 수익이 모두 증가했고, 브랜슨은 스타라이트 칠드런스 재단(Starlight Children's Foundation)을 위해 30만 달러를 모금할 수 있었다.[101]

그렇다고 해서 이렇게 극단적인 행동을 하라는 말은 물론 아니다. 당신을 고정관념의 틀 밖에 두는 브랜드를 의식적으로 구축하고 그것을 자신 있게 관리하라는 말이다. 그러면 사람들이 당신을 틀 속에 감히 가둬 둘 수 없게 하는 데 큰 도움이 될 것이다.

인재혁신센터의 연구 책임자 로라 셔빈은 경제학 박사학위를 포함하여 상당히 인상적인 자격 조건을 갖추고 있다. 그러나 우리의 조직에 합류했던 2007년에는 너무 어려 보여서 진지함을 드러내는 데 애를 먹었다. 콜롬비아대학교에서 필자 밑에서 공부하는 학생처럼 보였지만 그녀는 자격 조건을 충분히 갖췄고 학생들을 가르칠 만큼 경험이 있었다. (그녀는 현재 콜롬비아대학교 국제공공정책대학원의 겸임 교수로 재직 중이다.)

과연 셔빈은 이 문제를 어떻게 해결했는가? 그녀는 가능할 때마다 사람들에게 자신을 로라 셔빈 박사라고 소개해 달라고 (요령 있게) 요청했다. 우리의 연구를 외부 또는 새로운 청중에게 소개할 때는 콜롬비아대학교에서 학생들을 가르친 경험이 있다는 사실을 언급했다.

▶ ▷ ▶ 사람들에게 신경 쓴다는 것을 보여 줘라

특히 여성의 경우 대중의 눈에 더 자유롭기 위해서는 권리를 박탈당한 사람들에게 신경 쓴다는 사실을 분명하게 보여 주는 활동을 해야 한다. 이런 전략은 호감도를 수직상승시킨다. 실제로 이런 전략을 적극적으로 수용하지 않는 여성 리더가 없을 정도다. 뉴욕주의 신진 상원 의원이자 힐러리 클린턴의 후임자인 커스틴 질리

브랜드(Kirsten Gillibrand)는 군대에서 일어나는 성폭행에 대항하는 목소리로 떠올랐다.[102] 엘리자베스 워런(Elizabeth Warren)의 경우 매사추세츠 주 상원 의원 선거를 준비하는 기간에 괴롭힘을 당하는 LGBT 청소년들을 돕는 '잇 게츠 베터(It Gets Better)' 캠페인을 위한 영상을 촬영했다.[103] 두 사람 모두 힐러리의 실수를 보고 깨달은 점이 있는 것 같다.

피드백은 어떤 길을 따라가고 어떤 함정을 피해야 하는지에 대해 지적받을 수 있다는 점에서 유용할 수 있다. 하지만 특정한 시점에 이르면 많은 사람이 편안함과 순응 사이에서 선택의 폭이 좁아져 제약을 받는다고 느낀다. 그러나 아슬아슬한 줄타기에 성공하는 것이 리더로서의 존재감이 있는지를 알 수 있는 최종 관문이다.

●●● 필자는 작년 6월 런던에 있는 코벤트 가든 호텔(Covent Garden Hotel)에서 평등인권위원회(EHRC)의 전 의장인 트레버 필립스를 만나 함께 아침 식사를 했다.

그는 맞은편에 있는 보라색 소파에 털썩 앉으며 "아주 놀라운 일이 방금 일어났습니다!"라고 말했다. 그러고는 호텔에서 한 블록 떨어진 곳에서 전혀 모르는 남자가 자신을 알아 봤다고 이야기했다. 그 남자는 필립스가 예전에 '런던 프로그램(The London Programme)'의 사회를 맡았다는 것뿐만 아니라 영국이 다민족 국가로 부상하는 현상을 기록한 1998년 BBC TV 시리즈 '윈드러쉬(Windrush)'의 프로듀서라는 사실도 알고 있었다. 필립스는 말했다.

"'윈드러쉬'가 젊은 영국 흑인으로 살고 있었던 자신의 인생을 바꿨다는 것을 제가 알길 바라더군요. DVD를 사서 자녀들에게도 보여 줬답니다. 아이들도 자신만큼이나 영감을 받을 것을 알았다고 하더군요." 필립스는 고개를 흔들며 놀라워했다. "그 시리즈를 제작한 것은 제가 여태까지 한 일 중에서 위험 부담이 가장 컸던 일일 겁니다. 하지만 가장 중요한 일이기도 하기 때문에 항상 감사한 마음입니다. 그 시리즈 덕에 제가 저 자신에게로 돌아왔으니까요."

필립스는 성적소수자(LGBT) 권리와 언론의 자유는 소리 높여 옹호하지만 다문화주의는 반대하는 입장이다. 그는 EHRC의 최고위직에서 이제 막 물러난 터였다. EHRC는 무너진 인종평등위원회(Commission for Racial Equality)를 바탕으로 필립스가 2006년에 설립한 조직이며, 그는 CRE에서도 의장을 맡았었다.

필자는 그의 놀라운 존재감에 압도되었던 기억이 난다. 필립스는 키가 크고, 흠잡을 데 없는 옷차림을 하고, 언변이 대단히 뛰어난 아프리카계 카리브해인이었다. 임페리얼 칼리지(Imperial College)에서 쓰는 영국 억양에 방송 진행자가 어울릴 만큼 목소리도 깊었다. 필립스는 권위과 신뢰성을 물씬 풍겼고, 다양한 인종이 공존하는 영국의 복잡함에 대해 유창하고 손쉽게 이야기했다. 그의 정치 경력에 대해 어느 정도 알고 있었기 때문에 나는 필립스가 다문화적인 정체성을 활용하여 커리어에서 앞으로 나아갔다고 가정했다. 그는 토니 블레어와 친구 사이였고, 1999년 런던 시장 후보로 출마했으며, 2003년까지 런던 의회의 의장을 맡았다.

하지만 그는 38세가 되어서야 비로소 그가 "모국어"라고 부르는 것을 받아들일 수 있었다. 필립스는 런던에서 태어났지만 그의 부모는 가이아나에서 온 이민자다. 필립스는 영국식으로 말하고, 옷을 입고, 사람들과 어울리는 방법을 손쉽게 익혔다. 또한 '제2 외국어'를 너무 유창하게 구사한 나머지 임페리얼 칼리지 런던에서 화학 학위를 취득하고 났을 때쯤에는 자신의 출신 배경을 포기하는 데 망설임이 없었다. TV 분야에서 커리어를 시작한 필립스는 빠른 속도로 승진하여 1994년에 런던 위켄드 텔레비전(London Weekend Television)에서 시사 팀의 부장을 맡았다. 30대 후반에 그렇게 높이 올라갔다는 것은 놀라운 성과였다. 그는 최고의 리더 자리에 오를 준비가 된 것 같았다. 하지만 필립스는 다른 선택을 했다. 그는 필자에게 설명했다.

"흑인 직원으로서 조직의 사다리를 올라가다 보면 선택의 기로에 놓이는 시기가 찾아옵니다. 모국어를 되살려 사람들의 이목을 끄는 새로운 인생에 무게를 싣는 방법이 있습니다. 위험 부담이 따르는 선택이죠. 아니면 백인들의 세상에서 살아남고 번성할 수 있도록 안전하게 제2외국어를 계속 구사하는 방법도 있습니다."

그는 말을 이었다. "저는 당시에 그 갈림길에 이르렀습니다. '윈드러쉬'에 관해 다큐멘터리를 만들려는 열망이 컸기 때문입니다. '윈드러쉬'는 1948년에 서인도 제도 이민자들을 영국으로 처음 데려온 수송선의 이름입니다. 하지만 ITV(당시에는 LWT였음)는 그 다큐멘터리에 관심이 없었습니다. 그것이 중요한 프로젝트라고 생각하지 않았던 겁니다. 그 다큐멘터리를 프로듀싱하려면 그곳을 떠나야 했습니다. 그리고 한 번 그 길을 벗어나면 다시는 돌아갈 수 없다는 것도 알고 있었습니다.”

그래도 그는 방향을 틀어 길을 벗어났고, 자신만의 제작사를 설립했다. BBC와 파트너 관계를 맺어 자신의 다큐멘터리를 4부작 TV 시리즈로 방영하기도 했다. 다큐멘터리가 극찬을 받자 가이아나에서 태어난 소설가인 형 마이클과 함께 다큐멘터리의 근저에 있는 이야기를 책으로 썼다. 그 책은 하퍼콜린스를 통해 출판되어 비평가들의 찬사를 받았다. 그는 이렇게 회고했다.

“‘윈드러쉬’는 큰 성공을 거뒀습니다. 저를 탈바꿈한 경험이기도 했고요. 엄청난 만족감을 얻긴 했지만 그와 동시에 제가 전혀 예상할 수 없었던 방식으로 공인이 되었고 이름이 알려졌습니다. ‘윈드러쉬’가 제 커리어의 전환점으로 작용한 것만은 분명합니다. 저에게 가장 의미 있는 것을 받아들임으로써 억눌렀던 정체성을 마음껏 드러낼 수 있는 길을 찾았기 때문입니다.”

탈색된 직업인

2011년 말과 2012년 초에 인재혁신센터가 무디스, 갭, EY, 프레디 맥에 있는 포커스 그룹과 함께 처음으로 리더의 존재감에 대한 연구를 시작했을 때 우리는 장래가 유망한 유색 인종에게 괴로움을 안겨줄 만한 강력한 요인을 발견했다. 어떤 사람들에게는 리더의 존재감이 아무도 그들에게 알려주지 않은, 명백하게 적혀 있지 않은 규칙이었고, 다른 사람들에게는 이것이 정체성의 핵심적인 측면을 희생하지 않고서는 헤쳐 나갈 수 없는 영역이었다.

트레버 필립스의 표현을 빌자면 그들은 모두 '2개 국어'를 구사하는 능력 있는 경영자로, 독특한 유산 및 '모국어'와 함께 성장했다. 하지만 백인들의 관습을 따름으로써 그들의 세상에서 살아남고 번성하는 방법을 터득했다. 실제로 그들은 조직에서 다음 단계로 올라갈 수 있는 이력, 자격 조건, 경험을 갖추고 있었다. 리더로서의 존재감이 있는지 사람들이 유심히 살펴본다는 사실도 알고 있었다. 그러나 그들은 더 오래된 표현을 빌자면 자신이 '탈색된 직업인'이라는 것도 알고 있었다. 이는 근무 환경에서 프로다워 보이기 위해 민족적, 종교적, 인종적, 사회 과학적, 교육적 지표를 모두 지워버린 사람을 두고 하는 말이다.[104]

이 뛰어난 유색 인종 직원들은 이런 상황이 탐탁지 않았다. 필립스와 마찬가지로 그들은 직장에서 리더처럼 보이고 행동하는 것이 모국어, 즉 그들의 '다른' 정체성을 희생할 만한 가치가 있는 것처럼 보이지 않는 단계에 이른 것이다. 그들은 순응해야 하는 압력에 분개했다. 조직 문화에 어울리기 위해 자신의 참모습의 일부를 차단하는 것을 쉽게 정당화하지 못했다. 한마디로, 그들은 선택의 기로에 놓여 있었다. 차이점을 억누르고 앞으로 나아갈 것인가? 아니면 차이점을 분명하게 밝히고 앞으로 나아갈 것인가? 조직에 무난하게 어울려야 하는가? 아니면 사람들의 눈에 띄어야 하는가? 조직 문화에 순응해야 하는가? 아니면 진정성을 인정해야 하는가?

우리가 2012년에 실시한 전국 규모의 설문조사 결과는 이런 갈등을 분명하게 반영했다. 유색 인종의 41%가 회사의 리더십 기준에 순응하기 위해 진정성을 타협할 필요성을 느꼈다고 답했다. 백인 응답자도 물론 이런 필요성을 느꼈지만 유색 인종이 백인보다 이런 갈등을 겪을 가능성이 훨씬 컸다. 유색 인종 중에서는 아시아계 직원들이 가장 고생했고, 특히 아시아계 남성이 겪는 어려움이 많았다. 유색 인종 여성 중에서는 히스패닉계 여성이 조직 문화에 순응하기 위해 진정성을 희생했다고 말할 확률이 가장 높았다. 전반적으로 유색 인종의 다수(56%)가 백인 동료들보다 엄격한 잣대로 평가받는 것처럼 느껴진다고 털어놓았다. 그들이 따라야 한다고 느끼는 존재감을 드러내는 행동이 백인 남성에 의해 구현되는 경우가 압도적으로 많다.

이는 전혀 놀라운 이야기가 아니다. 잡지 표지, 웹사이트, 온라인 저널, 산업 보고서 등 그 어디를 둘러보든 미국의 경영 리더는 거의 항상 백인 남성으로 묘사된다. 우리 회사에 있는 잡지들을 훑어보니 리더가 갖춰야 할 자질이 특정한 유형의 인물과 얼마나 쉽게 연관되는지 알 수 있었다. '리더가 통과해야 할 시험(The Tests of a Leader)'(〈하버드 비즈니스 리뷰〉, 2007년 1월)이나 'CEO의 네 가지 유형(The Four Types of CEOs)'(〈전략 + 비즈니스(Strategy +Business)〉, 2011년 5월)과 같은 헤드라인 아래에는 미트 롬니처럼 생긴 사람을 볼 수 있다.

그렇다면 이런 기준에 순응하는 행동은 무엇을 수반하는가? 유색 인종의 경우 순응하는 행동은 자신의 외모, 화법, 태도, 배경 등의 민족적 특징을 숨기는 데 에너지를 소모한다는 뜻이다. 우리의 설문 조사에 참여한 아시아인, 미국 흑인, 히스패닉계 응답자의 대다수가 다음의 말에 동의했다. "나는 직업적인 이미지를 강화하기 위해 개인적인 이야기를 들려주는 방식을 의도적으로 바꿨다." 걱정스럽게도 응답자의 직급이 높을수록 이 말에 동의할 가능성이 컸다. 이런 선택은 더 나이 든 세대가 경험한 현실을 반영하는 것일지도 모른다. 아니면 유색 인종의 경우 조직의 최상부로 향할수록 더 큰 희생을 감당해야 한다는 것을 뜻할지도 모른다.

인재혁신센터가 2005년 말에 출판한 보고서 '투명인간의 삶 (Invisible Lives)'은 이런 희생의 본질과 규모를 처음으로 기록한 보고서 중 한 가지다.[105] 필자가 코넬 웨스트와 함께 작성한 이 보고서는 소수 집단이 치러야 하는 끔찍한 대가뿐만 아니라 그들의 고용주가 치르는 대가도 수량화했다. 소수 집단 출신의 직업인은 직장에서 성공하려면 교회, 지역 사회, 가족과 관계된 삶을 차단해야 한다고 느끼며, 고용주는 이들이 참모습의 대부분을 집에 두고 오기 때문에 이들이 직장 밖에서 개발한 리더십 기술을 활용하지 못한다.

스테파니(Stephanie)는 우리가 인터뷰한 미국 흑인 경영자로, 주요 패션 브랜드를 위해 일한 경험이 있다. 그녀의 이야기는 '탈색된 직업인'이 놓이는 부정적인 상황을 잘 보여주는 예다. 스테파니는 뉴저지 주 뉴어크에 있는 노숙자 쉼터에서 주말마다 개인 교습 프로그램을 운영하는 데 열과 성을 다했다. 이는 그녀가 이따금씩 맨해튼에 있는 사무실을 금요일 오후 4시 반에 나서야 한다는 뜻이었다. 그런 날에는 아침 7시 반에 일찍 출근했지만 스테파니는 일찍 퇴근하는 것이 상사의 눈에는 일에 전념하는 마음이 부족한 것으로 보인다는 사실을 알고 있었다. 그래도 지역 사회를 위해 하는 일에 대해 상사에게 말하지는 않았다. 그가 그녀를 다른 관점으로 볼까 봐 두려웠기 때문이다. 상사에게 능력 있는 직원이 아니라 빈민가에서 온 흑인 여자로 비치기는 싫었던 것이다.

스테파니는 자원봉사에 대해 일절 언급하지 않았다. 노숙자 어린이들과 일한 공로를 인정받아 백악관에서 '오늘날의 미래 리더(Future Leader Today)'상을 수상했는데도 말이다. 그녀의 이런 솔직하지 못한 모습은 자신과 회사에게 도움이 되지 않았다. 스테파니는 승진할 기회를 놓쳤고(상사는 그녀가 일을 열심히 하지 않는다고 생각했다.) 머지않아 회사를 떠났다.

우리가 인터뷰한 다른 여러 유색 인종과 마찬가지로 스테파니 역시 자신이 양립할 수 없는 두 영역에서 살아가는 두 사람이라고 생각했다. 한 명은 지역 사회에서 대단히 효율적이고 헌신적인 리더고, 다른 한 명은 직장에서 '탈색된 직업인'으로 일하는 사람이었다. 그녀의 정체성 중 한 측면을 다른 영역에서 드러내는 것은 상사에게 '총알'을 쥐어주는 것이나 마찬가지였다. 그런 행동이 사람들의 인종적인 고정 관념을 더 강화하여 그녀에게 불리한 증거로 작용할 우려도 있었다. 우리의 설문조사에 응한 소수 집단 여성의 절반 이상이 이런 식의 불신감을 느낀다고 털어놓았다.[106]

리더의 존재감에 관한 우리의 포커스 그룹 인터뷰는 우리가 2005년에 얻었던 연구 결과를 재확인했다. 비백인 직원들은 사생활의 여러 가지 측면을 차단하느라 에너지를 소모한다. 그들은 자신이 열정을 가장 많이 느끼는 것이 무엇인지 이야기하지 않는다. 자녀들, 정치적 성향, 지역 사회에의 참여 등에 대한 세부사항이 자신이 직장 동료들과 비슷하다는 인상을 약하게 만들까 봐 걱정하기 때문이다. "저는 오랫동안 제 참모습의 큰 부분을 집에 두고 다녔습니다. 집에서만 문화나 정치 문제에 강한 의견을 보였습니다. 직장에서는 더 보수적이고, 덜 적극적인 사람으로 살았습니다."라고 어느 아시아계 미국인 금융 분석가는 설명했다. "문제는 그렇게 오래 생활할수록 소외감이 커진다는 겁니다. 자신의 참모습을 차단하기 때문이죠. 그러다 보면 자신의 일부를 더 많이 잃을 위험도 있습니다."

삶의 일부를 차단하는 것은 개인적인 피해를 야기할 뿐만 아니라 커리어에도 악영향을 미친다. 회계사로 일하는 레이(Ray)는 수년 간 두 명이나 다름없는 생활을 했다. 한 명은 직장에서 모두가 보이고, 행동하고, 말하는 대로 순응하는 사람이었고, 다른 한 명은 뿌리가 미국 남부고, 강한 남부 억양이 있으며, 교회와 미국 흑인 지역 사회와 강한 유대가 있는 사람이었다. 그는 최근에 이 두 가지 모습을 합치려고 노력하기 시작했다. 사내 흑인 친목회에서 리더의 역할을 맡은 것이다.

하지만 레이는 더 이상 '숨지' 않기로 결심한 것이 회사의 문화적 풍토가 달라진 덕택이 아니라 체념 때문이라고 말했다. 그는 설명했다. "더 이상 신경 쓰지 않는 단계에 이르렀습니다. 어차피 이회사에서 높은 자리에 오르진 못할 겁니다. 몇몇 동료보다 경험이두 배나 많은데도 제 능력을 펼칠 수 있는 팀에 들어가거나 프로젝트를 맡기가 어렵습니다. 투명인간이 되는 식입니다. 참모습을 덜보일수록 사람들이 중요한 임무에 필요한 인재를 고려할 때 당신을 떠올릴 확률이 낮아집니다. 그러면 결과적으로 사람들의 눈에덜 띄게 되고요."

소수 집단 출신의 직원들이 겪는 경험은 직장에서 이성애자로보여야 한다고 생각하는 LGBT 직원들의 경험과 매우 유사하다.우리는 2011년 '커밍아웃한 직원의 힘(The Power of Out: LGBT in the Workplace)'라는 제목의 보고서를 출간했는데, 보고서의 바탕이 된 설문조사에 응한 동성애자 직원의 절반이 직장에서 커밍아웃을 하지 않았다고 밝혔다. 동료들에게서 외면당하고 상사에게서일과 관련하여 처벌을 받을까 봐 두려운 것이다.[107] 응답자의 3분의 1은 이중생활을 하고 있었다. 가족과 친구들에게는 커밍아웃을했지만 직장 동료와 상사들에게는 하지 않았다.

그러나 커밍아웃을 부분적으로 했든 아예 하지 않았든 이런 직원은 직장에서 동료들의 '게이더(gaydar: gay와 radar의 합성어 -역주)'에 걸리지 않도록 신경 쓰는 데 상당한 에너지를 소모한다. 이들은 대명사에 주의하고, 애인에 대해 거짓말하거나 휴식시간 또는 점심시간에 사적인 이야기를 나서서 하지 않는다. 그리고 유색 인종과 마찬가지로 이런 에너지 소모는 LGBT 직원의 개인적 · 직업적 피해로 이어진다.

커밍아웃을 하지 않은 LGBT 노동자의 절반 이상이 커리어가 정체된 느낌이 든다고 우리에게 털어놓았다. 직장에서 커밍아웃을 한 노동자의 경우 이렇게 응답한 비율이 36%에 불과했다. 커밍아웃을 하지 않은 직원들이 회사에 대한 애착도 더 적었다. 3년 내에 회사를 떠날 의향이 있다고 응답한 비율이 커밍아웃을 한 직원들보다 73%퍼센트 포인트나 높았다. 하지만 커밍아웃을 하지 않는 것이 생산성에 악영향을 미치더라도 동료들이 알게 될까 봐 두려운 마음이 앞선다. 그래서 그들은 중립적이고 통제된 모습을 보이는 데 도사가 된다. 유색 인종이 말하는 대로 '탈색된 직업인 증후군'의 전형이 되고 만다.

특히 미국 흑인 직원들이 직장에서 의사소통과 관련하여 존재감이 있는 것으로 여겨지는 기준에 부합하느라 고생한다고 털어놓았다. 그들은 목소리, 어조, 표현에 신경을 많이 쓴다. 인터뷰에 응한 한 사람의 말처럼 "공격적이고 화가 나 있는 사람 또는 감정적으로 폭발할 사람이라는 역사에 뿌리박힌 생각"이 옳다는 것을 증명해 보이지 않기 위해서다. 조엘 틸러는 처브 인슈런스 그룹에 소속된 전략적 사업 단위(Strategic Business Units)의 인사팀 상무다. 그는 감정적으로 격앙되었거나 껄끄러운 토론을 진행할 때 말을 "대단히 조심"해야 한다는 사실을 배웠다고 했다.

"저는 다문화 경영자로서 균형을 반드시 유지해야 합니다. 청중이 저와 다른 문화 출신일 때 제가 시끄럽게 말하거나 흥분하거나 중도 좌파의 관점을 보이면 사람들이 제가 프로답지 못하다고 생각하기 때문입니다. 백인 남성의 경우 부정적인 시선을 받지 않으면서도 민감한 주제에 대해 논할 때 관점이 한쪽으로 치우치거나 더 흥분한 모습을 보일 수 있습니다."

미국 흑인 여성 역시 망령처럼 따라다니는 '화가 난 흑인 여성'이라는 고정 관념을 뿌리치기 위해 얼마나 조심스럽게 행동하는지 들려주었다. 웨버 샌드윅(Weber Shandwick)에서 다양성 관리를 담당하는 주디스 해리슨에 따르면 이런 행동은 그들의 진정성뿐만 아니라 생산성에도 악영향을 미친다. "입을 다물려고 애쓰는 것이 시간과 에너지 면에서 밑 빠진 독에 물 붓는 것이나 마찬가지입니다. 그 시간이 훨씬 유용하게 쓰일 수 있을 텐데 안타깝습니다."

그렇다면 이런 막대한 대가가 따르는데도 왜 유색 인종 직원이 백인 동료와 상사들의 기대에 부응하기 위해 자신의 참모습을 숨기려고 그토록 애를 쓰는 것인가? 차이점을 떠벌리거나 숨기려는 노력을 하지 않으면 무의식적인 편견의 대상이 되거나 더 공공연한 차별을 받을 가능성이 커지기 때문이다.

동성애자뿐만 아니라 소수 집단 출신의 직원들에게도 사내 풍토는 지뢰밭이나 다름 없다. 조직 내에 잠재해 있는 차별이 모욕이나 무시를 통해 이따금씩 드러나기 때문이다. 테리 오스틴은 맥그로우 힐 파이낸셜(McGraw-Hill Financial)에서 다양성 관리를 담당하는 변호사로 일하고 있다. AIG에서는 최고준법책임자(CCO: Chief Compliance Officer)를 맡기도 했다. 그녀는 사내 중역 회의에 참석했다가 봉변을 당한 경험을 회상했다. 회의를 진행하던 남성 동료가 그녀에게 의사록을 작성하라고 시킨 것이다. 오스틴이 그 자리에 있는 유일한 여성이자 유일한 흑인이기 때문이었다.

"정말 진지하게 그렇게 말씀하시더라고요!"라고 그녀는 말했다. 직급이 모두 같은 동료들과 있는 자리에서 상사가 비서가 할 일을 자신에게 시킨 것이 여전히 믿기 어려웠다. 다행스럽게도 당시에 법무 자문위원이었던 그녀의 스폰서가 개입하여 오스틴이 그 일을 하지 않을 테니 다른 사람을 불러와야 한다고 주장했다. 하지만 이 사건으로 오스틴은 유색 인종 직원들이 경영권의 최상부에서 직면하는 어려움을 분명하게 인식할 수 있었다.

인종차별주의가 실력이 뛰어난 소수 집단 직원들에게 여전히 영향을 미친다는 사실은 리더의 존재감에 관한 우리의 설문조사에서도 드러난다. 우리의 조사 결과에 따르면 히스패닉계 직원들이 누군가의 비서나 보조자로 보일 확률이 백인 동료들보다 3배나 높다. 또한 미국 흑인 직원의 22%가 사람들이 자신을 같은 인종의 다른 사람과 헷갈리는 경우가 많다고 답했다. 설문조사 결과 중 가장 안타까운 것은 미국 흑인 직원의 19%가 자신이 차별 철폐 조치에 따라 고용되었다고 동료들이 생각한다고 응답했다는 것이다.

산업 전반에 걸쳐 소수 집단 직원들은 직장 내에서 자신이 성공할 가능성에 대해 여전히 회의적인 모습이었다. 미국 흑인 응답자의 3분의 1 이상이 자신이 다니는 회사에서 유색 인종 직원이 최고의 직책에 오르지 못할 것이라고 생각했다. 그리고 거의 비슷한 비율의 아시아계와 히스패닉계 응답자가 이에 동의했다.

미국은 모든 국민이 고등 교육을 받을 권리, 그리고 화이트칼라 직종에서 종사할 권리를 보장하는 데 상당한 진전을 보여 왔다. 하지만 유색 인종이 경영권의 최상부로 승진하는 데는 여전히 어려움이 많다. 트레버 필립스가 언급한 선택의 기로에 섰을 때 대부분의 사람은 승진의 제약을 받지 않기 위해 남들과 다른 점을 숨기길 택한다.

필립스의 후배이자 아프리카계 카리브해 출신의 영국인 데이비드가 좋은 예다. 데이비드는 사내 흑인 간부 네트워크의 의장을 맡아 달라는 제안을 거절했다. 그러고는 필립스에게 흑인 직원들을 위한 '모범 사원'이 되는 일은 위험 부담이 너무 크다고 설명했다. 필립스는 필자에게 분명하게 말했다. "데이비드는 D&I(Diversity and Inclusiveness: 다양성 및 포괄성)에 관한 권한 자체를 부담스러워합니다. 그는 그 직책을 맡는 것이 회사에서 진지한 인재로 비치는 데 방해가 될 것이라고 생각합니다."

갈등 해소하기

그렇다면 본래 문제로 돌아가 보자. 직장에서 대부분의 사람과 다를 경우 리더감으로 보이기 위해서 그 차이를 억눌러야 하는가? 아니면 당당하게 받아들여야 하는가?

우리의 설문 조사에 응하거나 인터뷰에 참여한 모든 사람은 진정성이 중요하다고 단언했다. 그들은 리더가 진정성 없이는 추종자를 얻거나 붙잡아 둘 수 없다고 지적했다. 또한 어느 조직에서든 조직 문화에 맞게 태도를 조절해야 성공할 수 있다는 데도 모두가 동의했다. 이성애자인 백인 남성도 조직 문화에 순응할 수밖에 없다. 원하는 것보다 더 딱딱한 옷차림을 하거나 농담의 수위를 조절하거나 문제의 소지가 있을 만한 사진을 페이스북에서 삭제하는 식이다.

순응하는 태도가 대기업에서만 나타나는 현상은 아니다. 소기업 직원도 사장이 제시하는 길을 따라갈 수 있도록 자신을 거기에 끼워 맞추며, 교육자도 주법을 바탕으로 교육위원회가 설정한 범위 내에서 학생들을 가르친다. 아울러 공무원도 대중에게 책임이 있는 고위 공무원의 감독을 받는다. 영리를 위해서든 아니든 모든 조직은 근본적으로 고객이나 주주 또는 이사회의 승인을 얻을 수 있는 좁은 범위 내에서 활동한다. 심지어 그루폰(Groupon)의 앤드루 메이슨(Andrew Mason)처럼 규칙을 어기며 시장을 재구성하는 것처럼 보이는 사람도 새로운 시장이 가하는 제약에 따라야 한다. 그러지 않을 경우 옆으로 밀쳐진 채 자신의 태도를 다시 조절해야 한다. 우리가 누구든 어디에서 일하든 직장은 우리에게 외모, 의사소통, 진지함에 관한 규범을 부과한다. 목적이 단순히 직장에서 생존하는 것이 아니라 번영하는 것이라면 이런 규범을 무시해서는 안 된다.

따라서 조직의 일원으로 동화되는 것을 '신념을 버리는' 행동이 아니라 '경쟁에 참여하는' 행동으로 여기는 것이 도움이 될 수도 있다. 보험업계에서 상무로 일하는 로런스는 조직 문화에 순응하는 것이 반드시 대가가 따르는 것은 아니며 오히려 혜택이 주어지는 경우도 있다고 말했다. 그는 자신이 골프를 배우게 된 이유를 사례로 설명했다. 골프는 로런스가 자란 미국 흑인 지역 사회에서 사람들이 널리 즐기는 스포츠가 아니었다. 하지만 골프가 대화 소재로 얼마나 요긴한지 알고 나서 골프를 배웠는데 그렇게나 재미있을 수가 없었다.

"이런 방식으로 동화되는 것이 제 자신을 위태롭게 했느냐고요? 그렇다고 생각하진 않습니다."라고 그는 회상했다. "성공하려면 결국 네트워킹을 하고 사람들과 어울려야 합니다. 어느 고위 간부나 직급이 높은 리더와 알고 지내고 싶다고 가정해 봅시다. 그런데 그 사람에 대해서 아는 것이 별로 없거나 그 사람과 공통점이 별로 없다면 그 리더가 무엇을 하는지, 또 무엇에 관심이 있는지 알아내야 합니다. 그리고 공통점을 만들 수 있는 기회가 찾아오면 절대로 놓

치지 말아야 합니다. 당신의 성격이 어떤지 그 사람에게 보여 줄
수 있는 계기가 될 테니까요."

회사에서 고속 승진을 한 것을 두고 로런스는 이렇게 덧붙였다.
"조직에 동화되는 과정에서 아마도 당신이 자기 자신을 바꾸는 일
이 조직이 당신을 바꾸는 일보다 더 자주 일어날 겁니다. 그런 변
화는 아주 긍정적일 것이고요."

또 다른 보험업계의 고위 간부인 마이클은 당신이 신념을 버렸
다고 비난하는 동료들의 행동이 당신이 자신들과 같은 직급에 머
물게 하려는 의도일지도 모른다고 언급했다. 그는 몇 안 되는 미
국 흑인 동료들과 커리어 초기부터 친하게 지냈다. 하지만 마이클
이 쉽지 않은 기회를 거머쥐고 사람들과 전략적인 관계를 형성하
며 차별화된 모습을 보이자 동료들은 그를 질책했다. "이제 아부하
는 거야? 백인이 되기로 작정한 거냐고?"라고 그들은 마이클을 비
웃었다.

마이클은 그들의 반응을 대수롭지 않게 여겼다. "직급이 올라가
기 시작했을 때부터 제가 참모습을 보이지 않는다거나 제 출신 배
경을 거스른다고 비난하는 사람들이 있었습니다. 제가 회사에서
성공하는 대부분의 사람이 하는 일을 똑같이 했기 때문입니다."라
고 그는 설명했다. "하지만 신념을 저버린다는 것이 무슨 뜻입니
까? 초과 근무를 하는 것인가요? 임무를 맡겠다고 자원하는 것인
가요? 책임을 더 많이 지는 것인가요? 그것은 신념을 저버리는 것
이 아니라 일을 하는 것입니다. 그리고 그렇게 해야만 앞으로 나아

갈 수 있습니다. 때로는 누군가가 당신의 진정성에 의문을 갖기 시작하면 당신이 앞으로 나아가지 못하게 하려는 의도일 수도 있다는 것을 깨달았습니다."

물론 무엇이 타협하는 것이고 무엇이 진정성이 위태로울 만큼 타협하는 것인지 알 수 있는 사람이 당신뿐이라는 것은 어려운 점이다. 이 결정을 내리는 것을 돕기 위해 필자는 똑같은 길을 걸어간 유색 인종 직업인들에게서 전략적인 조언을 얻어 아래에 정리했다.

전술

▶ ▷ ▷ ▶ 타협의 여지가 없는 일이 무엇인지 알고
그런 일이 벌어지면 주저 없이 떠나라

때로는 순순히 따를 가치가 없는 조직 문화도 있다. 웨버 샌드윅의 주디스 해리슨은 커리어 초기에 아서 영(Arthur Young)에서 일하던 시절에 대해 들려주었다. 문제는 사무장이자 인사부장인 여자가 사무실 책상에 커다란 남부연합기(백인이 흑인보다 우월하다는 것을 상징하는 국기 -역주)를 달았다는 것이다. 미국 흑인인 해리슨은 그런 환경에서도 수년간 견뎠다. 하지만 존경할 수 없는 리더, 그리고 자신의 진가를 알아보지 못할 리더를 위해 일하는 데서 오는

스트레스가 건강에 악영향을 미친다는 사실을 깨달았다. 그녀는 말했다. "그곳에서 벗어나야 했습니다. 몸이 막 아프고 그랬습니다. 그런 상황에 매일 놓이고 제가 마땅히 보여야 할 방식으로 사람들에게 인식되지 못한다는 사실을 아는 것이 힘들었습니다. 그런 환경을 견딜 만큼 가치 있는 것은 아무 것도 없습니다."

그러나 이제 와서 돌이켜 보면 그녀는 커리어 초기에 이런 시험을 거치게 된 것을 기쁘게 생각한다. "그런 경험 덕택에 무엇이 중요하고 무엇이 중요하지 않은지 확실하게 구분할 수 있게 되었다고 생각합니다. 제 자신에 대한 확신을 유지하는 데도 도움이 되었고요."

▶▷▶ **자신의 참모습과 다른 사람이 되려고 애쓰지 마라**

딜로이트에서 지역 본부장을 맡은 최초의 여성인 바버라 아다치는 처음부터 선구자가 될 생각은 없었다. 십수 년 전에 처음 채용되었을 때 그녀의 전략은 단순히 '대단히 강한' 여성이었던 첫 상사를 모방하는 것이었다. 역할 모델로 우러러볼 만한 여성이 별로 없었기 때문이다. 체구가 아담한 일본계 여성인 아다치는 상사가 고객을 대하는 스타일을 보고 깜짝 놀랐다. 상사는 매우 공격적인 태도로 욕을 자주 하기도 했는데 이런 스타일이 고객에게는 대단히 효과적이었다. 아다치는 이것이 성공에 이르는 길일지도 모르겠다고 생각하여 고객의 전화가 걸려왔을 때 상사와 비슷한 태도를 취했다. 하지만 그녀의 전략은 완전히 실패하고 말았다.

"아, 정말 끔찍했어요."라고 아다치는 당시를 회상했다. "당신이 대체 뭔데 나한테 그런 식으로 말하는 겁니까? 당신이 제 아내도 아니잖아요!"라고 수화기 너머에 있는 고객은 믿을 수 없다는 듯이 화를 냈다. 아다치는 이 사건으로 강렬한 교훈을 얻었다. 자신의 스타일에 어울리는 한도 내에서 리더의 존재감을 개발해야 하는 것의 중요성을 깨달은 것이다. "제 상사는 그런 태도를 보여도 됐지만 그것이 저에게는 맞지 않았습니다."라고 그녀는 회상했다. "저는 방에서 목소리를 가장 크게 내는 사람은 절대로 되지 못했을 겁니다. 그래야 한다는 압박에는 시달려 봤지만요. 그것이 제 스타일이 아니고 저에게 효과가 없을 것이라는 사실을 받아들여야 했습니다."

아다치만의 스타일은 그녀에게 큰 도움이 되었다. 그녀는 딜로이트에서 임원이자 파트너로 재직하다가 작년에 미국 휴먼 캐피털 컨설팅(Human Capital Consulting)의 전국 담당 상무이사로 이직했다.

▶▶▶ 장기적으로 내다보라

EY에서 20년 넘게 파트너로 일하고 있는 캐롤린 버크 루스는 자신의 참모습을 어느 정도 희생해야 할 때 커리어를 멀리 내다보고 결정해야 한다고 강조했다. 그녀는 EY의 전국 전략 그룹에서

10년 간 일하며 회사를 위해 여러 부티크 사업을 육성했다. 그 과정에서 캐롤린은 "직무 내용과 돈을 받고 해야 하는 일을 헷갈리고 있다"는 사실을 깨달았다. 그녀의 설명에 따르면 변화를 이끌어 내는 사람이라는 자신의 인생 목표를 달성하기 위해서는 사내에서 일하는 방식을 바꿔야 한다는 사실을 알아차린 것이다.

"전통적인 분위기의 회사에서 이단아의 역할을 하는 것은 재앙을 불러오는 것이나 마찬가지였습니다."라고 그녀는 말했다. "제대로 인정받지 못하는 것에 대한 압박이 심했습니다. 사람들의 지지를 얻는 일이 점점 어려워졌고요. 저는 이 회사를 도약의 발판으로 삼아 직장 여성들의 대변자가 되고 싶었습니다. 하지만 그러기 위해서는 모두가 이해할 수 있는 전통적인 일을 맡은 뒤 그것을 비전통적인 방식으로 처리하는 편이 나을 것 같았습니다."

그래서 캐롤린은 전략 그룹을 떠나 경리부장으로서 현장 작업에 나섰다. 이 덕택에 그녀가 의료 서비스 부문에서 EY의 전문성을 키울 기회가 금세 찾아왔다. 그 후로 10년 간 캐롤린은 글로벌 생명과학 영역에서 10억 달러짜리 사업을 육성했다. 그것이 그녀가 돈을 받고 해야 하는 일이었다. 하지만 그와 동시에 캐롤린은 여성을 위한 네트워크를 구축하고, 회사가 D&I에 더 전념하게 하고, 자신과 뜻을 같이하는 기업 리더들과 함께 인재 혁신을 위한 프로젝트 팀을 키우기도 했다. 이런 활동은 모두 자신의 '직무 내용'에 포함되는 것이라고 그녀는 생각했다. 그녀는 말했다.

"비전이 있어야 하고, 그 비전을 활용해서 길을 개척해 나가야 합니다. 자신의 재능과 재주가 조직 문화에 어울리게 하는 방법을 알아내는 책임은 당신에게 있습니다. 그 책임을 다해야만 장기적인 관점에서 자신의 목표를 달성할 수 있습니다. 당신의 진정성을 관리하는 사람이 당신이면 분명한 목표를 세운 채 투자할 수 있습니다. 그것이 당신과 당신이 일하는 회사 모두를 위해 이득이겠죠."

▶▶▶ 무시당한 일은 무지한 태도를 다루는 계기로 삼아라

우리가 앞서 만나 본 고위 간부인 마이클은 캘리포니아 주 새너제이로 회사를 따라 이사를 간 뒤 지점장이 매주 찾아온 것에 대해 회상했다. 그 지점장은 복도의 한쪽 끝부터 다른 쪽 끝까지 움직이면서 리더들의 사무실을 일일이 방문했다. 그들의 안부를 묻고 그들과 주말, 아이들, 새로운 흥미로운 프로젝트에 대해 이야기를 나누기 위해서였다. 마이클은 말했다.

"그러고 나면 제 사무실에도 찾아옵니다. 그는 '안녕하세요, 마이클. 어떻게 지내십니까?'라고 묻고는 바로 다음 사람에게 넘어갔습니다." 고위 간부 중에서 자신이 유일하게 소수 집단 출신이었기 때문에 그 지점장이 자신을 무시했다는 사실을 쉽게 알아차렸다고 마이클은 말했다. 그리고 무시를 당한 사람처럼 반응해야겠다는 생각도 들었다고 했다. 마이클은 "'저 사람이 나와 알고 지내지 않을 작정이면 다른 회사로 이직해야겠어.'라고 생각했던 기억이 납니다."라고 설명했다.

하지만 그는 이런 상황에 정면으로 대응하는 대신 상황을 무시했다가는 커리어에 타격을 입을 가능성이 크다는 사실을 금세 깨달았다. 그래서 기회가 닿을 때마다 지점장을 먼저 찾았다. 마이클은 말했다. "그가 일찍 나타나면 저도 일찍 출근해서 그 사람을 찾았습니다. 그 사람과 여러 가지에 대해 이야기를 나누면서 그가 어떤 일에 참여하고 무엇에 관심이 있는지 알아냈죠. 우리는 가족에 대해 이야기를 많이 나눴습니다. 그러다 보니 할 이야기가 점점 늘어나서 일을 하기 위해 그 지점장을 사무실에서 내쫓아야 할 지경에 이르렀습니다."

그는 이렇게 덧붙였다. "무시를 당할 때마다 그런 일이 일어나는 것이 당신의 배경이나 성별 때문이라고 생각하기 쉽습니다. 실제로 그런 경우가 없다는 말은 아니지만 많은 경우 무시한 사람의 편협성보다는 무지 때문에 그런 일이 벌어진다는 것을 알아차렸습니다. 누군가가 당신을 고의로 무시했을지도 모르는 가능성에 지나치게 민감하게 반응하여 뒤로 물러나 버린다면 앞으로 나아가기보다는 그 자리에 스스로를 묶어 두는 꼴입니다."

▶ ▶ ▶ 진정성을 확립하기 전에 스폰서의 엄호를 구하라

실리콘 밸리에 있는 회사에서 임원으로 일했던 헬렌은 자신의 커리어 중 최고의 순간은 회사의 고위 리더 1,200명 앞에서 CEO

로부터 리더로서 존재감이 있다고 칭찬받은 것이라고 말했다. "어제는 이 회사의 여성 직원들에게 중요한 날이었습니다."라고 CEO는 입을 뗐다. 그 자리는 매년 열리는 임원급 이상이 참석하는 회의였다. "특히 남다른 리더십을 보여 준 헬렌에게 개인적으로 감사한다는 말을 전하고 싶습니다."

그러고 나서 그는 헬렌에게 자리에서 일어나 달라고 부탁했고, 그녀는 남성이 대부분인 청중에게서 박수를 받았다. "그렇게 자랑스러웠던 적이 없습니다."라고 헬렌은 믿을 수 없다는 듯이 고개를 흔들며 말했다. "여성으로서, 또 소수 집단으로서 우리가 스포트라이트를 피할 때도 있는 것 같습니다. 두드러진 성과를 보여 고위 간부들의 존경과 칭찬을 받았다고 처벌을 받을까 봐 두려운 것이죠. 하지만 그런 두려움이 우리를 멈추게 놔둬서는 안 됩니다. 우리가 누구인지 받아들이고 성공에 따른 공이 자신에게 있다는 것을 인정하는 방법을 배워야 합니다."

하지만 헬렌은 그런 기분을 오래 만끽하지 못했다. 그녀가 사람들의 관심을 갑자기 받는 것에 그녀의 상사가 위협을 느꼈기 때문이다. 그는 헬렌이 사람들의 관심을 받거나 CEO의 눈에 띄지 않도록 갖은 노력을 다했다. "제가 존재감을 키울수록 그분은 저를 더 가혹하게 비판했습니다. 저는 당시 CEO의 경영 간부 코치와 함께 일하고 있었고요."라고 헬렌은 말했다. 그녀는 산업공학 석사 학위와 스탠퍼드에서 경영자 교육 석사학위를 취득한 라틴계 여성이다.

"'회장님과 왜 이야기를 나누는 겁니까?'라고 그분은 저에게 물었습니다. '여기 가만히 계세요. 제가 가서 보고하겠습니다.'라고 했어요." 그런 위협의 결과 헬렌은 자신감과 통제력이 서서히 사라지는 것을 느꼈다. "어떻게 싸워야 하는지 몰랐습니다. 그래서 하지 말아야 할 행동을 하고 말았습니다. 그분이 프레젠테이션 중간에 저를 방해했을 때 감정을 드러내 보였습니다. 심한 압력 속에서 평정심을 유지하지 못했던 거죠."

그녀를 지지했던 인사부장이 회사를 떠나지 않았더라면 헬렌은 공격을 견뎌냈을지도 모른다. 하지만 그녀가 떠나고 나자 헬렌은 스폰서가 전혀 없는 처지에 놓였다. 그녀는 말했다. "제가 어려운 상황을 잘 이겨내도록 도와줄 수 있는 위치에 있는 고위 간부가 없었습니다. 저를 보살펴 줄 사람, 즉 상사와 이야기해서 관계가 매끄러워지게 도와주거나 제가 CEO의 보호를 받을 수 있게 도와줄 사람이 없었습니다. 그런 식으로 스폰서가 엄호를 해 줘야 무대에 마침내 섰을 때 당신의 권위에 도전하는 사람이 없습니다." 헬렌은 결국 몇 달 후 사기가 꺾이고 의기소침해진 채 회사를 떠났다.

▶▶▶ 배경을 활용하여 영향력을 발휘하라

리파 라시드는 현재 말레이시아 쿠알라룸푸르에 있는 이클리프 리더십 및 거버넌스 센터(Iclif Leadership and Governance Centre)에서 연구 및 교육 과정을 총괄하고 있다. 그녀는 방글라데시에서 태어났으며, 오스트레일리아, 방글라데시, 말레이시아에서 살다가 미국으로 건너가 하버드에서 천체물리학 학사 학위를 취득했다. 하지만 라시드는 경영 컨설턴트로서 10년 간 일하기 전에는 자신의 국제적인 성장 배경의 가치를 인식하지 못했다. 회사의 다양성 관리팀에 자리가 난 것이 계기가 되었다.

라시드는 일을 수락했고 여성을 회사에 붙잡아 두고 리더로 키우는 데 초점을 맞추는 팀을 관리했다. 그 과정에서 그녀는 놀랍도록 성공적인 멘토링 프로그램을 개발하여 유럽에 수출했고, 이를 통해 다른 국가에서도 많은 지지를 받았다. 그녀가 '문화 지능'을 발휘하여 프로그램이 미국 밖에서도 호응을 얻을 수 있게 한 덕택이었다. "남아시아 출신이고, 여러 나라에서 살았고, 경영 컨설턴트로 훈련받은 것이 효과를 발휘했습니다."라고 라시드는 설명했다. "저에게 이처럼 다면적이고 국제적인 배경이 있었기 때문에 우리의 멘토링 프로그램이 글로벌 환경에 적합할 수 있었습니다. 미국 중심적이라는 오명도 얻지 않았고요."

그 후에 맡은 모든 일에서 라시드는 다문화적인 배경을 십분 활용했다. 그녀는 세계 곳곳에서 살거나 일해 보지 않은 동료들은 놓쳤을지 모르는 통찰력을 곧잘 포착한다. 우리가 이머징 마켓에 관한 책을 함께 작업할 때 이런 일도 있었다. 인터뷰에 응한 사람 중 한 명이 라시드에게 "이머징 마켓 출신의 여자들이 서양 여자들보다 한참 뒤떨어져 있다는 이야기는 듣고 싶지 않습니다."라고 고백했다. 이는 우리의 논지가 나아갈 방향을 제시했고, 웨일스에서 태

어나고 회교도 신자도 아닌 필자는 들을 수 없었을 이야기였다.[108]

현재 라시드는 아시아 곳곳에서 살고, 또 일하고 있다. 그녀는 자신의 퍼스널 브랜드를 찾고, 개선하고, 그것을 활용하여 영향력을 발휘하려는 노력이 드디어 빛을 발하는 느낌이라고 했다. 그녀는 웃으며 말했다. "저는 카멜레온 같거든요. 다양한 사람들의 입장이 되어 봤기 때문에 세상을 여러 가지 시각으로 볼 수 있습니다. 제가 인도에 있으면 사람들은 제가 거기서 태어났다고 생각합니다. 유럽에 있을 때는 제가 거기서 살고 일도 했다는 것을 사람들이 알고요. 사람들은 저에게 쉽게 마음을 엽니다. 연구를 진행할 때 솔직한 대답보다 더 중요한 것은 없습니다."

남들과 다른 점을 이용하여 자신을 차별화하라

앞서 만나 본 소매 제품업체 간부인 린다는 커리어 초기에 자신의 뿌리가 아프리카라는 사실이 분명하게 드러날 것이라는 사실을 깨달았다. "주위에 저처럼 말하는 사람은 상당히 드물거든요."라고 그녀는 말했다. "사람들은 제가 어디서 왔는지 추측하려고 애를 씁니다. 제가 런던에서 오래 지내긴 했지만 아프리카 출신이라는 점이 가장 크게 드러나거든요. 사람들이 저처럼 말하는 사람을 본 적이 없을 겁니다."

하지만 린다가 동료 여성 직원들과 달리 사람들이 자신의 의견을 더 쉽게 경청한다는 사실을 깨닫기까지는 시간이 걸렸다. 모두 그녀의 억양 덕택이었다. "여자는 남자보다 쉽게 차단당하고 의견이 묵살될 가능성이 큽니다."라고 그녀는 언급했다. "하지만 전 외모나 말하는 방식이 달라서 그런 일이 자주 일어나지 않습니다. 그래서 이런 점에 대해 걱정하는 대신 이를 활용하여 사람들의 눈에 띄고 이런 상황을 제 자신을 차별화하는 기회로 삼기로 했습니다.”

바꿀 수 없는 이런 강력한 특징 덕택에 그녀는 궁극적으로 다른 리더들과 차이가 난다. “저에게는 아프리카에서 온 흑인 여성이라는 이점이 있습니다.” 라고 그녀는 설명했다. “제가 앉아 있는 테이블에는 저희가 모두 똑같지 않습니다. 그래서 관용을 더 베풀고 더 열린 마음으로 서로를 대해야 합니다. 이는 백인 남성 간부에게는 없을지도 모르는 이득이죠. 모든 사람이 목적이 더 분명한 채로 자신을 표현해야 합니다. 저희 팀에서는 그 누구도 저를 찾아와서 ‘그녀는 여자라서 실력이 부족할지도 모릅니다.’라는 소리를 하지 않을 겁니다. 그런 식의 말이 먹히지 않을 줄 알 테니까요. 여성과 흑인에 대한 제 팀에 있는 리더들의 인식은 저와 함께 시간을 보내면서 형성되었습니다. 그런 인식은 결과적으로 그들의 팀 내에 서서히 확산되고요.”

린다는 2012년에 어느 다양성에 관한 잡지에서 50세 이하인 최고의 경영 리더 중 한 명으로 꼽혔다. 그 잡지는 그녀가 세계 곳곳에 있는 팀에 자신만의 독특한 브랜드와 가치를 불어넣은 공을 높이 평가했다. “사람들은 성별이나 인종에 대해 이야기하길 두려워합니다.”라고 그녀는 말했다. “저는 대부분의 사람보다 실제 문제가 무엇인지 알아낼 수 있도록 솔직하고 열린 대화가 가능한 환경을 조성하는 데 뛰어납니다. 차별적이지 않은 ‘올바른’ 표현 뒤에 숨지도 않습니다."

다양성의 배당금을 이해하라

직장에서 진정성을 어떻게, 그리고 왜 드러내야 하는지 고민할 때 다문화 직업인의 상황이 어떻게 달라지고 있는지 살펴보라. 경제는 갈수록 세계화되고 있고, 시장 점유율을 두고 벌어지는 경쟁은 점점 치열해지고 있다. 따라서 어느 기업이든 혁신에 대한 부담이 더 커지고 말았다. 시장 점유율을 유지하는 동시에 개발도상국과 간과된 시장에서 새로운 시장을 개척해야 하는 부담이 있다.

인재혁신센터에서 실시한 새로운 연구에 의하면 영향력을 충분히 발휘하지 못한 시장의 일부를 대표함으로써 여성과 다문화적인 직원은 그런 시장을 위해 혁신을 더 효과적으로 이끌 수 있는 열쇠를 쥐고 있다.[109] 다시 말해, 타고난 다른 점 덕택에 당신은 팀과 리더들에게 귀중한 자산이 될 수 있다. 리더들은 그런 차이점이 불러오는 독특한 시각을 통해 이득을 취할 수 있을지도 모른다. 동료들과 달리 고객과 소비자를 이해하는 당신만의 방식이 그들이 필요로 하는 것이 무엇인지 더 분명하게 밝혀내고 그것을 해결하는 데 많은 도움이 될 수 있다.

인재혁신센터에서 진행한 다른 연구들도 팀에 여성, 비백인 또는 유럽이 아닌 지역 출신인 직원이 있을 경우 팀의 혁신 잠재력이 커진다는 사실을 밝혀냈다. 이런 직원들이 간과되었거나 충분한 혜택을 받지 못한 실수요자들이 필요로 하고 원하는 것에 대해 중요한 통찰력을 제공할 수 있기 때문이다.[110]

예를 들면, 마케팅 팀에 히스패닉계 직원이 한 명만 있더라도 라틴계 어르신들이 전립선 문제로 의사를 찾아가도록 설득하는 데 따르는 어려움을 이해하고 이를 효과적으로 해결할 확률이 두 배 가까이 높다. 마찬가지로 R&D 팀에 아프리카인 직원이 한 명만 있더라도 안정적인 전기와 깨끗한 물이 부족하여 고생하는 사하라 사막 이남에 사는 소비자 수백만 명을 이해하고 그들을 위한 획기적인 상품과 서비스를 내놓을 확률이 두 배 가까이 높다.

이 새로운 연구를 진행하는 과정에서 실시한 여러 사례 연구를 살펴보면 이런 타고난 차이점이 다루기 어려운 문제를 해결하거나 개발되지 않은 상업성을 확보하는 데 필수적인 이해와 통찰력을 제공한다. 모건 스탠리에서는 자신이 동성애자임을 밝힌 어느 재정 자문가는 동거 파트너를 위한 단지 계획 승인 캠페인의 선봉에 서서 회사에 1억 2천만 달러를 안겨 주었다. 부유한 LGBT 고객들이 자신의 특수한 처지를 이해할 재정 자문가와 일하는 편을 택했기 때문이다. 스탠다드 차타드에서는 인도 출신의 어느 여성 고위 간부가 콜카타와 뉴델리의 두 지점을 전 직원이 여성인 지점으로 탈바꿈했다. 그 후 두 지점의 순 매출액은 2009년에서 2010년에 각각 무려 125퍼센트와 75퍼센트나 증가했다. 이는 순 매출액이 48퍼센트 증가한 90개 이상의 다른 인도 지점과 확연히 비교된다.

우리의 연구 결과는 '다양성의 배당금'이라는 것이 있다는 사실을 분명하게 드러낸다. 기업과 리더가 성별, 세대, 민족성, 인종, 문화, 국적 등을 활용하는 방법을 알 때 최종 결산 결과에 상당한 영향이 있을 것이다.

타고난 차이를 받아들여야 하는 중요한 이유는 최소 한 가지는 더 있다. 바로 스폰서를 얻는 데 도움이 된다는 것이다.[111] 스폰서는 당신의 성공에 전념하고 당신이 반드시 성공하도록 갖은 노력을 다할 리더다. 스폰서는 당신의 성공 유무에 따라 자신의 지위나 영향력이 달라지는 만큼 멘토보다 강력한 지지자다. 당신이 승진할 수 있게 지지해 주고, 모두가 탐내는 일을 당신에게 주며, 당신이 학습 곡선을 따라 올라가는 동안 당신을 보호해 준다. 자신의 가치가 당신의 가치와 연계되어 올라갈 것이라는 사실을 알기 때문이다. 인재혁신센터의 연구팀이 유색 인종이 누리는 '스폰서 효과'를 철저히 조사한 결과, 유색 인종이 스폰서를 두었을 때 비율적으로 승진에 만족할 가능성이 클 뿐만 아니라 유색 인종의 스폰서를 맡은 사람들도 스폰서 활동을 하지 않는 사람에 비해 자신의 커리어가 나아가는 속도에 만족할 가능성이 컸다.

이는 당신이 차별성이 있어야만 상사가 브랜드를 향상하고, 팀을 조직하고, 혁신적인 일을 하는 능력을 키워 결과적으로 리더로서 성공할 수 있다는 뜻이다. 당신이 성공할 수 있는 비결은 남들과 다른 배경 덕택에 문제에 접근하는 방식이 다른 것이다. 이런 점이 당신이 스폰서를 얻을 가치를 증명한다. 당신이 아니었으면 그들이 얻지 못했을지도 모르는 당신의 네트워크, 또 고객이나 시장에 대한 당신의 접근법이 그들의 네트워크를 키우는 데 당신이 중요한 이유다. 그리고 혁신을 향한 치열한 경쟁 속에서 당신과 같은 일반 사용자에 대한 당신의 통찰력 덕택에 조직이 경쟁 우위를 확보할 수 있다. 이 새로운 세상에서는 조직에서 당신이 자신의 모든 면을 활용하여 일하길 원한다.

따라서 남들과 다른 점을 하찮게 여기지 마라. 대신 그런 점을 적극적으로 받아들이는 데 전념하라.

Executive Presence

●●● 리더의 존재감에 관한 인재혁신센터의 보고서 세 개 중 첫 번째는 2012년 11월에 발간되었다. 그 이후로 필자는 이 주제에 관해 강연을 수십 번 했고 워크숍도 수십 번씩 열었다. 그 과정에서 배우게 된 것이 많이 있는데 특히 강한 인상을 남긴 교훈을 여기에 소개한다.

(1) 평범한 사람도 리더의 존재감을 키울 수 있다.

존재감을 키우는 기술은 누구나 배울 수 있다. 연기에 대한 재능 또는 제임스 얼 존스처럼 좋은 목소리를 타고날 필요는 없다. 필자가 처음에 공개 강의를 시작했을 때 얼마나 못했는지 아직도 끔찍한 기억으로 남아있다. 그저 커다란 연단 뒤에 서서 잔뜩 준비해 온 자료를 읽기 바빴다. 주장을 증명하기 위해 수집한 모든 증거를 청중에게 낱낱이 소개하기로 단단히 결심했었기 때문이다. 강의가 얼마나 지루했을지 생각하면 움찔하게 된다. 청중의 눈에 잘 띄지 않은 경우도 많았다. 하이힐을 신고도 키가 165cm 밖에 안 되다 보니 연단 위에 서면 겨우 머리가 보일 정도였다.

하지만 필자는 결점을 직시하고 실력을 향상시킬 수 있었다. 부단히 노력하고 다양한 코치의 도움을 받기도 했다. 그 덕분에 오늘날 필자는 대부분의 공간과 무대를 장악할 능력이 생겼다. 강연을 하기 전에 반드시 확인하는 체크 리스트도 있다. 철저한 준비를 통해 전달하려는 생생한 이야기와 간결한 사실을 머릿속에 각인시켜 자료를 그 자리에서 일일이 확인하지 않는다. 강연 장소에 미리 전화를 걸어 연단을 치워 달라고 부탁하기도 한다. 그리고 목에 거는 소형 마이크를 사용하여 자유롭게 돌아다니며 가능한 한 많은 사람과 눈을 맞춘다. 그런 방식으로 수 년에 걸쳐 청중의 관심을 끌고 그들에게 영감을 불어넣는 능력에 변화를 주었다.

(2) 천재가 아니더라도 리더의 존재감을 드러낼 수 있다.

리더의 존재감을 배울 수 있다면 배운 내용을 실천에 옮길 수도 있다. 진지함, 의사소통, 외모의 세 가지 영역에서 가장 중요한 요소를 모두 충족하지 않아도 된다. 모든 영역에서 만점을 받을 필요는 없다. 버락 오바마도 그렇게 훌륭한 성적을 거두지는 못했으며 안젤리나 졸리도 마찬가지다. 필자가 여기서 충고하고 싶은 내용은 이미 보유하고 있는 강점을 활용하여 각 영역에서 요소를 세 가지씩 충족하라는 것이다. 필자가 진지함에 접근한 방법을 예로 들어 보겠다. 필자의 성격과 보유 기술을 살펴봤을 때 1번(자신감), 4번(감성 지능), 6번(비전)이 필자가 개발하기에 가장 적합한 요소였다. 그래서 필자는 어느 정도 타고난 강점을 개발하는 동시에 나머지 세 가지 요소가 너무 부족하지 않도록 노력을 기울였다. 심각한 실수를 저지르지 않도록 조심하기도 했다.

(3) 무엇이 타협 가능하고 무엇이 가능하지 않은지 파악하라.

리더의 존재감을 키우는 과정에서 진정성을 너무 희생하지 마라. 영혼이 괴로울 만큼 진정성을 억제할 경우 일하면서 대단히 불행할 것이고 역효과도 날 것이다. 결국에는 진지함이 당신의 진정한 정체성을 바탕으로 발휘되기 때문이다.

테스토스테론(남성호르몬)이 가득한 조직 문화에서 일하는 여성이거나 동성애자일 경우 음란하거나 동성애자에게 모욕적인 농담을 가만히 듣고 있지 마라. 당신의 가치가 무엇인지 분명하게 밝혀라. 만일 그 일로 해고를 당해 다른 곳에서 일을 구해야 하더라도 상관하지 마라. 결국 당신의 진실성과 진정성이 승리할 것이다.

아니면 당신이 해당 분야에 열정을 느끼는데도 차분하고 절제하는 태도가 바람직하다고 여겨지는 조직에서 일하는 경우도 있을 것이다. 그럴 때는 당신의 열의와 헌신을 높이 평가할 조직 문화를 찾아 이직해야 할 수도 있다. 감정을 끊임없이 자제해야 하는 일은 너무 고통스러우며, 당신이 어떤 모험을 택하든 그것에 기여하는 정도에도 악영향을 미친다.

(4) 실력 향상에 전념하고 리더의 존재감을 키우기 위한 여정을 즐겨라.

이것이 마지막으로 강조하고 싶은 점이다. 물론 어마어마한 양의 에너지가 필요하겠지만 이런 태도가 당신에게 큰 힘을 실어 줄 것이다. 청중을 휘어잡거나 고객의 생각과 감정을 파악하는 방법을 배우는 것, 연설의 요점을 효율적으로 전달하도록 침묵을 이용하는 방법을 익히는 것, 체형을 보완해 줄 완벽한 스커트나 정장을 찾는 것 중 쉬운 일은 하나도 없으며 모두 엄청난 노력을 필요로 한다. 하지만 성과는 분명히 나타날 것이다. 리더의 존재감을 키우면 우수한 실적과 성공의 갭(간격)이 줄어든다. 또한 지금 있는 곳과 잠재력을 완전히 발휘했을 때 있을 수 있는 곳의 갭도 줄어든다. 기분도 대단히 좋아질 것이다.

존재감 자가 진단

혹시 리더의 존재감이 없어서 잠재력을 완전히 발휘하지 못하는 것은 아닌가? 아래의 자가 진단을 통해 답을 구해 보라.

1 당신은 조직에서 중요한 인물 20명을 앞에 두고 프레젠테이션을 하게 되었다. 그런데 회의실에 들어서기 직전에 집에서 화를 돋우는 전화가 걸려 온다. 전화를 끊자마자 프레젠테이션을 해야 할 때 이 상황을 어떻게 감당할 것인가?

   a 양해를 구하고 화를 식힐 수 있게 회의를 10분 이상 연기한다.

   b 심호흡을 하고 회의실에 들어간다. 그리고 우아한 진지함을 드러내며 프로답게 프레젠테이션을 침착하게 마친다.

   c 프레젠테이션을 할 기분도 아니고 화도 났기 때문에 회의를 취소한다.

2 당신은 외국에서 당신의 전문 분야에 대한 워크숍을 진행하고 있다. 대부분의 참가자는 이 분야에서 경험을 적지 않게 또는 많이 쌓았다. 그 덕분에 워크숍에 적극적으로 참여하고 서

로 의견을 주고받으며 워크숍의 생산성에 기여한다. 그러나 참가자 한 두 명은 주제에 대해 전혀 또는 조금밖에 몰라 당신이 소개하는 개념의 일부를 이해하지 못한다. 그래서 질문을 던지거나 말을 반복해 달라고 부탁해 당신을 자주 방해한다. 이때 당신은 어떻게 할 것인가?

a 그들이 당신을 그만 방해하고 다른 참가자들을 잘 따라잡길 바라며 그들의 질문을 무시한다.

b 짜증을 내고 "이번에는 또 무엇을 원하세요?"라는 식의 태도를 취한다.

c 휴식 시간을 마련하여 위와 같은 거만한 행동을 피한다. 그리고 어려움을 겪는 참가자들이 무엇을 이해하지 못하는지 알아본다.

3 당신이 다니는 회사에서 경영진과 '전략 회의'를 하는 자리가 마련되었다. 일감이 적고 고객들이 떠나는 상황에서 조직이 나아갈 방향을 상의하기 위해서다. 하지만 당신은 다른 직원들과 마찬가지로 이런 현상이 왜 벌어지는지 알고 있다. 문제는 CEO에게 있다. 그는 무뚝뚝하기로 유명하고 시대에 뒤떨어진 아이디어나 개념에 사로잡혀 현재와 미래를 향해 나아가고 싶어 하지 않는다. 그런데 하필이면 CEO가 당신을 지목해서 생각을 묻는다. 이럴 때 어떤 행동을 해야 진지함이 드러난다고 생각하는가?

a 말을 시작하기 전에 물을 한 모금 마시고 이마의 땀을 닦
  는다.

b 자리에서 일어나 진실성, 명확성, 자신감을 갖춘 채 말한다.
  당신의 의견, 비전, 생각을 솔직하게 '윗사람에게 있는 그대
  로' 말한다.

c 당신이 CEO의 의견에 동의하는 만큼 다른 사람의 의견을
  물을 수 있는지 묻는다.

4 당신은 여성과 남성이 섞여 있는 팀원 12명을 관리하고 있는
  회사의 임원이다. 당신의 팀이 사내에서 가장 좋은 실적을 올
  리는 데는 팀원 두 명의 공이 크다. 실적이 가장 뛰어난 팀원
  은 언어 장애가 약간 있는 유색 인종 여성이고, 그 뒤를 백인
  남성이 잇고 있다. 그런데 회사의 파트너들이 둘 중 한 명을
  승진시켜 더 작은 규모의 팀을 이끌게 하고 싶어 한다. 그들
  은 당신에게 현명하게 결정하라며 백인 남성이 더 나은 선택
  일 것이라고 제안한다. 아무래도 의사소통 능력이 더 뛰어나
  지 않겠느냐는 이유다. 이때 아래의 결정 중 어떤 것을 선택해
  야 당신의 감성 지능이 드러나는가?

  a 언어 장애가 약간 있는 유색 인종 여성을 추천한다. 성과가
    백인 남성보다 두 배나 높은 만큼 그녀가 더 나은 선택임이
    분명하기 때문이다.

  b 백인 남성을 승진시킬 것이라고 파트너들에게 알리고, 여

성에게는 최종 명단에 들지 못했다고 알린다.

c 곤란한 입장에 놓이고 싶지 않기 때문에 파트너들에게 결정을 대신 내려 달라고 부탁한다.

5 당신은 1일짜리 비즈니스 컨벤션에 참석했다. 온종일 여러 사람이 프레젠테이션을 하기로 예정되어 있는데 당신에게도 갑자기 강연할 기회가 찾아왔다. 그런데 앞 사람들의 지루한 강연을 듣고 났더니 몸도 피곤하고 강연을 하기보다는 회의장을 떠나고 싶은 심정이다. 이때 아래의 시나리오 중 어떤 것을 선택해야 보디랭귀지를 통해 리더의 존재감이 드러나는가?

a 청중 앞에서 하품을 하고 어깨를 움츠린 채 프레젠테이션을 시작한다. 그리고 프레젠테이션을 하는 내내 몸을 꼼지락거린다.

b 무대 위에 의자를 갖다 달라고 부탁한다. 그리고 의자에 앉아 프레젠테이션을 편안하게 진행한다.

c 소개되기 직전에 물을 한 잔 마시고 반가운 미소로 청중에게 다가간다. 바른 자세로 서서 활력 있게 프레젠테이션을 시작하고 진행하는 내내 청중의 관심을 사로잡는다.

6 당신은 팀의 리더로서 팀원들을 만나 안타까운 소식을 전달해야 한다. 팀이 이번 분기 후반에 매출을 올리려고 열심히 노력했지만 팀이 거의 여성으로 구성된 만큼 경영진이 팀원들을

다른 부서로 이동하기로 결정했기 때문이다. 당신은 '팀 회의' 중에 이 소식을 전하고 이렇게 말한다. "이 팀이 해체되는 것은 여러분이 거의 다 여성이기 때문입니다." 이때 아래의 명제 중 어떤 것이 사실이라고 생각하는가?

a 당신은 이 상황을 프로페셔널한 팀 리더답게 직접 진실하게 처리했다.

b 이것이 경영진의 제안인 만큼 팀이 상황에 대해 피드백을 제공하지 말아야 한다.

c 당신은 의사소통과 관련하여 리더의 존재감을 약화시키는 최악의 실수 중 한 가지를 범했다. 당신이 소식을 전달한 방식은 판단력 부족을 드러냈을 뿐만 아니라 특정성별에 대한 편견도 담고 있다.

7 당신은 조직의 리더들을 위한 저녁 리셉션에 참석했다. 당신이 앉은 테이블에는 다른 회사에서 온 여러 경영진이 자신들끼리 다양한 대화를 하고 있다. 아래의 행동 중 어떤 것이 대화를 시작하기 좋은 방법이며 리더의 존재감을 잘 드러내는가?

a 즉석에서 비공식적으로 가벼운 대화를 시작하여 어색한 분위기를 바꾼다.

b 존재를 알리고 관심을 끌기 위해 기침을 크게 하기 시작한다.

c 조용히 앉아서 누군가가 당신에게 말을 걸어 주길 기다린다.

8 재니스(Janice)는 늘 생산 실적이 우수하다. 그녀는 부사장으로 승진할 후보 중 한 명이기 때문에 그녀의 상사들도 이 사실을 알고 있다. 승진하게 될 경우 그녀는 자신의 실적과 비전에 대해 여러 상사로 구성된 패널 앞에 서야 한다. 그런데 승진하면 공개석상에서 연설을 해야 하기 때문에 그녀는 승진 제의가 약간 걱정스럽다. 재니스는 수줍음이 많고 자신감이 없는 성격이다. 목소리도 작고 말할 때 긴장해서 목소리도 떨린다. 이때 재니스가 상사들의 관심을 사로잡고 불안감을 이겨낸 채 리더의 존재감을 드러내려면 어떤 행동을 취해야 하는가?

a 실적이 뛰어나기 때문에 걱정할 필요는 없다. 이미 실적 덕택에 승진 후보에 오르지 않았는가.

b 패널 앞에서 당당하게 말한다. 그녀의 우아함과 그녀가 말하고자 하는 내용이 승진하는 데 도움을 줄 것이다.

c 후보로 임명되는 것을 거절한다.

9 당신은 몹시 들뜬 상태다. 드디어 올해 골프 대회에 초대되었기 때문이다. 당신은 너무 신난 나머지 새로운 골프 의상을 사기 위해 쇼핑을 가기로 한다. 상점에서 다양한 의상을 살펴보고 그중 세 가지를 구입한다. 그런데 대회에 도착하자 막강한 실력자 중 당신 혼자 여자라는 사실을 깨닫는다. 이때 '유일한 여성'이 아닌 여러 참가자 중 한 명으로 보이고 싶다면 어떤 의상을 선택하는가?

a 허벅지가 너무 굵어 보이지 않는 매력적이고 짧은 골프 스커트를 고른다.

b 의상이 아닌 당신이 하고자 하는 말이나 골프 스코어가 더 관심을 끌도록 상황에 적합한 진정한 골프 셔츠를 고른다.

c 'b'의 옷을 입되 신발은 최근에 유행하는 웨지힐 운동화를 신는다. 패션 센스를 어디선가는 드러내야 한다!

10 아래의 명제 중 어떤 것이 리더의 존재감에 관한 사실이라고 생각하는가?

a 리더처럼 보이려면 모든 분야에서 완벽하고 날씬해야 한다.

b 외모는 오직 가벼운 사람만이 신경 쓰는 가벼운 요소일 뿐이다.

c 우리가 남들에게 어떻게 보이는지는 우리가 그 사람들을 존중하는 마음을 반영한다. 외모를 가꾸는 것은 자신과 청중, 그리고 맡은 일에 대한 존중을 드러내는 것이나 마찬가지다.

아래의 자료를 참고하여 합계를 내라.

1. a- 2, b- 3, c- 1

2. a- 2, b- 1, c- 3

3. a- 2, b- 3, c- 1

4. a- 3, b- 2, c- 1

5. a- 1, b- 2, c- 3

6. a- 3, b- 2, c- 1

7. a- 3, b- 1, c- 2

8. a- 2, b- 3, c- 1

9. a- 1, b- 3, c- 2

10. a- 1, b- 2, c- 3

당신의 성적 / 의미

- 23점 이하: 미흡 또는 보통. 그러나 걱정할 필요는 없다. 리더의 존재감은 배움을 통해 얻을 수 있다! 멘토, 스폰서, 역할 모델 등의 도움을 구하고, 이 책에 소개된 여러 가지 팁도 참고하라. 그러면 말하고 행동하는 방식을 갈고 닦을 수 있을 것이다.

- 24~26점: 양호. 옳은 길을 걷고 있는 당신! 리더로서의 존재감을 강화하려면 코치의 도움을 받고 외부의 자원을 활용하라. 그러면 진지함, 의사소통, 외모의 모든 분야에서 더 멋진 모습을 보일 수 있을 것이다.

- 27~30점: 우수. 리더의 존재감이 돋보이는 당신! 당신은 자신의 능력을 영향력과 결과로 보여 줄 준비를 마쳤다.

당신이나 동료들에게 리더의 존재감이 있는지 정밀 진단을 받고 싶다면 talentinnovation.org를 방문하라.

참고
문헌

1. 신원은 공개하지 않음.

2. 치아 중 차이, "Sight over Sound in the Judgment of Music Performance," 미국 국립과학협회보 110, 36호(2013년): 14580?85, 지면보다 온라인상으로 먼저 출간됨, 2013년 8월 19일.

3. ABC 뉴스, "Top BP Executive Bob Dudley on 'Top Kill' Failure," 'This Week with George Stephanopoulos'에서 방송된 인터뷰, 2010년 5월 30일 업로드, http://www.youtube.com/watch?v=kup3nTBo_-A&list=PLC8BBAB0172164E53&index=117.

4. PBS 뉴스아워, " 'America Speaks to BP' Full Transcript: Bob Dudley Interview," 2010년 7월 1일 방송, http://www.pbs.org/newshour/bb/environment/july-dec10/dudleyfull_07-01.html.

5. 아프가니스탄 전쟁은 미국, 영국, 오스트레일리아, 프랑스, 아프간 북부 동맹의 군대가 작전 '항구적 자유'를 개시한 2001년 10월 7일에 시작되었다. http://www.washingtonpost.com/wp-srv/nation/specials/attacked/transcripts/bushaddress_100801.htm.

6. 잭 웰치와 수지 웰치, "J.P. Morgan: Jamie Dimon and the Horse He Fell Off," 포춘, 2012년 5월 24일, http://management.fortune.cnn.com/2012/05/24/j-p-morgan-jamie-dimon-and-the-horse-he-fell-off/.

7. "Worst Moments of My Life: Pilot Tells of Ditching in Hudson," 시드니 모닝 헤럴드, 2009년 2월 6일, http://www.smh.com.au/news /world/audio-reveals-exactly-what-happened--a-hrefhttpmediasmhcomaurid45888blisten-ba/2009/02/06/1233423442580.html.

8. 팀 웹, "BP Boss Admits Job on the Line over Gulf Oil Spill," 가디언, 2010년 5월 13일, http://www.theguardian.com/business/2010/may/13/bp-boss-admits-

mistakes-gulf-oil-spill.

9. 스탠리 리드, "Tony Hayward Gets His Life Back," 뉴욕 타임스, 2012년 9월 1
일, http://www.nytimes.com/2012/09/02/business /tony-hayward-former-bp-
chief-returns-to-oil.html?pagewanted=all.

10. 클레어 케인 밀러와 캐서린 램펠, "Yahoo Orders Home Workers Back to the Of-
fice," 뉴욕 타임스, 2013년 2월 25일, http://www.nytimes.com/2013/02/26/tech-
nology/yahoo-orders-home-workers-back-to-the-office.html?pagewanted=all.

11. 캐라 스위셔, " 'Physically Together': Here's the Internal Yahoo No-Work-
From-Home Memo for Remote Workers and Maybe More," All Things D 블로그,
2013년 2월 22일, http://allthingsd.com/20130222/physically-together-heres-
the-internal-yahoo-no-work-from-home-memo-which-extends-beyond-
remote-workers/.

12. 리처드 브랜슨, "Give People the Freedom of Where to Work," 블로그, 2013년 2
월 25일, http://www.virgin.com/richard-branson/give-people-the-freedom-of-
where-to-work.

13. 찰스 윌리스, "Keep Taking the Testosterone," 파이낸셜 타임스, 2012년 2월 9일,
http://www.ft.com/intl/cms/s/0/68015bb2-51b8-11e1-a99d-00144feabdc0.
html#axzz2NG4LUhfT. (유료 회원만 읽을 수 있습니다. -역자)

14. 세네제닉스 홈페이지, http://www.cenegenics-nyc.com/mens-age-manage-
ment-new-york-city. (지금은 이 웹페이지에 더 이상 아무것도 게시되어 있지
않습니다. -역자)

15. 신디 퍼먼, "Wall Street's Secret Weapon for Getting an Edge," CNBC, 2012년 7
월 11일, http://www.cnbc.com/id/48149955.

16. 메이오 클리닉 홈페이지, "Testosterone Therapy: Key to Male Vitality?," http://
www.mayoclinic.com/health/testosterone-therapy/MC00030/NSECTION-
GROUP=2, 2013년 10월 4일 접속.

17. 마시모 칼라브리시, "Governor Christie on Sandy, Romney and Obama," 타임,
2012년 10월 30일, http://swampland.time.com/2012/10/30/gov-christie-on-
sandy-romney-and-obama/.

18. 케이트 제르니케, "One Result of Hurricane: Bipartisanship Flows," 뉴욕 타임스, 2012년 10월 31일, http://www.nytimes.com/2012/11/01/nyregion/in-stunning-about-face-chris-christie-heaps-praise-on-obama.html.

19. 버제스 에버렛, "Chris Christie on Hurricane Sandy: Holdouts Are 'Stupid and Selfish,' " 폴리티코, 2012년 10월 29일, http://www.politico.com/news/stories/1012/83007.html.

20. "Chris Christie Criticizes Obama for 'Posing and Preening' as President," 스타 레저, 2012년 5월 20일, http://www.huffingtonpost.com/2012/05/20/chris-christie-obama_n_1531471.html; http://www.nj.com/news/index.ssf/2012/05/gov_christie_obama_is_posing_a.html.

21. 크리스티나 렉스로드, "Struggling Bank of America Shakes Up Exec Ranks," 야후의 AP 통신, 2011년 9월 7일, http://news.yahoo.com/struggling-bank-america-shakes-exec-ranks-225348682.html; 할라 투르얄라이, "Bank of America's Latest Peril: Losing Merrill Lynch?," 포브스 블로그, 2013년 9월 2일, http://www.forbes.com/sites/halahtouryalai/2011/09/02/bank-of-americas-latest-peril-losing-merrill-lynch/.

22. 대니얼 골먼, EQ 감성지능 (웅진지식하우스, 2008년).

23. 캐라 스위셔, "Survey Says: Despite Yahoo Ban, Most Tech Companies Support Work-from-Home for Employees," All Things D 블로그, 2013년 2월 25일, http://allthingsd.com/20130225/survey-says-despite-yahoo-ban-most-tech-companies-support-work-from-home-for-employees/.

24. 로빈 엘리와 데브라 메이어슨, "An Organizational Approach to Undoing Gender: The Unlikely Case of Offshore Oil Platforms," 조직 행동 연구 30 (2010년): 3?34쪽.

25. 앤드리아 탄타로스, "Material Girl Michelle Obama Is a Modern-Day Marie Antoinette on a Glitzy Spanish Vacation," 데일리 뉴스에 실린 사설, 2010년 8월 5일, http://www.nydailynews.com/opinion/material-girl-michelle-obama-modern-day-marie-antoinette-glitzy-spanish-vacation-article-1.200134?pgno=1.

26. 예시로 참고. 쇼나 토머스, "Michelle Obama: 'Hadiya Pendleton Was Me and I Was Her,' " NBC 뉴스, 2013년 4월 10일, http://firstread.nbcnews.com/_news

/2013/04/10/17692560-michelle-obama-hadiya-pendleton-was-me-and-i-was-her?lite.

27. "Angelina Jolie Fact Sheet," 유엔 난민 고등 판무관 사무소, http://www.unhcr.org/pages/49db77906.html, 2013년 10월 4일 접속.

28. 월터 아이작슨, 스티브 잡스 (민음사, 2011년)

29. 셰릴 샌드버그, 린인 (와이즈베리, 2013년)

30. 스티브 피쉬먼, "Al Gore's Golden Years," 뉴욕, 2013년 5월 5일, http://nymag.com/news/features/al-gore-2013-5/.

31. 퀀티파이드 임프레션스에 의해 진행된 이 연구는 금융계의 고위 간부들이 얼마나 효율적으로 의사소통을 하는지 분석했다. 연구소는 노스웨스턴대학교 켈로그경영대학원과 함께 개발한 일련의 소프트웨어 도구 묶음을 적용하고, 전문가 패널뿐만 아니라 청취자 1,000명의 도움도 얻어 디지털 분석에 힘썼다. 퀀티파이드 임프레션스의 회장 노아 잔단(Noah Zandan)에 의하면 금융계에서 가장 효과적인 대변인은 US 뱅코프(Bancorp)의 CEO 리처드 데이비스(Richard Davis)다. 그가 "진실하고, 청중과 감정적인 교감을 나누었으며, 카메라 앞에서 긴장을 푼 모습"을 보였기 때문이다. http://www.quantifiedimpressions.com/blog/quantif ied-impressions-new-scientific-analysis-of-top-financial-communicators-pinpoints-how-speakers-build-trust-influence-audiences/. (웹페이지가 없다고 나옵니다. -역자)

32. 퀀티파이드 임프레션스의 연구.

33. 수 쉘렌바거가 인용함. "Is This How You Really Talk?," 월스트리트 저널, 2013년 4월 23일, http://online.wsj.com/article/SB1000142412788732373560457844 0851083674898.html.

34. 찰스 무어, "The Invincible Mrs. Thatcher," 베니티 페어, 2011년 12월, http://www.vanityfair.com/politics/features/2011/12/margaret-thatcher-201112.

35. 데이비드 베이커, "Hollywood Vocal Coach Helped Margaret Thatcher Lose Her 'Shrill Tones,'" 메일 온라인, 2012년 2월 5일, http://www.dailymail.co.uk/news/article-2096785/Hollywood-vocal-coach-helped-Margaret-Thatcher-lose-shrill-tones.html; 무어, "The Invincible Mrs. Thatcher."

36. 윌리엄 메이유, 크리스토퍼 파슨스, 모한 벤카타찰람, "Voice Pitch and the Labor Market Success of Male Chief Executive Officers," 진화와 인간 행동 34 (2013년): 243?48쪽.

37. 멀리사 콘, "What Does a Successful CEO Sound Like? Try a Deep Bass," 월스트리트 저널, 2013년 4월 18일, http://blogs.wsj.com/atwork/2013/04/18/what-does-a-successful-ceo-sound-like-try-a-deep-bass/?blog_id=226&post_id=882&mod=wsj_valettop_email.

38. "Americans Speak Out, Select the 'Best and Worst Voices in America' in Online Polling by the Center for Voice Disorders of Wake Forest University," 웨이크 포레스트 대학교 뱁티스트 메디컬 센터의 보도 자료, 2001년 9월 10일, http://www.nrcdxas.org/articles/voices.html.

39. 윌리엄 메이유와 모한 벤카타찰람, "Voice Pitch and the Labor Market Success of Male Chief Executive Officers," 시드니 겨울 강연 시리즈, 2013년 4월 12일, http://tippie.uiowa.edu/accounting/mcgladrey/winterpapers/mpv_ehb_accepted%20-%20mayew.pdf.

40. 수 쉘렌바거, "Is This How You Really Talk?," 월스트리트 저널, 2013년 4월 23일, http://online.wsj.com/article/SB10001424127887323735604578440851083674898.html.

41. 허핑턴포스트닷컴 오디언스 메저먼트(audience measurement), 퀀트캐스트, http://www.quantcast.com/huffingtonpost.com, 2013년 4월 4일 접속. (지금은 이 웹페이지에 더 이상 아무것도 게시되어 있지 않습니다. -역자)

42. 에릭 헤데가드, "Beauty and the Blog: Rolling Stone's 2006 Feature on Arianna Huffington," 롤링 스톤, 2006년 12월 14일, http://www.rollingstone.com/culture/news/beauty-and-the-blog-rolling-stones-2006-feature-on-arianna-huffington-20110207#ixzz2gIpcBwfa.

43. 앨런 도즈 프랭크, "Former Wall Street Executive Sallie Krawcheck Critiques Financial Reform Policy," 데일리 비스트, 2012년 10월 16일, http://www.thedailybeast.com/articles/2012/10/16/former-wall-street-executive-sallie-krawcheck-critiques-financial-reform-policy.html.

44. 캐롤 킨제이 고먼, "The Body Language Winner of the Third Presidential De-

bate," 포브스, 2013년 10월 23일, http://www.forbes.com/sites/carolkinseygo-man/2012/10/23/the-body-language-winner-of-the-third-presidential-debate/.

45. 성 없이 이름만 표기되어 있을 경우에는 가명임. 비밀 유지를 위해 신상 정보는 변경되었음.

46. 에이미 커디의 TED 토크 참고. http://www.ted.com/talks/amy_cuddy_your_body_language_shapes_who_you_are.html, 2012년 10월에 게시.

47. 케이트 머피, "The Right Stance Can Be Reassuring," 뉴욕 타임스, 2013년 5월 3일, http://www.nytimes.com/2013/05/05/fashion/the-right-stance-can-be-reassuring-studied.html?emc=eta1&_r=0.

48. 엘리즈 휴, "Campaign Trail Tears: The Changing Politics of Crying," NPR, 2011년 11월 25일, http://www.npr.org/2011/11/25/142599676/campaign-trail-tears-the-changing-politics-of-crying.

49. 새터데이 나이트 라이브, "Democratic Debate '88," 13시즌 10회의 내용을 글로 옮긴 기록, http://snltranscripts.jt.org/87/87jdemocrats.phtml.

50. 낸시 베낙, "Has the Political Risk of Emotion, Tears Faded?," USA 투데이, 2007년 12월 19일, http://usatoday30.usatoday.com/news/politics /election2008/2007-12-19-emotion-politics_N.htm.

51. 패트릭 소어, "How Maggie Thatcher Was Remade," 텔레그래프, 2012년 1월 8일, http://www.telegraph.co.uk/news/politics/margaret-thatcher/8999746/How-Maggie-Thatcher-was-remade.html.

52. 사진은 허가 하에 게시됨. http://www.plosone.org/article; 낸시 에트코프, 섀넌 스톡, 로런 헤일리, 세라 비커리, 데이비드 하우스, "Cosmetics as a Feature of the Extended Human Phenotype: Modulation of the Perception of Biologically Important Facial Signals," 플로스 원 6, 10호 (2011년): e25656, 2011, doi:10.1371/journal.pone.0025656.

53. 에트코프 외., "Cosmetics as a Feature of the Extended Human Phenotype," 7.

54. 유튜브에 게시된 옥스퍼드 유니언 소사이어티의 월가 점령 운동에 관한 토론

참고. http://www.youtube.com/watch?v=CoWiV6Q8qME.

55. 데보라 로드, 미에 대한 편견(The Beauty Bias: The Injustice of Appearance in Life and Law) (뉴욕: 옥스퍼드 대학교 프레스, 2010년). (국내미출간, 역자가 임의로 지은 제목)

56. 티모시 노아, "Chris Christie's Crowd-Sourced Weight Is . . . ," 뉴 리퍼블릭, 2011년 9월 30일, http://www.newrepublic.com/blog/timothy-noah/95641/chris-christies-crowd-sourced-weight#.

57. 존 케니, "The Unbearable Lightness of Leading," 뉴욕 타임스, 2010년 3월 6일, http://www.nytimes.com/2010/03/07/opinion/07kenney.html.

58. 오픈 N.Y., "The Measure of a President," 뉴욕 타임스, 2008년 10월 6일, http://www.nytimes.com/interactive/2008/10/06/opinion/06opchart.html?_r=0.

59. 레슬리 궈, "Want to Be CEO? What's Your BMI?," 월스트리트 저널, 2013년 1월 16일, http://online.wsj.com/article/SB100014241278873245957045782415733341483946.html.

60. 로드, 미에 대한 편견

61. 벤 샤피로, 대통령 프로젝트 (테네시 주 내슈빌: 토머스 넬슨, 2007년), 53쪽.

62. 위의 책, 54쪽.

63. 오픈 N.Y., "The Measure of a President."

64. 샤피로, 대통령 프로젝트, 54쪽.

65. "Diana Taylor Addresses Her and Bloomberg's Height Difference," 허핑턴 포스트, 2011년 1월 10일, 2012년 1월 10일에 업데이트, http://www.huffingtonpost.com/2011/01/10/diana-taylor-bloomberg-do_n_807031.html.

66. 크리스 울스턴, "A Costly Turf War," 로스앤젤레스 타임스, 2012년 1월 29일, http://articles.latimes.com/2012/jan/29/image/la-ig-balding-20120129.

67. 미국 성형외과의사협회, "2012 Cosmetic Surgery Gender Distribution," 10, http://www.plasticsurgery.org/news-and-resources/2012-plastic-surgery-statis-

tics.html.

68. "Brotox? Cosmetic Procedures Rise, Growing Number of Men Turn to Botox," ABC 액션 뉴스, WXYZ, 2013년 6월 14일, http://www.wxyz.com/dpp/news/brotox-cosmetic-procedures-rises-growing-number-of-men-turn-to-botox.

69. 멀리사 프레디, "Quicktips: From Upper-Arm Tucks to Up-in-Arms Truckers," 레이놀즈 센터, BusinessJournalism.org, 2013년 4월 30일, http://businessjournalism.org/2013/04/30/quicktips-from-upper-arm-tucks-to-up-in-arms-truckers/.

70. 윌리엄 반덴 휴벨, "LETTERS: Another Look at F.D.R.," 뉴욕 타임스, 2010년 1월 12일, http://query.nytimes.com/gst/fullpage.html?res=9C02E4DF1F30F931A25752C0A9669D8B63.

71. 위의 기사.

72. 마가렛 대처, "Speech to Finchley Conservatives," 1976년 1월 31일, 마가렛 대처 재단, http://www.margaretthatcher.org/document/102947.

73. 마이클 카커렐, "How to Be a Tory Leader," 텔레그래프, 2005년 12월 1일, http://www.telegraph.co.uk/culture/3648425/How-to-be-a-Tory-leader.html.

74. 메리 고츠쵸크, "Thatcher Improves Image with Pricey Styles," 털사 월드, 1989년 3월 12일, http://www.tulsaworld.com/site/printerfriendlystory.aspx?articleid=14111. (지금은 이 웹페이지에 더 이상 아무것도 게시되어 있지 않습니다. -역자)

75. 스티븐 모스, "Looking for Maggie," 가디언, 2003년 3월 6일 http://www.theguardian.com/books/2003/mar/07/biography.media.

76. 잭 존슨, "Olivia Wilde: I Was Told Actresses Should Never Audition in Short Skirts," Us Weekly, 2012년 11월 16일, http://www.usmagazine.com/entertainment/news/olivia-wilde-i-was-told-actresses-should-never-audition-in-short-skirts-20121611#ixzz2gPjZXb5e.

77. 캐터리스트, "Catalyst Pyramid: U.S. Women in Business," 뉴욕: 캐터리스트, 2013년.

78. "Jesse Jackson Slams Obama for 'Acting Like He's White' in Jena 6 Case," ABC 뉴스, 2007년 9월 19일, http://abcnews.go.com/blogs/headlines/2007/09/jesse-jackson-s/.

79. 스탠리 크라우치, "What Obama Isn't: Black Like Me on Race," 뉴욕 데일리 뉴스, 2006년 11월 2일, http://www.nydailynews.com/Archives/Opinions/Obama-Isnt-Black-Race-Article-1.585922.

80. 실비아 휴렛, 케리 퍼레이노, 로라 셔빈, 캐런 섬버그, "The Sponsor Effect: Breaking Through the Last Glass Ceiling," 하버드 비즈니스 리뷰 리서치 리포트, 2010년 12월, 26.

81. 버지니아 샤인, "The Relationship Between Sex Role Stereotypes and Requisite Management Characteristics," 응용심리학 저널 57 (1973년): 95?100쪽; 버지니아 샤인, "The Relationship Between Sex Role Stereotypes and Requisite Management Characteristics Among Female Managers," 응용심리학 저널 60 (1975년): 340?44쪽; 버지니아 샤인, "Managerial Sex Typing: A Persistent and Pervasive Barrier to Women's Opportunities," M. 데이비드슨과 R. 버크가 편집한 경영계에 있는 여성(Women in Management: Current Research Issues)에 수록 (런던: 폴 채프먼, 1994년). (국내미출간, 역자가 임의로 지은 제목)

82. "Women 'Take Care,' Men 'Take Charge': Stereotyping of U.S. Business Leaders Exposed," 캐터리스트 2005년, http://www.catalyst.org/knowledge/women-take-care-men-take-charge-stereotyping-us-business-leaders-exposed.

83. 베로니카 니에바와 바버라 구텍, "Sex Effects on Evaluation," 미국 경영학회보 5, 2호 (1980년).

84. 페기 매킨토시, "White Privilege: Unpacking the Invisible Knapsack," 평화와 자유, 1989년 7/8월호.

85. "How Are Powerful Women Perceived," 앤더슨 쿠퍼 360, CNN, 2013년 3월 12일, http://www.cnn.com/video/data/2.0/video/bestoftv/2013/03/13/ac-powerful-women-experiment.cnn.html.

86. 매들린 헤일만, 애런 월른, 대니엘라 훅스, 멀린다 탬킨스, "Penalties for Success: Reactions to Women Who Succeed at Male Gender-Typed Tasks," 응용심리학 저널 89, 3호 (2004년): 416?27쪽.

87. 킴 엘제서와 재닛 레버, "Does Gender Bias Against Female Leaders Persist? Quantitative and Qualitative Data from a Large-Scale Survey," 휴먼 릴레이션스 64, 12호 (2011년): 1555?78쪽, http://hum.sagepub.com/content/64/12/1555.

88. 올리버 볼치, "The Bachelet Factor: The Cultural Legacy of Chile's First Female President," 가디언, 2009년 12월 13일, http://www.guardian.co.uk/world/2009/dec/13/michelle-bachelet-chile-president-legacy.

89. 위의 기사.

90. 캐트린 벤홀드, "Taking the Gender Fight Worldwide," 뉴욕 타임스, 2011년 3월 29일, http://www.nytimes.com/2011/03/30/world/europe/30iht-letter30.html?page-wanted=2&ref=michellebachelet.

91. 퍼트리샤 셀러스, "Facing Up to the Female Power Conundrum," CNN 머니, 2011년 1월 31일, http://postcards.blogs.fortune.cnn.com/2011/01/31/facing-up-to-the-female-power-conundrum/.

92. 제시카 발렌티, "She Who Dies with the Most 'Likes' Wins?," 네이션, 2012년 11월 29일, http://www.thenation.com/blog/171520/she-who-dies-most-likes-wins.

93. 샌드버그, 린인.

94. 캐털리스트, "The Double-Bind Dilemma for Women in Leadership: Damned If You Do, Doomed If You Don't," 캐털리스트, 2007년, http://www.catalyst.org/knowledge/double-bind-dilemma-women-leadership-damned-if-you-do-doomed-if-you-dont-0.

95. 데이비드 매팅리, "Michelle Obama Likely Target of Conservative Attacks," CNN Politics.com, 2008년 6월 12일, http://www.cnn.com/2008/POLI-TICS/06/12/michelle.obama/.

96. 제러미 홀던, "Fox News' E. D. Hill Teased Discussion of Obama Dap: 'A Fist Bump? A Pound? A Terrorist Fist Jab?,'" 미디어 매터스 미국 카테고리에 인용, 2008년 6월 6일, http://mediamatters.org/video/2008/06/06/fox-news-ed-hill-teased-discussion-of-obama-dap/143674.

97. 에이버리 스톤, "What If Paula Deen Had Called Someone a Fag?," 허프포스트 블로그, 2013년 7월 1일, http://www.huffingtonpost.com/avery-stone/what-if-paula-deen-had-called-someone-a-fag_b_3526186.html.

98. "Ireland Baldwin Talks About Father Alec Baldwin's Infamous 'Pig' Voicemail," 허핑턴 포스트, 2012년 9월 6일, http://www.huff ingtonpost.com/2012/09/06/ireland-baldwin-alec-baldwin-pig-call_n_1861892.html.

99. 다이앤 존슨, "Christine Lagarde: Changing of the Guard," 보그, 2011년, 706, http://www.vogue.com/magazine/article/christine-lagarde-changing-of-the-guard/#1.

100. 위의 잡지.

101. 리처드 브랜슨, "Richard Branson on Taking Risks," 앙트레프레너, 2013년 6월 10일, http://www.entrepreneur.com/article/226942.

102. 엘레노어 클리프트, "Kirsten Gillibrand's Moment: Women's Champion vs. Military Assaults," 데일리 비스트, 2013년 5월 10일, http://www.thedailybeast.com/articles/2013/05/10/kirsten-gillibrand-s-moment-women-s-champion-vs-military-assaults.html.

103. 스티브 윌리엄스, "Elizabeth Warren: It Gets Better," 케어 2, 2012년 1월 27일, http://www.care2.com/causes/elizabeth-warren-it-gets-better-video.html.

104. 샌포드 레빈슨, "Identifying the Jewish Lawyer: Reflections on the Construction of Professional Identity," 카르도조 로 리뷰 14, 1577호 (1993년): 1578?79쪽. 홍미롭게도 레빈슨 역시 유대인 변호사로서 정체성의 영역에 대해 논할 때 다국어 구사에 관한 표현을 사용함.

105. 실비아 앤 휴렛, 캐롤린 버크 루스, 코넬 웨스트, 헬렌 체르니코프, 대니엘 사말린, 페기 쉴러, 투명인간의 삶 (뉴욕: 일과 삶에 관한 정책을 위한 센터, 2005). 일과 삶에 관한 정책을 위한 센터는 인재혁신센터로 2012년에 이름이 바뀜.

106. 위의 보고서.

107. 실비아 앤 휴렛과 캐런 섬버그, 커밍아웃한 직원의 힘 (뉴욕: 일과 삶에 관한 정책을 위한 센터, 2011년).

108. 실비아 앤 휴렛과 리파 라시드, 이머징 마켓에서 인재를 위한 전쟁 승리하기 (매사추세츠 주 보스턴: 하버드 비즈니스 리뷰 프레스, 2011년).

109. 실비아 휴렛, 멀린다 마셜, 로라 셔빈, 타라 곤살베스, 혁신, 다양성, 시장의 성장성 (국내미출간, 역자가 임의로 지은 제목)(뉴욕: 인재혁신센터, 2013년); 실비아 앤 휴렛, 멀린다 마셜, 로라 셔빈, "How Diversity Can Drive Innovation," 하버드 비즈니스 리뷰, 2013년 12월.

110. 위의 책과 논문.

111. 실비아 앤 휴렛, 멘토는 잊고 스폰서를 구하라 (매사추세츠 주 보스턴: 하버드 비즈니스 리뷰 프레스, 2013년).

J I N S U N G B O O K S

사람이 가진 무한한 잠재력을 키워가는 **진성북스**는
지혜로운 삶에 나침반이 되는 양서를 만듭니다.

진성북스
도서목록

사람이 가진 무한한 잠재력을 키워가는 **진성북스**는
지혜로운 삶에 나침반이 되는 양서를 만듭니다.

앞서 가는 사람들의 두뇌 습관
스마트 싱킹

아트 마크먼 지음 | 박상진 옮김
352쪽 | 값 17,000원

숨어 있던 창의성의 비밀을 밝힌다!

인간의 마음이 어떻게 작동하는지 설명하고, 스마트해지는데 필요한 완벽한 종류의 연습을 하도록 도와준다. 고품질 지식의 습득과 문제 해결을 위해 생각의 원리를 제시하는 인지 심리학의 결정판이다! 고등학생이든, 과학자든, 미래의 비즈니스 리더든, 또는 회사의 CEO든 스마트 싱킹을 하고자 하는 누구에게나 이 책은 유용하리라 생각한다.

- 조선일보 등 주요 15개 언론사의 추천
- KBS TV, CBS 방영 및 추천

나의 잠재력을 찾는 생각의 비밀코드
지혜의 심리학

김경일 지음
302쪽 | 값 15,000원

창의적으로 행복에 이르는 길!

인간의 타고난 심리적 특성을 이해하고, 생각을 현실에서 실행 하도록 이끌어주는 동기에 대한 통찰을 통해 행복한 삶을 사는 지혜를 명쾌하게 설명한 책. 지혜의 심리학을 선택한 순간, 미래의 밝고 행복한 모습은 이미 우리 안에 다가와 가뿐히 자리잡고 있을 것이다. 수많은 자기계발서를 읽고도 성장의 목표를 이루지 못한 사람들의 필독서!

- KBS 1TV 아침마당〈목요특강〉 "지혜의 심리학" 특강 출연
- YTN사이언스 〈과학, 책을 만나다〉 "지혜의 심리학" 특강 출연
- 2014년 중국 수출 계약 | 포스코 CEO 추천 도서

**세계 초일류 기업이 벤치마킹한
성공전략 5단계**
승리의 경영전략

AG 래플리, 로저마틴 지음
김주권, 박광태, 박상진 옮김
352쪽 | 값 18,500원

전략경영의 살아있는 메뉴얼

가장 유명한 경영 사상가 두 사람이 전략이란 무엇을 위한 것이고, 어떻게 생각해야 하며, 왜 필요하고, 어떻게 실천해야 할지 구체적으로 설명한다. 이들은 100년 동안 세계 기업회생 역사에서 가장 성공적이라고 평가 받고 있을 뿐 아니라, 직접 성취한P&G의 사례를 들어 전략의 핵심을 강조하고 있다.

- 경영대가 50인(Thinkers 50)이 선정한 2013-2014 최고의 책
- 탁월한 경영자와 최고의 경영 사상가의 역작
- 월스트리스 저널 베스트 셀러

백만장자 아버지의 마지막 가르침
인생의 고난에
고개 숙이지 마라

마크 피셔 지음 | 박성관 옮김
307쪽 | 값 13,000원

아버지와 아들의 짧지만 아주 특별한 시간

눈에 잡힐 듯 선명한 성공 가이드와 따뜻한 인생의 멘토가 되기 위해 백만장자 신드롬을 불러 일으켰던 성공 전도사 마크피셔가 돌아왔다. 실의에 빠진 모든 이들을 포근하게 감싸주는 허그 멘토링! 인생의 고난을 헤쳐가며 각박하게 살고 있는 청춘들에게 진정한 성공이 무엇인지, 또 어떻게 하면 그 성공에 도달할 수 있는지 감동인 이야기를 통해 들려준다.

- 중앙일보, 동아일보, 한국경제 추천 도서
- 백만장자 시리즈의 완결판

감성의 시대, 왜 다시 이성인가?
이성예찬

마이클 린치 지음 | 최훈 옮김
323쪽 | 값 14,000원

세계적인 철학 교수의 명강의

증거와 모순되는 신념을 왜 믿어서는 안 되는가? 현대의 문학적, 정치적 지형에서 욕설, 술수, 위협이 더 효과적인데도 왜 합리적인 설명을 하려고 애써야 하는가? 마이클 린치의 '이성예찬'은 이성에 대한 회의론이 이렇게 널리 받아들여지는 시대에 오히려 이성과 합리성을 열성적으로 옹호한다.

- 서울대학교, 연세대학교 저자 특별 초청강연
- 조선, 중앙, 동아일보, 매일경제, 한국경제 등 특별 인터뷰

"이 검사를 꼭 받아야 합니까?"
과잉진단

길버트 웰치 지음 | 홍영준 옮김
391쪽 | 값 17,000원

병원에 가기 전 꼭 알아야 할 의학 지식!

과잉진단이라는 말은 아무도 원하지 않는다. 이는 걱정과 과잉진료의 전조일 뿐 개인에게 아무 혜택도 없다. 하버드대 출신의사인 저자는, 의사들의 진단욕심에 비롯된 과잉진단의 문제점과 과잉진단의 합리적인 이유를 함께 제시함으로써 질병예방의 올바른 패러다임을 전해준다.

- 한국출판문화산업 진흥원 『이달의 책』 선정도서
- 조선일보, 중앙일보, 동아일보 등 주요 언론사 추천

불꽃처럼 산 워싱턴 시절의 기록
최고의 영예

콘돌리자 라이스 지음 | 정윤미 옮김
956쪽 | 값 25,000원

세계 권력자들을 긴장하게 만든 8년간의 회고록

"나는 세계의 분쟁을 속속들이 파악하고 가능성의 미학을 최대한 적용했다. 현실을 직시하며 현실적인 방안을 우선적으로 선택했다. 이것은 수년간 외교 업무를 지휘해온 나의 업무 원칙이었다. 이제 평가는 역사에 맡겨 두어야 한다. 역사의 판단을 기꺼이 받아 들일 것이다. 적어도 내게 소신껏 행동할 수 있는 기회가 주어진 것에 감사할 따름이다."

- 제 66대 최초 여성 미 국무 장관의 특별한 자서전
- 뉴욕타임스, 워싱턴포스트, 월스트리트 저널 추천 도서

무엇이 평범한 사람을 유명하게 만드는가?
폭스팩터

앤디 하버마커 지음 | 곽윤정, 이현응 옮김
265쪽 | 값 14,000원

무의식을 조종하는 매혹의 기술

오제이 심슨, 오펜하이머, 폴 포츠, 수전 보일… 논리가 전혀 먹혀들지 않는 이미지 전쟁의 세계. 이는 폭스팩터가 우리의 무의식을 교활하게 점령하고 있기 때문이다. 1%셀러브리티들의 전유물처럼 여겨졌던 행동 설계의 비밀을 일반인들도 누구나 배울 수 있다. 전 세계 스피치 전문가를 매료시킨 강력한 커뮤니케이션기법소통으로 고민하는 모든 사람들에게 강력 추천한다.

- 폭스팩터는 자신을 드러내기 위해 반드시 필요한 무기
- 조직의 리더나 대중에게 어필하고자 하는 사람을 위한 필독서

색다른 삶을 위한 지식의 향연
브레인 트러스트

가스 선뎀 지음 | 이현정 옮김
350쪽 | 값 15,000원

재미있고 행복하게 살면서 부자 되는 법!

노벨상 수상자, 미국 국가과학상 수상자 등 세계 최고의 과학자들이 들려주는 스마트한 삶의 비결. 일상에서 부딪히는 다양한 문제에 대해서 신경과학, 경제학, 인류학, 음악, 수학 등 여러 분야의 최고 권위자들이 명쾌하고 재치있는 해법을 제시하고 있다. 지금 당장 93인의 과학자들과 함께 70가지의 색다른 지식에 빠져보자!

- 쿨한 라이프스타일로 흥미 있고 즐거운 생활을 꿈꾸는 사람을 위한 책
- 핵심주제에 대해 93인의 과학자들이 제시하는 명쾌한 아이디어

10대들을 위한 심리 에세이
띵똥 심리학이 보낸 톡

김가현, 신애경, 정수경, 허정현 지음
195쪽 | 값 11,000원

오늘 하루, 어땠나요?

이 책은 수많은 사용 설명서들 가운데 하나이다. 대한민국의 학생으로 살아가는 여러분의 사용 설명서이기도 하다. 오르지 않는 성적은 우리 내면의 어떤 문제 때문인지, 어떤 버튼을 누르면 되는지, 매일매일 일어나는 일상 속에 숨겨진 버튼들을 보여 주고자 한다. 책의 마지막 장을 덮은 후에는 당신의 삶에도 버튼이 보이기 시작할 것이다.

- 저자 김가현 – 미국 스탠퍼드 대학교 입학
- 용인외고 여학생 4명이 풀어 놓는 청춘의 심리와 그 해결책!

학대와 고난, 극복과 사랑 그리고 승리까지 감동으로 가득한 스포츠 영웅의 휴먼 스토리
오픈

안드레 애거시 지음 | 김현정 옮김
614쪽 | 값 19,500원

시대의 이단아가 던지는 격정적 삶의 고백!

남자 선수로는 유일하게 골든 슬램을 달성한 안드레 애거시. 테니스 인생의 정상에 오르기까지와 파란만장한 삶의 여정이 서정적 언어로 독자의 마음을 자극한다. 최고의 스타 선수는 무엇으로, 어떻게, 그 자리에 오를 수 있었을까? 또 행복하지만은 않았던 그의 테니스 인생 성장기를 통해 우리는 무엇을 배울 수 있을까. 안드레 애거시의 가치관과 생각을 읽을 수 있다.

- Times 등 주요 13개 언론사 극찬, 자서전 관련분야 1위 (아마존)
- "그의 플레이를 보며 나는 꿈을 키웠다!" – 국가대표 테니스 코치 이형택

새로운 시대는 逆(역)으로 시작하라!
콘트래리언

이신영 지음
408쪽 | 값 17,000원

위기극복의 핵심은 역발상에서 나온다!

세계적 거장들의 삶과 경영을 구체적이고 내밀하게 들여다본 저자는 그들의 성공핵심은 많은 사람들이 옳다고 추구하는 흐름에 '거꾸로'갔다는 데 있음을 발견했다. 모두가 실패를 두려워할 때 도전할 줄 알았고, 모두가 아니라고 말하는 아이디어를 성공적인 아이디어로 발전시켰으며 최근 15년간 3대 악재라 불린 위기 속에서 기회를 찾고 성공을 거뒀다.

- 한국출판문화산업 진흥원 '이달의 책'선정도서
- KBS1 라디오 〈오한진 이정민의 황금사과〉 방송

비즈니스 성공의 불변법칙 경영의 멘탈모델을 배운다!

퍼스널 MBA

조쉬 카우프만 지음 | 이상호, 박상진 옮김
756쪽 | 값 25,000원

"MASTER THE ART OF BUSINESS"

비즈니스 스쿨에 발을 들여놓지 않고도 자신이 원하는 시간과 적은 비용으로 비즈니스 지식을 획기적으로 높이는 방법을 가르쳐 주고 있다. 실제 비즈니스의 운영, 개인의 생산성 극대화, 그리고 성과를 높이는 스킬을 배울 수 있다. 이 책을 통해 경영학을 마스터하고 상위 0.01%에 속하는 부자가 되는 길을 따라가 보자.

● 아마존 경영 & 리더십 트레이닝 분야 1위
● 미국, 일본, 중국 베스트 셀러
● 경영 명저 100권을 녹여 놓은 책

실력을 성공으로 바꾸는 비결

리더의 존재감은 어디서 오는가

실비아 앤 휴렛 지음 | 황선영 옮김
값 15,000원

이 책은 조직의 사다리를 오르는 젊은 직장인과 리더를 꿈꾸는 사람들이 시급하게 읽어야 할 필독서이다. 더이상 서류상의 자격만으로는 앞으로 다가올 큰 기회를 잡을 수 없다. 사람들에게 자신감과 신뢰성을 보여주는 능력, 즉 강력한 존재감이 필요하다. 여기에 소개되는 연구 결과는 읽을거리가 많고 생생한 이야기와 신빙성 있는 자료로 가득하다. 실비아 앤 휴렛은 이 책을 통해 존재감을 완벽하게 드러내는 비법을 전수한다.

탁월한 전략적 사고의 세 가지 법칙 (가제)

리치 하워스 지음 | 박상진 외 옮김 | 값 15,000원

Chief Executive Magazine에서 간행된 연구에 따르면, 오늘날 리더들의 가장 가치 있는 스킬은 전략적 사고방식이다. 전략적 생각을 하는 능력은 리더들이 성공할 수 있는 가장 확실한 방법 중의 하나이다. 하지만 왜 소수의 리더들만이 전략적 사고방식이 의미하는 것이 무엇인지를 이해하고 있는 것일까? 이 책은 리더들이 진보된 전략적 사고방식 역량을 발전시키기 위한 틀과 도구를 제공하는 최고의 책이다. 기업 관점에서 바라보는 전략을 중점적으로 얘기하는 대다수의 책과는 다르게, 〈탁월한 전략적 사고의 세 가지 법칙〉은 실무에서 활용할 수 있는 유용한 테크닉과 함께 진정한 전략적 리더가 되게끔 해준다. 진보된 전략적 사고방식이 최고의 혁신을 이끌어내고, 조직이 한 단계 더 올라가는데 꼭 필요하다는 것을 알고 싶지 않은가?

30초 만에 대중을 사로잡는 연설법 (가제)

라이언 도노번, 제레미 에이버리 지음 | 박성창 외 옮김 | 값 15,000원

타인들을 대상으로 하는 연설의 가치는 개별 청자들의 지식, 행동 그리고 감정에 끼치는 영향력에 달려있다. 토스마스터 클럽은 이를 연설의 '일반적 목적'이라 칭하며 연설이라면 다음의 목적들 중 하나를 달성해야 한다고 규정하고 있다. 지식을 전달하고, 청자를 즐겁게 하는 것은 물론 나아가 영감을 불어넣을 수 있어야 한다. 이 책은 토스마스터인 라이언 도노번과 대중연설 챔피언인 제레미 에이버리가 강력한 대중연설의 비밀을 말해준다.

애완동물은 인간을 얼마나 사랑할까? (가제)

조지 번스 지음 | 김신아 옮김 | 값 17,000원

인간과 강아지는 다른 동물들에 비해 끈끈한 관계다. 순종적이고, 충성스럽고, 애정이 있는 강아지들은 우리에게 있어서 최고의 친구이다. 그럼 과연 개들은 우리가 사랑하는 방법처럼 인간을 사랑할까? 수십 년 동안 인간의 뇌에 대해서 연구를 해 온 에모리 대학교의 신경 과학자인 조지 번스가 강아지들이 우리를 얼마나, 어떻게 사랑하는지에 대한 비밀을 과학적인 방법으로 들려준다.

CEO 심리학 (가제)

김경일 지음 | 값 15,000원

지혜의 심리학 김경일 교수가 이번에는 CEO 심리학으로 돌아왔다. 기업이나 조직의 많은 리더와 CEO가 이런 푸념을 한다. 우리 조직이나 회사에는 "창의적 아이디어를 내놓는 인재"가 없다고 말이다. 그렇다면 이런 질문이 자연스럽게 남게 된다. "과연 우리 조직에는 애초부터 그런 아이디어와 인재가 없었을까?" 죄송스런 말씀이지만 심리학자의 눈으로 보면 그렇지 않은 경우가 대부분이다. 즉, 시간이 흐름에 따라 조직 스스로 그들을 없애버리거나 체계적으로 배제해 나갔다는 것이다. 물론 조직 자신도 모르는 사이에 말이다.

삼성의 현재와 미래 (가제)

박광태, 박상진 지음 | 값 17,000원

삼성의 성공 DNA 분석과 지속적 성공의 조건
초우량기업, 삼성에게 무엇을 배울 것인가? 지금까지 나온 삼성의 성공비결의 핵심을 정리하고 앞으로 다가올 미래에 우리나라 기업의 생존전략은 어떠해야 하는지를 구체적으로 분석한다. 이는 국가발전의 핵심인 기업의 혁신과 경쟁우위 확보에 시금석이 될 것이다.

소통의 말, 공감의 글 실용수사학 총서⟨1⟩
글로벌 리더의 퍼펙트 말하기

김종영 지음 | 값 10,000원

리더십의 핵심은 소통능력이다. 소통을 체계적으로 연구하는 학문이 바로 수사학이다. 이 책은 우선 사람을 움직이는 힘, 수사학을 집중 조명한다. 그리고 소통의 능력을 필요로 하는 우리 사회의 리더들에게 꼭 필요한 수사적 리더십의 원리를 제공한다. 더 나아가서 수사학의 원리를 실제 생활에 어떻게 적용할 수 있는지 일러준다. 독자는 행복한 말하기와 아름다운 소통을 체험할 것이다.

소통의 말, 공감의 글 실용수사학 총서⟨2⟩
글로벌 리더의 퍼펙트 글쓰기

김성수 지음 | 값 10,000원

글쓰기는 방법이나 이론 자체보다도 독자와의 공감과 소통을 향한 배려의 태도가 중요하다. 글로벌 리더로서 갖추어야 할 공감과 소통의 능력을 키우기 위해서는 정확하고 올바른 표현 능력과 내용 형성 감각을 익혀야 한다. 나아가 글로벌 시대에 부합하는 글쓰기 능력을 갖추기 위해서는 글쓰기의 기본으로부터 논리적이고 창의적인 내용 형성을 위한 소양을 키워야 한다. 이 책은 좋은 예문과 알기 쉬운 설명을 통해 글로벌 시대의 리더에게 요구되는 창의적인 글쓰기 근육을 키우는 과정을 학습함으로써 공감의 글쓰기로 이어나갈 수 있도록 안내한다.

소통의 말, 공감의 글 실용수사학 총서⟨3⟩
과학기술인을 위한 글쓰기

김원규 지음 | 값 10,000원

과학기술인의 글쓰기 능력이 강조되고 있다. 실제로 과학기술인은 업무 처리 과정에서 많은 시간을 글쓰기를 비롯한 커뮤니케이션 관련 작업을 하는 데 할애하게 된다. 이에따라 대학에서는 이공계열 학생들을 위한 글쓰기 교육을 강조하고 있으며, 기업에서도 엔지니어를 대상으로 한 글쓰기 교육에 공을 들이고 있다. 이제 과학기술인의 글쓰기 능력은 선택이 아닌 필수가 되고 있다. 이 책은 이러한 요구에 따라 과학기술인이 글쓰기 능력을 기를 수 있는 필수 지침서가 될 것이다.

세계 초일류 기업이 벤치마킹한 성공전략 5단계
Playing to Win: 승리의 경영전략

AG 래플리, 로저마틴 지음
김주권, 박광태, 박상진 옮김
352쪽 | 값 18,500원

이 책은 전략의 이론만을 장황하게 나열하지 않는다. 매일 치열한 생존경쟁이 벌어지고 있는 경영 현장에서 고객과 경쟁자를 분석하여 전략을 입안하고 실행을 주도하였던 저자들의 실제 경험과 전략 대가들의 이론이 책 속에서 생생하게 살아 움직이고 있다. 혁신의 아이콘인 A.G. 래플리는 P&G의 최고책임자로 다시 돌아왔다. 그는 이 책에서 P&G가 실행하고 승리했던 시장지배의 전략을 구체적으로 보여 줄 것이다. 생활용품 전문기업인 P&G는 지난 176년간 끊임없이 혁신을 해왔다. 보통 혁신이라고 하면 전화기, TV, 컴퓨터 등 우리 생활에 커다란 변화를 가져오는 기술이나 발명품 등을 떠올리곤 하지만, 소소한 일상을 편리하게 만드는 것 역시 중요한 혁신 중에 하나라고 할 수 있다. 그리고 그러한 혁신은 체계적인 전략의 틀 안에서 지속적으로 이루어질 수 있다. 월 스트리트 저널, 워싱턴 포스트의 베스트셀러인 ⟨Plating to Win: 승리의 경영전략⟩은 전략적 사고와 그 실천의 핵심을 담고 있다. 래플리는 10년간 CEO로서 전략 컨설턴트인 로저마틴과 함께 P&G를 매출 2배, 이익은 4배, 시장가치는 110조 이상으로 성장시켰다. 이 책은 크고 작은 모든 조직의 리더들에게 대담한 전략적 목표를 일상 속에서 실행하는 방법을 보여주고 있다. 그것은 바로 사업의 성공을 좌우하는 명확하고, 핵심적인 질문인 '어디에서 사업을 해야 하고', '어떻게 승리할 것인가'에 대한 해답을 찾는 것이다.

- 경영대가 50인(Thinkers 50)이 선정한 2013-2014 최고의 책
- 탁월한 경영자와 최고의 경영 사상가의 역작
- 월스트리스 저널 베스트 셀러

옮긴이 **황선영**

연세대학교에서 영어영문학과 불어불문학을 전공하고 서울대학교 국제대학원에서 석사학위를 취득한 후 번역에이전시 엔터스코리아에서 전문번역가로 활동 중이다. 인문, 경제 등 비소설 분야에 관심이 많으며, 오랜 외국 생활 덕택에 원문의 문맥이나 뉘앙스를 쉽게 파악한다. 주요 역서로는 『그들도 모르는 그들의 생각을 읽어라』, 『시장을 이긴 16인의 승부사에게 배우는 진입과 청산 전략』, 『통찰력으로 승부하라』, 『리더십이란 무엇인가』 등 다양한 책이 있다.

리더의 존재감은 어디서 오는가
EXECUTIVE PRESENCE

초판 1쇄 인쇄 2014년 9월 3일
초판 1쇄 발행 2014년 9월 15일

지은이 실비아 앤 휴렛
옮긴이 황선영
펴낸이 박상진
편집 김제형
제작 오윤제
관리 황지원
디자인 Twoes

펴낸곳 진성북스
출판등록 2011년 9월 23일
주소 서울시 강남구 영동대로 85길 38 진성빌딩 10층
전화 02)3452-7762
팩스 02)3452-7761
홈페이지 www.jinsungbooks.com

ISBN 978-89-97743-15-5 (13320)

※ 진성북스는 여러분들의 원고 투고를 환영합니다.
　책으로 엮기를 원하는 좋은 아이디어가 있으신 분은
　이메일(jinsungbooks@jinsungbooks.com)로
　간단한 개요와 취지, 연락처 등을 보내 주십시오.
　당사의 출판 컨셉에 적합한 원고는 적극적으로 책을 만들어 드리겠습니다!

※ 진성북스 네이버 카페에 회원으로 가입하는 분들에게
　다양한 이벤트와 혜택을 드리고 있습니다.
• **진성북스 공식카페** http://cafe.naver.com/jinsungbooks